KB034097

포스트 성장 시대는 이렇게 온다

— 대전환과 새로운 번영을 위한 사유

Post Growth: Life after Capitalism
by Tim Jackson

포스트 성장 시대는
이렇게 온다

대전환과
새로운 번영을 위한 사유

포스트 성장 시대는 이렇게 온다

— 대전환과 새로운 번영을 위한 사유

초판1쇄	발행 2022년 6월 10일
지은이	팀 잭슨
옮긴이	우석영 & 장석준
디자인	디자인오팔
펴낸곳	산현재 傘玄齋 The House of Wisdom under Shelter
등록	제2020-000025호
주소	서울시 마포구 연희로 11, 5층 CS-531
이메일	thehouse.ws@gmail.com
인스타그램	wisdom.shelter
인쇄	예림인쇄
제책	예림인쇄
물류	문화유통북스

ISBN	979-11-972105-8-7 03300

린다에게

차례

일러두기

1. 역자 주는 각주로, 저자 주는 미주로 표기했다. 차례의 '주석'은 미주를 의미한다.

2. 원서에서 어떤 단어는 여러 의미를 함축하고 있다. 그 경우, [ ]를 사용해 표기했다.
   예를 들어, 원서에서 life는 어떤 맥락에서는 단순히 인생, 삶을 의미하지만 다른 맥
   락에서는 삶과 생명 둘 다를 지시한다. 후자의 경우, 삶[생명]이라고 표기했다. 아울
   러, 동일한 뜻이되 다른 단어로 이해할 수 있는 경우에도 [ ]로 표기했다. 예를 들어,
   zerotime contract는 제로타임[무시간제] 계약으로 옮겼다.

서문

역사란, (그것이) 가슴 저미는 고통을 준다 해도
겪지 않을 수 없는 것이지만, 용기 있게
대면한다면, 다시 겪지 않아도 되는 법.

마야 앤절로 Maya Angelou, 1993년[1]

지난 일은 서곡이고
앞일은 당신과 나의 일이오!

윌리엄 셰익스피어 William Shakespeare, 1610년[2]

사회학자 피터 버거Peter Berger는 말했다. "세계를 지탱하는 대화
가 겉돌기 시작하는 바로 그 순간부터 세계는 흔들리기 시작한다."
2020년은 이 불편한 진실이 명백히 드러난 해였다. 우리 세계를 지탱
하는 대화는 단지 겉돌기만 하지는 않았다. 갑자기 고개를 돌리더니
따귀를 때렸다. 그러니 지금 이 순간도 세계가 격동하는 듯 느껴진다
면, 그건 그다지 놀랄 일도 아니다.[3]

태평성대였다. 1월 셋째 주, 유럽에서 가장 높은 고도에 자리한
마을에는 해가 찬란히 솟았다. 이른 아침 햇살이 찬연히 드리운 눈 덮
인 봉우리들은 알프스 특유의 푸른 하늘에 금빛으로 번쩍였다. 참으

로 장엄한 자연이었다. 특권과 권력을 지닌 이들이 모이는 연례 부흥회 배경으로는 더없이 완벽했다. 각국 수반과 억만장자들이 모여들었고, 리무진과 헬리콥터가 줄을 이었다. 스위스 다보스에서 제50회 세계경제포럼이 막 열리려는 참이었다.

"단합대회죠." 행사에 나를 초청했던 이는 전날 밤 작은 기차역에 마중 나와서는 나를 임시 숙소로 안내하며 이렇게 털어놓았다. 숙소로 빌린 아파트는 중심가에서 멀찍이 떨어진 덕분에 산들이 올려다보였다. "아니, 정글이지." 초청자와 같이 마중 나온 이가 대꾸했다. 그리고 우리는 모두 어색하게 웃었다.

우리 지도자들은 이 게임의 규칙을 잘 안다. 이 겉치레 행사가 미인대회와 다르지 않음을 직관적으로 이해한다. 상금은 늘 두둑하다. 맵시 있는 정장과 깔끔한 머리 스타일이 스포트라이트를 받아 빛을 발해야만 한다. 누가 더 잘났는지 뽐내는 자동차 행렬이 펼쳐져야 한다. 말들은 그날 벌어질 특별한 경쟁에 맞춰 섬세하게 조율되어야 한다. 고귀한 이들이 어김없이 각광 받아야 한다. 겉치레 행사는 의혹을 조금이라도 남겨서는 안 된다. 역사의 지하실에서 체결된 협정은 고산준령高山峻嶺에 영원히 봉인돼야 하나니, 그 협정 내용이란 많이 가진 자가 더 많이 가지고 권세 있는 자가 더 많은 권세를 누리며, 성장이 더 많은 성장을 불러온다는 것이다. 이미 가진 자는 더 많이 받을 것이다.*

저들은 지금껏 50년 동안이나 제트기를 타고 이 휘황찬란한 휴

---

* "정녕 가진 자는 더 받고 가진 것 없는 자는 가진 것마저 빼앗길 것이다." '마르코복음' 4장 25절.

양지를 방문해 성장이라는 주신主神에게 충성을 서약했다. 눈이 오나 햇볕이 내리쬐나, 궂은 날이나 맑은 날이나, 그들이 맡은 임무는 유리처럼 투명했으니, 약자에게 원조의 손길을 내밀고 기진맥진한 이가 용기를 내도록 다독이는 일이었다. 의심이라는 괴물이 고개를 내밀라치면 머리를 잘라버리는 일이었다. 경제 성장이란 일종의 신용 사기일 따름이다. 우리가 믿는 한, 성장은 이뤄진다. 만사가 그저 잘 되고 잘 되리니 어느 것 하나 어긋남이 없을 것이로다.[4]

괴물이 뜸했던 적은 결코 없었다. 올해도 다르지 않았다. 유럽은 포퓰리즘의 부상을 걱정했다. 오스트레일리아는 기나긴 '검은 여름' 내내 계속된 산불 탓에 근심에 빠졌다. 미국은 중국과 벌이는 무역 전쟁을 우려했다. 거의 모든 이들이 갑자기 탄소를 걱정하기 시작했다. 올해 관심 끌기 경쟁에서 급부상한 주자는 기후변화였다. 기후변화 대응을 요구하며 2019년에 벌어진 등교 거부 덕분에 이 문제가 결국 성장을 위협하는 장기적 위험요인들을 정리한 이번 포럼 목록에서 제1순위에 올랐다.

처음 있는 일이었다. 갖은 어려움이 있었지만, 다보스에서는 비록 만장일치는 아니어도 어쨌든 광범한 합의가 도출됐다. 홍수와 산불이 경제의 질주를 훼방 놓기 전에, 아니 리무진 행렬이 행사장에 들어오거나 나가지 못하게 가로막곤 하는 성가신 활동가들이 그런 짓을 벌이기 전에 뭔가 조치를 취해야 한다는 것이었다.

앙겔라 메르켈Angela Merkel은 회의 석상에서 이렇게 말했다. "우리는 젊은이들이 중요하다는 점을 놓쳐서는 안 됩니다." 메르켈은 물론 스웨덴 활동가 그레타 툰베리Greta Thunberg가 보여준 비상한 리더

십을 예로 들었는데, 툰베리는 비범하고 선명한 선각자의 어조로 권력 앞에 진실을 말하기 위해 포럼에 두 번째로 참석하고 있었다. 군계일학인 셈이었다. 이 무렵 툰베리는 간명한 메시지를 통해 새 세대 운동가들 전체를 미지의 전장으로 이끌고 있었다. 회의 참석자들은 반감과 외경심을 동시에 느끼며 그들을 바라봤다. 눈가에 공감의 눈물을 머금은 노인네가 독일 총리 한 사람만은 아니었다.[5]

모두가 다 감명받았던 것은 아니다. 미국 재무장관 스티븐 므누신Stephen Mnuchin은 "툰베리라고? 수석 경제학자인가? 아니면 뭐 하는 친구지?"라고 농담했는데, 곧바로 이를 후회한 게 틀림없었다. "툰베리 양이 대학에 가서 경제학을 공부하면 여기에 다시 와서 더 잘 설명해줄 수 있겠다는 이야기입니다." 스티븐, 엎지른 물은 쓸어 담으려고 애써봐야 소용없다네.[6]

물론 엎지른 물을 다시 담을 수는 없었다. 그런 짓은 집어치워야 했다. 그래서 미국 대통령 도널드 트럼프Donald Trump는 이 난장판을 불멸의 신조라는 보다 광범한 맥락 안에 끼워맞추기로 결심했다. 트럼프는 "미래 가능성을 충분히 살려내려면, 항상 파멸만을 예고하는 예언자들과 그 종말론적 전망을 거부해야 합니다"라고 단언했다. "저들은 그 옛날 멍청한 점쟁이들의 후예일 뿐이지요." 말을 마친 우리의 주인공은 무한한 기회의 지평을 향해 뻣뻣이 든 고개들이 잡초처럼 우거진 대평원을 응시한다. 자기만족에 빠진 연설문 대필자가 어딘가에서 자신만만한 웃음을 짓고 있겠지. 삶이란 할리우드 B급 영화일 뿐이다.[7]

낙원은 개척자 정신으로 일군 땅인 법. 숲에 불을 지르고, 땅을 파헤치고, 그 위에 건물을 세워라. 진보는 공사판에 다름 아니다. 당장은 지저분해 보여도 내일은 쇼핑몰과 아파트 단지가 들어서서 번영의 풍광을 자랑하게 되리니. 이 비전에 의심을 품는 자들은 사멸하게 놔둬라. 등교 거부하는 학생들, 기후 파업 참가자들, 멸종저항 운동가들 따위야 지옥으로 꺼져버리면 되리니. 옛 점쟁이들의 후예들에게 저주 있으라. 억지 낙관주의야말로 오늘의 시대정신이다. 그리고 명백한 위험들은 권력 담론에서 삭제된다.

다보스를 뒤덮은 눈은 해를 거듭할수록 줄어들고 있다. 1971년, 클라우스 슈밥Klaus Schwab이 이 포럼을 처음 개최한 뒤로 알파인 스키 시즌이 한달 가량 짧아졌다. 기후가 바뀌고 있다. 얼음이 녹아내리고 있다. 수백만 종이 멸종에 직면해 있다. 우리는 완전히 예측 불가능한 방식으로 생태적 균형을 뒤흔들고 있다. 그것도 때로는 치명적이라 드러난 방식으로. 우리 터전인 이 유한한 행성은 진보라는 유혹적인 깃발 아래 행진하는 인간 행위의 대규모 확장 탓에 뒤바뀌고 있고, 어쩌면 이 변동은 되돌릴 수 없을지도 모른다. 그러나 이 현실이 주목받게 만들지는 말지니. 이 현실을 인정조차 하지 않으려고 우리는 참으로 치열하게 노력해왔다.[8]

같은 다보스 무대의 다른 발언 기회에 오스트리아 신임 총리는 유럽이 보다 혁신적이며 미래 지향적이고 역동적이 되어야 한다는 주장으로 연설 시간을 채웠다. 33세인 세바스티안 쿠르츠Sebastian Kurtz 는 몇 년만에 두 번째로 세계 최연소 행정수반이 된 참이었다.[*] 쿠르

---

[*] 쿠르츠는 2017년 12월에 불과 31세의 나이에 오스트리아 총리가 됐다가 2019년 5월에 그만두었고, 2020년 1월에 다시 총리가 됐다. 두 번째 임기는 2021년 10월에 끝났다.

츠는 낡은 유럽 경제를 지배하는 '비관주의'를 꾸짖고는 더 젊고 '더 헝그리 정신이 넘치는' 경제의 역동성을 찬양했다. 개척자 운운 하는 이야기들의 메아리인 양 쿠르츠는 일신된 낙관주의, 더 많은 혁신, 더 빠른 성장을 촉구했다. 새로운 것이라고는 하나도 없었다.

그러나 나중에 토론에서 쿠르츠는 무언가 전에 없던 것을 인정했다. 쿠르츠는 청중에게 "나는 최근에 여러 철학자들과 포스트 성장 사회에 관해 토론했습니다"라고 말했다. "어쩌면 성장하지 않는 게 나라에 더 이로울 수도 있다고 하더군요. 경제 성장보다는 행복을 척도로 삼는 쪽이 더 좋다는 이야기였어요." 연설은 매력적이었다. 젊은 총리는 입술에 웃음기를 머금고 있었다. 드디어 좀 더 현명한 새 세대 정치가가 등장한 게 아닌가, 잠깐이나마 믿고 싶어질 정도였다. 그러나 눈앞에서 벌어진 일은 이런 기대하고는 거리가 멀었다. "모두 멋지고 낭만적인 이야기이죠"라고 쿠르츠는 말했다. 총리는 일부러 눈을 깜빡였다. "하지만 연금을 행복으로 지급받을 수는 없습니다!"[9]

쿠르츠는 포스트 성장 사회를 소개하기는 했지만, 그건 그저 현실에 발을 디디지 못한 뜬구름 잡는 유토피아적 관념이라고 곧바로 일축하기 위해서였다. 그러나 불과 몇 주 안에 이런 손쉬운 부정은 철 지난 지혜가 된 것처럼 보였다. 역사상 가장 무더웠던 1월이 냉혹한 가르침을 남겼지만 이를 알아차린 이는 거의 없었다. 다보스 명사들 사이에서도 그랬다. 물론 걱정 많은 이들이라면 남몰래 의심을 품었을지도 모른다. 일부 파렴치한 정치인들은 금융 붕괴 위험을 피하려고 개인 자산을 빼돌리는 데 이미 내부자 정보를 활용하고 있었다. 그러나 대다수는 무지했거나 부정했다. 의심할 여지라고는 하나도 없는 세상에 곧 닥칠 경제적 · 사회적 충격이 얼마나 거대할지 예견한 이는 없었다. 트럼프가 개척자 찬가를 읊조리던 그 순간에도 젊은 중국 의사 리원량李文亮은 우한 중앙병원에서 병마와 사투를 벌이고 있었다.[10]

한 달이 채 되기 전에 리원량은 새롭고 낯설며 놀랍도록 치명적인 코로나바이러스가 동물 시장이 자리한 우한 시 한 구역에서 발생했다고 전 세계에 경고했다. 리원량은 이 바이러스로 고통받았다. 2주 후, 이 의사는 사망하게 되는데, 팬데믹이 우려스러운 지수 곡선을 그리며 확대됨을 보여주는 비장한 통계가 뒤따랐다. 타인을 돌보다 목숨을 잃은 일선 보건 노동자들과 마찬가지로, 리원량은 피할 수도 있었고 완전히 예방할 수도 있었던 수많은 죽음의 첫 번째 사례였다.[11]

몇 주 안에 세계 경제는 생사존망이 걸린 위기에 빠져들게 된다. 부정은 혼란으로 바뀌었고, 혼란은 실용적 대처로 바뀌었으며, 실용적 대처는 만사를 뒤집어 놓았다. 정상성은 하룻밤도 안 돼 증발해버렸다. 기업, 가정, 지역사회, 나라 전체가 봉쇄에 돌입했다. 심지어는 성장 집착도 사람들의 생명을 지켜야 하는 비상상황에서 한때나마 자취를 감추었다. 우리는 삶에서 가장 중요한 것이 무엇인지에 관해 불편하게 상기하며 성장이 완전히 사라질 때 경제는 어떤 모습일지에 관해 역사적 가르침을 받았다. 그리고 매우 신속히 한 가지 사항이 분명해졌다. 그 모습은 현대 세계가 이제껏 보여준 것과는 완전히 다른 모습이었다는 것이 바로 그것이다.

언젠가 우리는 세계를 묘사할 더 나은 용어를 찾아낼 것이다. 때로 언어는 조사 대상과 너무 가까운 거리에 머물러 대상을 제대로 기술하지 못하게 하곤 한다. 미래에 행복을 통화 삼아 연금을 지급할 수 있을지 없을지는 알 수 없다. 그때까지 우리는 시야를 재조정해나갈 것이다. 비전을 새롭게 만들어갈 것이다. 시대에 뒤떨어진 교리에 창의력을 옭아매는 족쇄에서 경제를 해방시키기 위해 미래를 다듬어가는 능력을 갖추게 될 것이다.

그러나 오늘날 **포스트 성장**은 여전히 당위적인 사상의 수준에 머물러 있다. 변화하는 와중에조차 우리는 성장 강박에서 벗어나지 못하고 있다. 이 책은 이 강박이 사라지면 무엇이 나타날 수 있을지에 관한 한 가지 방식의 사유다. 이 책은 사회 진보를 위한 새로운 미개척지를 탐사하자는 초대장이다. 그곳은 풍요가 달러로 측정되지 않고 충족이 한없는 물질적 부의 축적을 통해 이뤄지지 않는 미답의 영토, 미지의 영역을 가리킨다.

'자본주의 이후의 삶'이 이 책[원서]의 가설적이며 사변적인 부제다. 지배적 경제 패러다임을 그것이 가장하는 대로 고정불변한 진실로 보는 것이 아니라 낡은 존재 방식에서 겨우 잔존한 유물로, 그저 일시적인 것으로 바라보자는 제안이다. 내가 이 책 앞부분을 집필하는 동안, 자본주의는 생명을 구하고 정상성을 되살리려고 점점 더 필사적으로 고투하는 과정에서 갈가리 찢겨 나갔다. 2020년 내내, 전에는 상상하기도 힘들었던, 가장 비일상적인 비자본주의 실험이 전개됐다. 이제 우리는 이런 일이 단지 가능할 뿐만 아니라 특정 상황에서는 반드시 필요함을 알고 있다. 이 책의 목표는 어렴풋이 힐끗 모습을 드러낸 이 오지에서 우리를 기다리는 기회들을 선명히 정리하는 것이다.[12]

이 책은 역사에서 가르침을 얻자는 제안이다. 이 책은 실패한 옛 신조에서 우리 자신을 해방하는 기회가 되고자 한다. 서문 첫머리에 인용한 시에서 시인이자 시민권 운동가인 마야 앤절로가 미국인들에게 권한 것처럼 말이다. 지금 당장 이 책이 해야 할 일은 우리가 직면한 상황을 우리 스스로 성실하게 성찰하게 하는 것이다. 보다 심층적인 임무는 우리 눈을 오염된 경제학의 지반에서 분리해 인간 진보의 의미에 관한 새로운 사고방식을 살펴보는 것이다. 얼마 지나지 않아 이 책은 필요 없게 될 것이다. 다만 지금은 우리 입에서 낡은 주문呪文을 걷어내고 전혀 다른 미래를 다듬어갈 수 있게 만드는 데 이 책이 쓸모가 있을 것이다.

1

성장 신화

로버트 케네디

우리는 대량 멸종 초입에 있습니다.
그런데도 당신네가 이야기할 수 있는 거라곤
돈과 영원한 경제 성장이라는 동화뿐이네요.
그레타 툰베리Greta Tunberg, 2019년 9월[1]

너무나 많이, 너무나 오랫동안,
우리는 순전히 물질적인 것들을 축적하는 데
개인적 탁월함과 공동체성을 양보해온 것처럼 보입니다.
로버트 F. 케네디Robert Francis Kennedy, 1968년 3월[2]

968년 3월 17일 성 패트릭 기념일, 이른 봄치고는 따뜻한 일요일 저녁이었다. 밤공기가 봄소식을 전하는 듯 했던 그날 밤, 상원의원 로버트 F. 케네디가 뉴욕을 출발해 캔자스에 도착했다. 바로 이날 케네디는 1968년 대통령 선거 출마를 선언했다. 후보가 되려면 현직 대통령 린든 B. 존슨Lyndon Baines Johnson에 맞서야만 했다. 민주당원이 민주당원에 맞서야 했던 것이다. 어려운 싸움이 될 것 같았고, 케네디는 결코 승리를 자신할 수 없었다.[3]

그러나 캔자스시티 공항에 착륙했을 때 케네디와 부인 에셀Ethel

은 경찰 저지선을 뚫고 활주로로 뛰어들며 "가자, 바비Bobby*, 가자"라고 외치며 연설을 요구하는 수천여 지지자들에게 에워싸였다. 아무런 사전 준비도 없었고, 전기 메가폰도 없었다. 그래서 케네디는 자기 목소리가 거의 들리지 않는다는 사실을 깨달을 때까지 장난스럽게 몇 마디 말을 바람에 띄워 보냈다. "그게 바로 내 첫 번째 선거 연설이었지요"라고 케네디는 말했다. "이제 모두 손뼉을 칩시다." 상원의원은 손뼉을 쳤고, 청중도 손뼉을 쳤으며, 모두가 웃음을 터뜨렸다. 대통령 선거 운동의 출발로는 순조로워 보였다.

상원의원은 선거 운동 첫 번째 공식 연설을 위해 캔자스 주립대학KSU을 방문한 다음 날 아침에도 여전히 눈에 띄게 긴장해 있었다. 연설문 초고 집필자는 이 행사를 위해 세심하게 대본을 준비해놓은 상태였다. 선거 운동팀 중 누구도 이 연설이 어떤 효과를 낼지 예상하지 못했다. 캔자스는 체제와 미국 국기에 충성을 다하는, 가장 보수적인 주 중 하나였다. 바비 케네디가 내세우는 반전 메시지에 공감하리라 기대를 걸 만한 곳이라고는 할 수 없었다.

현명하게도 케네디는 한 캔자스 신문에서 편집장을 역임한 윌리엄 앨런 화이트William Allen White**를 인용하며 연설을 시작했다. "우리나라 대학들이 반항하고 시위를 벌이며 젊음에 가득 찬 온갖 비전과 활력으로 삶을 난타하는 학생들을 키워내지 않는다면, 대학들에 무언

---

* 로버트의 애칭.

** 1868-1944. 캔자스주에서 발간되는 신문 《엠포리아 가제트Emporia Gazette》 편집자로 활동했다. 초창기에는 공화당 보수파였으나 20세기에 접어들고 나서는 중서부 지방에서 혁신주의 운동을 대변했다.

가 문제가 있는 것입니다." 케네디는 말했다. "우리나라 대학 캠퍼스에서 더 많은 시위가 벌어질수록 내일의 세상은 더 나아질 것입니다." 베트남전 반대 운동을 게토에서 끌어내 미국 전역에 산재한 자유주의 성향·중간계급 중심 대학들로 확산시킨 세대에게 진솔한 호소로 다가오는 연설이었다. 학생들은 환영했다. 케네디가 쏘아올린 개시 사격은 '행복한 환호성'을 불러 일으켰다.[4]

누가 봐도 흥분된 분위기였다. 강당에 운집한 학생들(일부는 높은 지붕 서까래에 앉아 있었는데)은 베트남 전쟁을 향해 케네디가 펼친 전방위적 공격, 존슨 행정부에 보낸 경멸, 부도덕한 당대 미국 국내외 정책에 쏟아낸 분노에 미친 듯이 열광했다. 조심스러운 대통령 선거 운동에 있을 법한 신중한 첫 일성은 아니었다. 차라리 다이너마이트였다. 반응은 기대를 훨씬 넘어섰다. 한 언론인, 《룩 매거진Look Magazine》 사진기자 스탠리 테트릭Stanley Tettrick은 아수라장 속에서 똑바로 서려고 안간힘 쓰며 굳이 누가 들으랄 것도 없이 "이게 캔자스야, 빌어먹을 캔자스! 케네디, 갈 데까지 가보자!"라고 외치는 학생 무리에 둘러싸였던 경험담을 남겼다.[5]

역사는 바비 케네디가 '갈 데까지 가도록' 놔두지 않았다. 그러나 운명적인 대통령 선거 운동 첫날에는 아무도 이를 알지 못했다. 선거 운동팀은 열광에 사로잡혔다. 선거 운동 대장정이 시작되었다. 언론인들은 저마다 자기식으로 보도했지만, 후보에게 해를 끼치는 기사는 전혀 없었다. 지지자들이 KSU의 스포츠 맞수인 캔자스 대학에서 열릴 그날의 두 번째 연설 대회로 향하자 다들 안도감을 느꼈다.

윌린스키Adam Walinsky는 캔자스 대학으로 이동하는 도중에 두 번째 행사를 위해 준비한 연설문을 고쳐 썼다. 보다 차분하고 사려 깊은 강연 풍으로 준비된 이 연설문은 상원의원이 지닌 좀 더 사색적이고 지적인 면모를 보여주려는 것이었다. 여기에는 경제 성장을 측정하는 데 사용되는 지표인 국내총생산GDP의 활용과 오용에 특별히 주목하는 단락이 포함돼 있었다. 이것은 선거 운동 연설에 담기에는 별나고 약간은 미묘한 주제였다. 또한 케네디가 품은 정치 비전이 얼마나 급진적인지 보여주는 징표이기도 했다. 수정 과정에서 이 주제는 거의 삭제될 뻔했다.

아침 연설이 불러일으킨 열광적인 반응에 놀라고 고무된 케네디는 오후에도 비슷한 연설을 더 하길 바랐다. 그래서 연설문 초고 집필자에게 담담한 내용을 버리고 아침에 본 열띤 분위기를 재연할 담화를 준비하라고 일렀다. 결과물은 좋게 말해도 '뒤죽박죽'이라 할 만한 것이었다. 직전 연설에서 따온 구절이 중간 중간에 튀어나오는 농담, 일화와 섞여 있었다. 운 좋게도 GDP를 다룬 문단은 살아남았다. 그리고 이 단순한 운명의 장난은 이 책과 엄청난 인연을 맺게 된다. 이모든 일이 일어났을 때 아직 어린 아이에 불과했던 저자의 삶과도.[6]

신화가 중요하다

어느 문화, 어느 사회든 생존 수단 노릇을 하는 신화에 매달리기 마련이다. 우리의 경우 그것은 경제 성장 신화다. 경제가 계속 확장하는 한 우리는 삶이 점점 더 나아진다고 느끼며 안심한다. 개인만이 아니라 사회 전체가 진보하는 중이라고 믿는다. 미래의 세상은 자손 대대로 점점 더 밝아지고 빛나리라고 확신한다. 반대되는 상황이 발생하면 환멸이 머리를 든다. 붕괴가 우리의 안정을 위협한다. 먹구름이 불안하게 다가온다. 경제가 성장에 전적으로 의존하므로 이런 악귀들은 참으로 위협적이며, 우리를 지탱하는 핵심 서사를 불신하게 만듦으로써 더욱 강력한 힘을 발휘한다.

여기에서 나는 '신화'라는 단어를 가능한 한 가장 온건한 의미에서 사용하려 한다. 신화는 중요하다. 우리를 지탱해주는 것은 서사다. 서사가 우리의 사유 세계를 창조하고, 사회적 대화가 전개되는 틀을 짠다. 정치권력에 정당성을 부여하고 사회 계약을 맺어준다. 신화에 충성을 맹세하는 것은 본래 나쁜 일만은 아니다. 우리 모두는 이러저런 형태로, 명시적으로든 묵시적으로든 신화에 충성을 바친다. 그러나 신화가 지닌 힘을 인정한다고 하여 늘 이를 눈 감아줘야 한다는 것은 아니다. 신화는 우리를 위해 작동하는 경우도 있지만, 때로는 우리에게 해를 끼친다.

신화가 존속하는 데는 이유가 있다. 경제 성장은 예사롭지 않은 풍요를 선사한다. 경제 성장 덕택에 수많은 이들이 빈곤에서 벗어났다. 부와 행운을 거머쥔 이들은 성장 덕분에 믿기 힘들 만큼 안락과 풍요와 사치를 누릴 수 있게 됐다. 성장이 가져다준 기회는 우리 조상들은 꿈도 꿀 수 없는 것이었다. 성장은 사회 진보를 꿈꾸도록 북돋아주었다. 영양, 보건, 재해 방지, 이동성, 비행, 연결성, 오락—경제 성장이 우리에게 안겨준 다채로운 과실이다.

그러나 경제 활동이 대규모로 확장된 탓에 자연계가 전에 없던 대파괴를 겪기도 했다. 역사상 어느 시기보다 더 빨리 생물종들이 사라지고 있다. 숲이 대거 파괴되고 있다. 서식지가 사라지고 있다. 경제 확장 탓에 농경지가 위협당하고 있다. 불안정한 기후 탓에 우리의 안전이 무너지는 중이다. 산불이 대지를 집어삼키고 있고, 해수면이 상승하고 있고, 해양 산성화가 진행되고 있다. 우리가 바라는 풍요를 위해 치러야 할 대가가 감당 가능한 수준을 넘어섰다. 우리를 지탱하는 신화가 우리를 파멸에 빠뜨리는 중이다.

이 책의 목적은 이러한 충격들을 상술하거나 그 위험을 세세히 설명하는 것은 아니다. 이미 쉽게 입수할 수 있는 뛰어난 보고서들이 많이 있다. 그레타 툰베리는 2019년 UN 기후회의에서 "30년 넘게 과학자들은 너무도 분명히 이야기해 왔습니다"라고 환기시켰다. 툰베리가 한 발언은 밈meme*이 되어 유포됐다. 미술가, 음악가들이 가공하여, 과학자들이 동원할 수 있는 청중보다 훨씬 더 광범한 대중에게 퍼지기까지 했다. 고된 작업을 거쳐 나온 셀 수 없는 저작물에서 우리는 대파괴를 명백히 보여주는 증거들을 만난다.[7]

이 책의 목적은 오히려 툰베리가 감행하는 보다 심각한 도전에 주목하라고 촉구하는 데 있다. '경제 성장이라는 동화' 너머에는 우리가 주목해야 할 복잡한 세계가 있다. 이 동화는 마치 암호처럼 현대 경제 지침서에 새겨져 있다. 그런 지 벌써 수십 년째다. 이런 동화 탓에 우리의 사회 진보관이 계속 왜곡됐고, 인간의 조건을 보다 깊이 있게 사유하지 못하게 됐다.

---

* 하나의 문화권에서 구성원의 상호 모방을 통해서 확산·공유되는 아이디어, 행태, 스타일 등을 말한다.

이 책이 펼치는 전반적 주장은 좋은 삶을 살기 위해 지구를 희생하지 않아도 된다는 것이다. 물질적 진보를 통해 우리 삶은 변모해왔고, 많은 면에서 더 나아졌다. 그러나 자연을 소유한다는 부담이 자연에 속한다는 즐거움에 어두운 그림자를 드리울 수 있다. 생산해야 한다는 강박이 만드는 일이 주는 충족감을 왜곡할 수 있다. 소비해야 한다는 압박이 존재가 발하는 순수한 빛을 퇴색시킬 수 있다. 번영을 회복한다는 것은 현실 부정이 아니라 오히려 기회로 여겨져야 한다.

이 책은 우리를 번성하게 하는 조건들을 다룬다. 더 훌륭하고 충만하게 살고, 더 만족스러우며 지속가능한 삶을 살아갈 우리의 잠재능력을 탐색한다. 성장이 끝난다고 사회 진보가 끝나는 것은 아니다. 물질적 확장을 권좌에서 몰아낸다고 인간 번영을 포기하는 것이 아니다. 또 다른 (더 나은) 세상은 가능하다. 적어도 캔자스 연설 이후에는 이 점이 명확히 드러났다.

케네디가 캔자스 대학 농구팀 홈그라운드인 '포그' 앨런 체육관*에 도착하자 분위기가 고조됐다. 2만 명이 훨씬 넘는 군중이 경기장을 채웠다. 학생, 교직원, 신문 기자, 방송 아나운서 등이 농구장에 쏟아져 들어온 탓에 케네디가 서 있을 자리라고는 마이크들로 가득 찬 목재 설교단 주변 작은 공간밖에 없었다.

케네디는 다소 즉흥적이었던 게 분명한 농담으로 연설을 시작했다. "실은 저는 연설하러 온 것이 아닙니다." 연설자는 농담조로 덧붙

---

* '포그' 앨런이란 캔자스 대학 등에서 농구 코치로 이름을 날린 포레스트 앨런Forrest Clare Allen(1885-1974)을 뜻한다. 앨런의 음성이 낮고 탁한 경적소리foghorn를 연상시켰기에 '포그Phog'라는 별명이 붙었다.

였다. "방금 KSU에 있었는데, 거기 계신 분들이 여러분 모두에게 사랑을 담은 인사를 전하길 바라더군요. 그래서 제가 여기에 왔습니다. 정말 그랬어요. 그곳에서는 정말 자기들이 여러분을 얼마나 사랑하는지 그 이야기밖에는 없었습니다." 두 캔자스 종합대학이 서로에게 품은 경쟁의식은 이미 전설이 되어 있었다. 1907년부터 두 대학 농구팀은 '해바라기 대결'*을 통해 격렬히 맞붙었다. 경기장은 웃음소리로 떠들썩했다. 청중은 이미 사랑에 빠진 상태였다. 누가 보더라도, 상원의원이 짤막하게 거시경제학 강연을 해도 괜찮을 순간이었다.[8]

짧은 거시경제학 강의

가장 단순하게 말하면, GDP는 한 국가의 경제 규모, 즉 국가 전체에서 얼마나 생산하는지, 얼마나 벌어들이는지, 얼마나 지출하는지 가늠하는 척도다. 말할 필요도 없이 이는 화폐 가치, 즉 달러, 유로, 위안, 엔 등으로 계산된다. GDP는 1953년 이래 일국의 경제 실적을 측정하는 국제 표준이었던 복잡한 국민계정체계System of National Accounts 안에 포함된 핵심 척도다. 제2차 세계대전 당시 이 계정이 개발된 한 가지 동기는 정부가 전비 지출을 얼마나 감당할 수 있는지 측정하려는 것이었다.[9]

1968년쯤이 되면, GDP 규모는 정치적 성공을 판단하는 거의

---

* '해바라기 대결Sunflower Showdown'이란 캔자스 주립대학과 캔자스 대학 간 연례 스포츠 대회를 말한다. 축구 경기는 1902년부터 시작됐고, 1907년부터는 농구 경기도 열렸다. '해바라기'는 캔자스 주를 상징하는 꽃이다.

만능 지표가 된다. 1970년대 초에 주요 7개국 회의(G7)가 결성되고 1990년에 주요 20개국 회의(G20)가 결성되자, GDP가 지닌 영향력은 더욱 공고해졌다. 이 한 가지 수치가 세계 전역에서 가장 중요한 정책 지표가 됐다. 반세기 이상 이 수치는 아무도 넘볼 수 없는 사회 진보의 대표로 군림했다. 그러니 대통령 선거 운동 첫날 GDP를 비판하는 것만큼 이상한 일도 또 없었다.

케네디가 경제학을 말하기 시작하자, 청중은 조용해졌다. 월린스키가 내게 말한 바에 따르면, 내용뿐만 아니라 상원의원이 비전을 설파하며 사용한 수사에 주목했기 때문이었다. 케네디가 내놓은 주장은 매우 간명했다. 우리가 그토록 신뢰를 보내는 통계 수치가 그릇된 것들을 합산한 결과일 뿐이라는 것이었다. 이는 우리 삶의 질과는 괴리된 수많은 '나쁜 것들'은 포함하면서 우리에게 정말 중요한 수많은 '좋은 것들'은 배제한다. GDP는 "대기 오염과 담배 광고를, 고속도로에서 사고 차량을 치우려고 운행하는 구급차를 합산합니다". 케네디는 캔자스 대학 청중들에게 이렇게 말했다.

문을 잠글 특별한 자물쇠와, 이를 부순 사람들을 감금할 교도소도 합산합니다. 미국삼나무의 파괴와, 뭉텅뭉텅 잘려 나가는 자연 비경의 손실 또한 합산합니다. 네이팜탄도 합산하고, 핵탄두도 합산하며, 우리나라 도시에서 경찰이 시위대를 진압하는 데 쓰는 장갑차도 합산합니다. 휘트먼Whitman 사가 만든 권총과 스펙Speck 사가 만든 칼도 합산하며, 우리 아이들에게 장난감을 팔아먹기 위해 폭력을 미화하는 텔레비전 프로그램도 합산합니다.[10]

GDP는 이 모든 것들을 우리에게 이익인 것으로 포함하는 오류를 저지른다. 반면, 우리 삶의 매우 많은 측면이 GDP 계산에서는 완전히 누락된다. 사회 불평등이 그것이다. 무급 노동의 기여도 빠진다. 가정에서 어린이와 노인을 돌보는 이들이 바치는 노고 또한 빠진다. "우리 아이들의 건강, 그들을 위한 교육의 질이나 놀이의 즐거움"도 측정하지 못한다. "시詩의 아름다움…공적 토론의 지성…공무원의 청렴성"도 빠뜨린다.

오늘날 이런 언어로 이야기하는 정치인은 찾아보기 힘들다. 우리는 성장 언어에 더욱 단단히 얽매여 있다. 우리 시대의 정치는 품위, 청렴성, 공공성에서 점점 더 멀어지고 있다. 그 책임 중 일부는 우리가 GDP에 집착한다는 사실에 있다. "이 한 가지 수치로는 우리가 지닌 기지도, 용기도, 지혜도, 배움도, 자비심도, 조국에 쏟는 헌신도 측정하지 못합니다"라고 케네디는 결론지었다. "GDP는 삶을 가치 있게 만드는 것들만 빼고 모든 것을 손쉽게 측정합니다." GDP 비판을 끝낼 즈음, 케네디는 잠시 말을 멈추었다. 청중은 박수를 치기 시작했다. 좀 전에 보인 열광과는 달랐다고 윌린스키는 회고했다. "이번에는 박수가 진지하고 신중했어요. 하지만 박수 소리가 끝날 줄 모르고 계속 이어졌지요."

케네디의 이러한 이야기가 당시에 얼마나 상식을 뛰어넘은 것이었는지를 전하기란 쉽지 않다. 1960년대 말, 미국 경제는 매년 약 5%씩 성장하고 있었다. 이런 수준에서 성장이 끝없이 계속될 것처럼 여겨졌다. 경제학 자체가 영원한 성장을 전제로 구축되었다. 하지만 이 정치인은, 그냥 정치인이 아니라 세계 제일의 경제 대국의 대통령이

되고자 열망하던 이 정치인은 자본주의의 가장 신성한 암구호, 즉 부의 무한 축적에 의문을 던졌다.[11]

경제가 '얼마나 분주한지' 측정하고 이를 더 강화하라고 요구하는 것으로는 결코 항구적인 번영을 향해 나아가지 못했고, 앞으로도 그럴 수 없을 것이다. 이것이 RFK가 캔자스 대학 학생들에게 유창한 연설로 전한 노골적인 메시지였다. 이 연설은 오늘날까지도 GDP를 비판한 대표 사례로 평가되고 있다.[12]

뒷이야기

나는 이날 캔자스에서 벌어진 일들에 매혹됐는데, 20여 년 전에 캔자스 대학 연설 실황 녹음이 지하실에서 발굴된 이후에는 더욱 그랬다. 이 녹음은 지금도 주변적 사안 취급을 당하는 논쟁에 열광적인 역사적 사건에서 느껴지는 전율을 더한다. 녹음이 발견되기 전까지 나는 이 연설을 그다지 대수롭지 않게 여겼다. RFK의 이야기는 단지 경제 성장이나 이를 측정하는 수단들을 비판하는 이들의 일상 어휘가 되었다.

하지만 나는 점점 더 케네디 사상을 낳은 원천이 무엇인지 궁금해졌다. 포스트 성장 입장에 근거한 비판이 어떻게 하필 그때, 그곳에서 대통령 선거 운동에 끼어 들어가게 됐을까? 이 남자가 그 순간에, 극히 이해하기 어려운 논쟁으로 여겨질 게 뻔한 사안을 놓고 그토록 대항문화적인 입장을 취한 동기는 무엇이었을까? 어쩌면 이를 규명하는 가운데, 성장 비판이 조금이나마 진지하게 받아들여지는 데 반세기 이상이 걸린 이유를 이해할 수 있지 않을까 싶었다. 그리고 왜 지금까지 대체로는 무시되는지도.

이 연설 50주년을 기념하는 행사에서 나는 우연히 RFK 인권재단 창립자이자 바비 케네디의 딸인 케리Kerry 케네디와 같은 연단에 서게 됐다. 경제 성장에 케네디가 쏟은 관심이 어디에서 비롯되었는지에 관해 내가 모르는 무언가를 케리가 알고 있지는 않은지 확인하고 싶어, 좀이 쑤셨다. 그러나 아버지가 캔자스에서 연설했을 때 케리는 어린 아이였을 뿐이다. 게다가 케리가 아버지의 유산을 이어가고 인권을 선양하는 데 평생을 바쳤을지라도 GDP를 둘러싼 세세한 이야기는 그녀에게 낯설기만 한 영역이었다. 케리는 그날 행사 전까지는 그 연설이 그토록 중요한지 몰랐다고 내게 털어놓았다.

하지만 결정타는 따로 있었다. 이 대화 덕분에 더 많은 통찰을 얻고자 하는 내 갈망에 즉각 응해줄 애덤 윌린스키의 증언을 얻게 된 것이다. 또한 윌린스키는 연설 속 사상이 자신에게서 나온 게 아님을 분명히 했다. 연설문 내용은 항상 케네디 본인에게서 나왔다. "내가 썼죠, 내가 단어들을 골랐어요"라고 윌린스키는 말했다. "그러나 사례는 모두 RFK가 골랐어요. 그것은 상원에 진출한 이후 케네디가 줄곧 논해온 쟁점이었지요. 그러니까 연설 전체는 정말로 케네디가 바라던 나라를 말하고 있었어요. 자신이 직접 구상한 미국의 비전을, 우리가 마땅히 바라야 할 바를 말하고 있었어요."

조금 더 조사해보니, 지적 배경으로서 두 가지 결정적인 연관 고리가 드러났다. 하나는 소비주의에 바탕을 둔 사회를 둘러싼 불만을 탐구하기 시작하던 20세기 중반 미국 자유주의였다. 다른 하나는 레이첼 카슨Rachel Carson이 지은 《침묵의 봄Silent Spring》이 던진 놀라운 충격이었다. 1962년에 출간된 이 책은 오랫동안, 현대 환경운동의 태동에 결정적인 영향을 끼쳤다는 평가를 받아왔다. 이 책은 틀림없이 케네디에게도 영향을 끼쳤다. 바비의 형인 존 F. 케네디John Fitzgerald Kennedy 대통령은 이 책의 내용 전체에 동의했고, 초판 출간 때부터 재계가 퍼부었던 격렬한 공격에 맞서 이 저작을 공개 지지했다.

JFK 행정부에서 '싹을 틔운 환경주의'는, JFK 보좌진 중 한 사람이었던 대법관 윌리엄 O. 더글러스William Orville Douglas가 1960년 성공적인 대선 유세 중에 한 연설에 뚜렷이 반영되었다. 바비 케네디와 더글러스는 1950년대부터 친구 사이였다. 두 사람은 함께 황야 도보 여행을 다녔다. RFK가 자연을 사랑하게 된 이유는 여러 가지이겠지만, 자연과 친밀했던 삶을 빼놓을 수 없다. 더글러스는 보다 생태적인 정책을 수립하려고 노력하는 과정에서 기꺼이 동지가 되어주었다. "과학기술이 파괴하려 하는 가치들을 보호하는 일은…실로 새로운 미개척지입니다"라고 더글러스는 샌프란시스코에서 열린 황야 회의에서 선언했다.[13]

미국 자유주의자들은 이 정서에 공감했다. 이때 부상한 논쟁에서 두 지식인이 우뚝 섰다. (둘 중 한 사람은 글자 그대로 우뚝 섰는데, 존 케네스 갤브레이스John Kenneth Galbraith는 키가 2미터가 훨씬 넘었다.) 갤브레이스는 소비주의가 가져다주는 미심쩍은 보상을 통렬히 비판하는 책을 집필했다. 갤브레이스는 베스트셀러가 된 《풍요한 사회The Affluent Society》 가운데에서도 가장 빈번히 인용되는 문단에서 이렇게 말했다.

담자주색과 연분홍색을 한, 에어컨이 장착되었고 파워 스티어링과 파워 브레이킹 시스템을 갖춘 자동차를 몰고 여행을 떠난 가족이 폐기물, 다 쓰러져가는 빌딩, 광고판 그리고 벌써 오래 전에 지중화됐어야 할 전신주들로 어지러운 데다 도로는 포장도 제대로 돼 있지 않은 도시를 지난다.[14]

갤브레이스의 하버드 대학 동료이자 한때 이웃에 살기도 했던 아서 슐레진저Arthur Schlesinger는 공공시설은 점점 퇴락하는데도 과시적 부가 넘쳐나는 퇴폐적 상황에 관해 비슷한 입장에서 글을 남겼다. 1956년에 집필한 팸플릿 《자유주의의 미래The Future of Liberalism》에서 슐레진저는 이렇게 불평했다.

점점 더 정교하고 호화로워지는 소비재가 쓸데없이 쏟아져 나오지만, 우리나라 학교들은 과밀 학급과 건물 노후화로 고통 받고 교사들은 일에 치이며 박봉에 시달리고 운동장은 학생 수에 비해 좁은 데다, 도시는 점점 더 더러워지고, 차도는 자동차로 꽉 찬 채 불결함을 더해가며, 국립공원은 방치되고, 치안당국은 과로와 예산 부족에 시달리고 있다.[15]

두 사람 다 JFK 행정부에서 케네디 형제를 보좌했다. 한 사람은 사회적 이유에서, 다른 한 사람은 환경적 이유에서 아메리칸 드림을 비판했는데, 이 둘이 당대의 가장 중요한 문화적 대화를 통해 GDP 비판에 기초를 마련해주었다. 그러나 결국 바비 케네디가 캔자스 대학에서 한 연설에 영감을 준 것은 그 사람 자신의 경험, 통찰, 정서였다. 이에 관해 부연 설명을 할 필요는 없을 것이다.

"만사가 순탄치 않다"

캔자스 연설에서 뒷이야기만큼이나 흥미로운 것은 연설이 남긴 유산이다. 주제와 직접 관련하여 이 연설은 남긴 게 적지 않았다. 인간 진보란 무엇인지를 놓고 더 깊이 있고 철학적인 입장에서 많은 내용이 논의되었다. 그러나 이후 수십 년간 결국 기억에 남은 것은 연설에 담긴 철학적 측면이 아니라 기술적 측면이었다. 수사를 제외한다면, 명쾌히 설명될 수 있는 측정 문제 정도가 남았다. 정부가 경제적 성공을 측정하는 데 사용하는 기본 지표에 결점이 있다는 것.

측정은 그저 기술적인 쟁점이다. 우리가 사용하는 척도가 목적에 부합하는가, 그렇지 못한가? 그것이 지닌 한계가 정말 중요한 문제인가? 이는 교정될 수 있는가? 더 나은 결과를 가져올 수 있는 교정 방안은 무엇인가? 이런 질문들 속에, 성장 자체를 조준하는 것보다 훨씬 더 손쉽게 오래도록 써먹을 수 있는 무언가가 있었다. 바비 케네디의 통찰이 제기하는 보다 심각한 과제를 꼭 직시하지 않아도 그 통찰의 내용을 조심스럽게 실현할 수 있게 해주는 안전한 영역이 존재했다. 이런 것들이 등장하려면 시간이 좀 필요했고, 이를 믿고 기다려야 했다. 그러나 마침내 등장한 것은 기대와는 좀 거리가 먼 손님들이었다.

2007년 유럽위원회의 'GDP를 넘어' 프로그램과, 2014년 OECD

의 '경제 실적과 사회 진보의 측정'에 관한 고위급 그룹은 우리가 GDP 측정을 순전히 기술적 문제로만 바라보려 한다는 사실을 방증하고 있었다. 심지어는 세계경제포럼에서도 GDP를 대체할 방안에 관해 충분히 긍정적 취지에서 논의할 수 있었다. 이런 맥락에서 케네디가 남긴 말들은 어쨌든 상징으로 추앙받았다. '미치광이, 이상주의자, 혁명가'만이 아니라 때로는 후배 대통령 후보들과 보수적인 총리들조차 그의 말을 인용하고 또 인용했다.[16]

성장이라는 이데올로기적 외피를 벗어버리는 것이 여전히 쉽지 않은 토론 과제로 남아 있는 상황에서, GDP 측정 문제는 순전히 정책 차원에만 머무는 혁신 과제로 다뤄진다. (최근 사례만 들어도) 부탄, 뉴질랜드, 핀란드, 스코틀랜드 같은 다양한 국가들이 진보를 측정하는 새로운 방식을 개발하기 시작했다. 이런 시도 중 일부는 간혹 '위성 계정'이라 불리며, GDP의 지배에는 결코 도전하지 않는 방안을 제시한다. 다른 일부는 경제 정책과 예산 결정에 대안적 측정 방식을 실질적으로 포함시키는 방안을 추진한다.[17]

이러한 담론은 중요하다. 측정은 중요한 문제다. OECD 그룹 공동의장이기도 한 노벨상 수상 경제학자 조지프 스티글리츠Joseph Stiglitz는 "우리가 잘못된 것을 측정한다면, 행동도 잘못되고 말 것"이라고 주장했다. "만사가 순탄치 않은데도 우리가 사용하는 측정 방식으로는 순탄한 듯이 나타난다면, 우리는 자만에 빠지고 말 것이다"라고 최근 스티글리츠는 주장했다. "게다가 GDP 증가에도 불구하고, 2008년 위기가 이미 오래 전 일이 됐음에도 불구하고, 만사가 순탄치 **않다**는 사실을 분명히 확인해야 한다."[18]

하지만 케네디 연설을 관통하는 진짜배기 포스트 성장 반복구인 성장 비판 자체는 사전에 조정된 게 전혀 아니었다. 이 비판은 수십 년간 주류 정치인들에 의해 사실상 무시됐다. 젊은이들이 치고 나간 덕분에 좀 더 가시화됐지만, 지금도 이는 주로 주류 담론과 정면충돌하는 괴상한 별종쯤으로 취급된다. 쿠르츠가 다보스에서 보여준 미소가 이러한 정황을 명확히 말해준다. 처음에 돌아오는 반응은 무시이고, 다음은 박장대소다. 현실을 직시해야 할 필요성이 급박하게 대두하기 전까지는 그렇다.

정지 상태

케네디가 캔자스에서 연설하던 그 무렵, 허먼 데일리Herman Daly 라는 한 농업경제학자가 첫 번째 주요 논문을 발표하려 하고 있었다. 데일리는 1965년 이후 계속 같은 주제로 작업하고 있었다. 「생명과학으로서의 경제학」이라는 이 논문이 제시한 기본 주장은 궁극적으로 경제학과 생물학 모두 동일한 한 가지 사항, 즉 생명 과정 그 자체에 관한 연구에 종사한다는 것이었다.

이것은 이 책에서 내가 전개하고자 하는 주장의 핵심을 관통하는 생각이다. 경제는 자연계와 분리돼 있거나 분리될 수 있는 부분이 아니라 자연의 "전적인 소유 아래 있는 (자연의) 한 부속물"임을 경제학자들이 깨달아야 한다는 호소가 그것이다. 브라질에 머물던 데일리는 변변한 사무 집기조차 없는 상태에서 저명한 《정치경제학 저널Journal of Political Economy》에 논문 하나를 제출했다. 그 원고는 손으로 교정 사항을 표시한 거친 초고 상태였지만, 놀랍게도 논문은 즉각 게재됐다. 인쇄본은 케네디가 GDP를 비판하고 나서 두어 달이 지난 1968년 5월에 나왔다.[19]

시기가 너무나 딱 들어맞았기에 나는 데일리가 케네디 연설을 알았거나 이와 관련이 있지는 않았는지 궁금증이 일었다. 데일리는, 훨씬 뒤에야 연설을 알게 됐다고 내게 말했다. 그러나 케네디에게 직접적 영향을 끼친 두 요소, 즉 카슨의 《침묵의 봄》과 미국 자유주의자들의 저작은 데일리에게도 당연히 익숙한 것들이었다. 특히 갤브레이스의 《풍요한 사회》는 젊은 경제학과 대학원생이던 데일리에게 지대한 영향을 끼쳤다.[20]

「생명과학으로서의 경제학」을 발표하고 나서 몇 년간 데일리는 생태경제학이라 불리게 될 학문을 점점 구체화하기 시작했다. 데일리가 전개한 연구의 핵심에는 규모에 관한 물음이 있었다. 지구의 크기가 한 치도 늘릴 수 없게 한정된 상황에서 인간 경제가 과연 계속 성장하기만 할 수 있을까? 궁극적으로는 불가능하다고 데일리는 주장했다. 1970년대 초, 데일리는 자신이 '정지 상태stationary state' 경제라 부르기 시작한 바를 뒷받침할 논문을 발표했다. 정지 상태 경제는 자본 스톡* 규모와 인구 규모가 변함없이 일정한 경제로 정의된다. 중요한 것은, 이러한 일정 규모의 자본 스톡을 유지하는 데 필요한 물질·에너지 흐름이 지구의 수용력을 넘지 않을 정도로 자본 스톡 규모가

---

* '스톡stock'은 흔히 '저량貯量'으로 번역되는데, 특정 시점에 경제에 존재하는 재화 전체의 양을 뜻한다. 반면에 '유량流量'으로 번역되는 '흐름flow'은 일정 기간 동안에 경제 안에 유통되는 양을 뜻한다.

작아야 한다는 것이다. 그렇지 않으면 결국 붕괴하고 만다. 이 경제 모델은 물리적 인공물이라는 요소를 정지 상태 인구에 더하여 "인구 통계학을 확대"한 모델이라고 데일리는 1974년에 썼다. "고전 경제학 입장에서 정지 상태를 주장한 (경제학자) 존 스튜어트 밀John Stuart Mill 의 논의에 담긴 근본 사상도 이와 동일하다." [21]

이 대목에서 우리는 문화적 신화의 가장 기이한 측면 가운데 하나에 도달한다. 모든 문화는 그 자신의 신화적 성격을 스스로는 인지하지 못한다. 우리는 거품 안에서만 살아갈 운명에 처해 있다. 피터 위어Peter Weir의 영화 〈트루먼 쇼The Truman Show〉에서 짐 캐리Jim Carrey가 맡은 주인공 트루먼 버뱅크Truman Burbank처럼 모든 것이 진짜라 여기는 것이다. 우리의 일상생활과 우리 세계의 경계는 늘 불변인 것처럼 여겨진다. 거품 안에서는 성장이 절대 어길 수 없는 규범이며, 정지 상태 개념은 정신 나간 탈선처럼 보인다. 그러나 잠시 한 발 떨어져서 바라보면, 역할이 완전히 뒤바뀐다. 경제학 창시자들 가운데 한 사람은 이미 250년 전에 포스트 성장 경제에 관해 글을 썼다.

존 스튜어트 밀은 산업혁명이 절정으로 치닫던 시기에 급부상한 사회를 자신이 얼마나 싫어하는지 토로했다. 1848년에 출간한 《정치 경제학 원리Principles of Political Economy》에서 밀은 이렇게 썼다. "오늘날과 같은 유형의 사회생활을 구성하는 짓밟기, 깨부수기, 팔꿈치로 찌르기, 다른 사람 발 밟기가 인류의 가장 바람직한 운명이라 생각하고 목구멍에 풀칠하려고 안간힘 쓰는 것이 인류의 정상적 상태라 생각하는 이들이 주창하는 삶의 이상에서, 나는 어떠한 매력도 느끼지 못한다." 정지 상태에 관해 밀은 다음과 같이 인정했다. "나는 선배 정치경제학자들이 이러한 경제에 대해 예외 없이 표출했던 노골적인 혐오감을 표명할 수는 없다." 오히려 밀은 이렇게 말했다. "전반적으로는 정지 상태가 현 상황보다 앞으로 상당히 더 나아간 상태일 것이라 믿고 싶은 마음이다." [22]

달리 말하면, 이 위대한 고전파 경제학자는 이렇게 주장한 셈이다. 성장 이후의 세상은 우리 모두에게 더 빈곤한 곳이 아니라 오히려 더 부유한 곳일 수 있다. 또한 밀이 어렴풋이 내다봤고, 케네디가 요구했고, 데일리가 발전시켰던 이 구상은 더 평등하며 더 충만한 세상에 관한 비전으로서, 이 책에 나오는 주장들에 영감을 주는 원천이다.

이 책이 걸어갈 여정

우리를 지배하는 사회 진보 비전은 만인에게 항상 전보다 더 많은 몫이 돌아가리라는 잘못된 약속에 치명적으로 의존해 있다. 자본주의 용광로에서 버려진 이 기저基底 신화는 위험하게도 온 세상으로 풀려 나갔다. 영원한 성장의 끝없는 추구는 생태 파괴, 금융 취약성, 사회 불안정을 초래했다.

이 신화가 단 한 번이라도 그 목적에 진정으로 부합한 적이 있던가? 그다지 분명하지는 않다. 그 치명적인 오류는 '더 많이'가 항상 '더 좋은'을 뜻한다는 가정에 있다. 여전히 부족함이 있는 곳이라면, 이 주장이 유효하다. 적어도 잠정적으로는 그렇다. 그러나 이미 과도함이 나타나는 곳이라면, 절대 유효하지 않다. 자본주의의 핵심에 자리한 두 가지 치명적 결점 가운데 하나는 부족과 과잉을 가르는 이 지점을 알지 못한다는 것이다. 다른 하나는 이 지점에 도달하고 나서도 중단하는 법을 모른다는 것이다.

이 결점들은 그 뿌리가 너무 깊이 박혀 있어서 그곳에서 벗어나기란 쉽지 않다. 우리가 지닌 문화적 신념 자체를 흔드는 것 말고 함정에서 빠져나올 다른 편리한 마법은 없다. 이 책의 목적은 이 과업에 기여하는 것이다. 자본주의에 암호처럼 새겨져 있는 가정을 떼어 버리고 기본 원리를 다시 짬으로써 포스트 성장 서사를 위한 토대를 새롭게 구축하는 것이다.

이 여정은 사상사와 얽혀 있다. 사상사를 창조한 것은 몇몇 비범한 인물들이다. 그들의 삶과 투쟁은 이론을 어떻게 이야기 속에 자리매김할지 가르쳐준다. 존경심을 품고 경청하면 그들은 우리에게 길 안내자가 되어준다. 이 장에서는 당연히 전 미국 법무장관이자 1968년 대선 유력 후보였던 로버트 F. 케네디가 주된 안내자였다. 책 내용을 풀어나가면서 다양한 이들에게 이 역할을 맡길 것이다.

내가 이 등장인물들을 선택했는지 아니면 그들이 나를 선택했는지 잘 모르겠다. 또한 서사의 방향을 풀어나간 게 나라고도 확실히 말하지는 못하겠다. 책을 써나가는 동안, 그들의 목소리가 끈덕지게 요구한 탓에 나는 보다 간명했던 내 본래 목적에서 끊임없이 벗어나 애초에는 다룰 의도가 없었던 복잡한 논의에 빠지지 않을 수 없었다. 이 여성들과 남성들이 내 지적 동반자가 되었다. 그들의 삶과 투쟁 속에서 나는 거듭 길을 잃고 헤매곤 했다. 너무 많이 헤매지는 않았길 바란

다. 그러나 뭔가 기대하지 않았던 일이 벌어질지 모르는 경계 공간*에
간간히 들어설 만큼은 방황했던 것 같다. 그리 하지 못한 적이 실은 더
많았지만.

그러나 나는 이 특별한 여정에 수많은 잠재 배역들이 있다는 점
또한 잘 알고 있다. 분명 내가 선택할 수 있었던 또 다른 이들이 있었
다. 불가피하게 빠뜨린 목소리들도 있다. 결국 이 책은 답을 주는 책
은 아니다. 질문하는 책이다. 무언가가 더 있다면, 질문에서 불쑥 튀
어나오는 잠정적 제안들 정도일 것이다. 다른 날에(혹은 몇 년 후에)
집필한 또 다른 책이었다면, 아마 등장인물 목록이 전혀 달랐을 것
이다. 그럼에도 나는 그 경우에도 도착지는 같았으리라 감히 상상해
본다.

우리는 소비주의라는 철창에 갇혀 있다. 그러나 이 철창을 만든
것은 우리 자신이다. 우리는 성장 신화 안에 감금되어 있다. 그러나
우리 마음 안에서 열쇠가 주조됐다. 우리 존재에는 물리적·물질적
한계가 있다. 그러나 우리 영혼 안에는, 의미 있게 살고 다 함께 번창
하도록 우리를 해방할 수 있는 창의력이 있다. 이것이 저 지적 안내자
들과 끝없이 대화하는 가운데 내게 떠오른 주된 통찰이었다. 독자마
다 떠오르는 바는 조금씩 다를 수 있겠지만, 그것은 내가 숙제를 훌륭
히 해냈다는 증거일 것이다.

---

* liminal space. '임계 공간'이라 옮길 수도 있다. 3장에 짧은 설명이 나오지만, 경계성liminality은
성인이 되기 위한 통과 의례 과정에서 옛 정체성은 허물어졌으나 새 정체성에 익숙하지 않아 마음
이 혼란한 상태를 일컫는 인류학 용어다. 경계 공간은 이렇게 혼란 속에서 새로운 의식과 정서의
실마리를 얻는 공간을 뜻한다.

"너무나 많이, 너무나 오랫동안"

케네디의 캔자스 연설에서 GDP 측정 문제에 관한 발언 부분은 고작 몇 분에 지나지 않았다. 연설 중 일부는 전쟁 선전에 맞서는, 폐부를 찌르는 비판이었다. "저는 정부의 일부가 되고 싶지는 않습니다. 미국의 일부가 되고 싶지는 않습니다. 미국인의 일부가 되고 싶지는 않습니다"라고 케네디는 말했다. "로마 제국이 들었던 말, '그들은 사막을 만들고는 그걸 평화라 불렀다'는 그 말을 우리도 듣는다면 말입니다."

RFK의 정치 비전에서 밑바탕을 이루는 핵심은 사회 정의를 향한 열렬한 관심이었다. 케네디는 자신이 목격한 뼈아픈 빈곤이 미국의 심장부를 부패에 빠뜨리고 있다고 열변을 토했다. 영양실조로 배가 부풀어 오른 미시시피 어린이들, 흑인 게토의 참담한 교육 현실, 애팔래치아 폐광촌의 장기 실업자들, 선주민들 사이에서 치솟는 자살률에 관해 이야기했다. 케네디는 이렇게 천명했다. "저는 더는 참을 수 없다고 생각합니다. 그리고 저는 미국을 생각합니다. 미국인을 생각합니다. 저는 **우리가** 훨씬 더 잘해나갈 수 있다고 생각합니다. 바로 그렇기에 대통령 선거에 출마하고자 합니다."

그는 선거 운동을 끝마치지 못했다. 캘리포니아 예비 선거가 실시된 1968년 6월 4일 자정 직전에 케네디는 LA 앰배서더 호텔의 엠버시 무도회장에서 생애 마지막 연설을 했다. 마침내 경쟁자들을 큰 격차로 따돌리게 된 긴 하루가 끝나가고 있었다. 지지자들이 베푼 도움에 감사를 표하자 분위기가 고조됐다. 예비선거 결과는 민주당 대통령 후보로 선출되는 것이 따 놓은 당상임을 말해주었다. 그러나 호텔 반대쪽에 자리한 기자 회견장에 가려고 주방을 가로지르던 중에 그는 가까운 거리에서 세 발의 총탄을 맞았다.

케네디는 곧바로 땅에 쓰러졌다. 방금 악수를 나누었던 17세의 호텔 보조 웨이터가 차가운 콘크리트 바닥에 닿지 않도록 상원의원의 머리를 보호하려고 무릎을 꿇었다. 여전히 의식이 있던 케네디는 물었다. "다들 괜찮나요?" "네, 다들 괜찮습니다"라고 소년은 대답했다. 어린 웨이터는 주머니에 묵주를 가지고 있었고, 이를 상원의원의 오른손에 쥐어주었다. 그러나 기도를 드리기에는 이미 늦은 상태였다. 총탄 중 하나가 바비의 오른쪽 귀 바로 뒤 두개골을 뚫었고, 그 파편이 뇌에 치명상을 입혔다. 케네디는 굿사마리탄 호텔에서 꼬박 하루 뒤에 사망했다.[23]

"너무나 많이, 너무나 오랫동안" 비극이 일어나기 고작 일주일 전, 케네디는 캔자스에서 청중에게 이렇게 말했다. "우리는 순전히 물질적인 것들을 축적하는 데 개인적 탁월함과 공동체성을 양보해온 것처럼 보입니다."

성장 신화를 소리 높여 비판하는 것이 정치 영역에서 실질적 힘을 갖게 되기까지는 40년이 더 걸려야 했다. 기묘하게도, 상황 변화를 초래한 요소는 성장의 환경적·사회적 한계뿐만 아니라 경제 자체이기도 했다. 다음 장에서 살펴보겠지만, 성장 신화가 망가지게 된 이야기는 유한한 지구가 강요하는 제약에서 비롯됐을 뿐만 아니라 자본주의의 실패에서도 비롯되었다.

2

누가 자본주의를 죽였을까?

로자 룩셈부르크

"자본가로서 나는 우리 모두가 아는 진실을 소리 높어
외칠 때라고 믿습니다. 우리가 알던 자본주의는 죽었다고."

마크 베니오프Marc Benioff, 2019년[1]

"수치를 당하고 체면도 잃고 피 속에서 허우적대며
오물을 뚝뚝 흘리는 채로 자본주의 사회는 버티고 서 있다."

로자 룩셈부르크Rosa Luxmburg, 1915년[2]

2016년, 영국에서는 브렉시트[유럽연합 탈퇴] 국민투표 사전 캠페
인 기간 도중 한 가지 흥미로운 사건이 벌어졌다. 공개 토론회에서 한
영국 학자가, 유럽연합 탈퇴를 결정해 망망대해로 나갈 경우 이 나라
에 어떤 위험이 닥칠지 설명하려 애쓰고 있었다. GDP가 받을 충격
이 EU 분담금을 내지 않아 절약하는 재정을 훨씬 상회할 것이라고,
이 전문가는 청중에게 말했다. 그러자 청중 가운데 한 여성이 외쳤다.
"그건 당신네의 빌어먹을 GDP이지요. 우리와는 상관없어요!"[3]

이 분노 어린 발언의 이면에는 다음과 같은 수많은 불편한 진실
이 있다. 금융 위기 이후 거의 10년 동안 경제 성장률은 위기 이전 추
세로 돌아가지 못했다. 위기에 뒤따른 긴축 시대는 가장 가난한 이들

이 더욱 힘든 삶을 살도록 내몰았다. 경제 전문가와 정치인들이 견지한 믿음은 이후 계속 심각하게 허물어져갔다. 통계는 소수 엘리트의 이익을 지키는 무기로 쓰였다. '포스트 트루스post-truth' 시대에 숫자는 더는 불변의 사실로 군림하지 못한다.[4]

그러나 그 분노는 무엇보다도, 부정할 수 없는 상실, 즉 성장 신화를 향한 믿음의 상실을 드러냈다. 지속적 경제 확장, 즉 GDP 성장은 역사 속에서 항상 사회 진보 관념과 동일시됐다. 그러나 세계 최선진 경제 중 하나에서 이 안온한 관념은 더는 보통 사람이 일상에서 겪는 현실을 반영하지 못했다. 그 청중이 쏟아낸 격분의 이면에서는 문화적 신화가 무너지기 시작하며 내는 요란한 굉음이 울려 퍼지고 있었다.

기묘한 것은 경제 시스템에서 쫓겨난 이들만 그 믿음을 상실한 게 아니라는 사실이다. 가장 그럴 것 같지 않은 곳에서도 이런 현상이 나타났다. 때로는 체제 심장부에서도 그랬다. 포스트 성장 사회에서 단역 하나를 맡기로 한 것만이 다보스가 바뀌고 있다는 증거는 아니었다. 세계 최대 은행 중 하나는 2020년 세계경제포럼의 한 행사로 '성장은 환상인가?'라는 제목 아래 일주일간 연속 토론회를 개최했다.[5]

성장은 환상인가?

도이체방크Deutsche Bank로서는 좋지 않은 한 해(실은 힘든 10년)였다. 트럼프 그룹과 맺은 금융 계약을 둘러싼 논란으로 시끄러웠던 데다 금융 위기 이전까지 거슬러 올라가는 분쟁 조정 건에서 아직 채

회복하지 못한 탓에, 이 은행은 다보스 포럼 직전 두 분기 동안 상당한 손실을 보았다고 공표했다. 자산이 여전히 1조 4,000억 달러였으므로 2020년에도 세계에서 일곱 번째로 큰 은행이기는 했다. 그러나 위기 전에는 3조 6,000억 달러였음을 감안하면 자산이 급감한 셈이었다. 이 병든 거인에게 성장은 거의 글자 그대로 환상이었다.[6]

모든 선진 경제에서 성장은 점점 더 달성하기 힘든 목표가 되어갔다. 1968년에 미국 경제에서 당연시되던 5% 성장은 이제는 영영 과거사가 돼 버렸다. 팬데믹이 아직 시작되기도 전인 2020년 초, OECD 국가들이 기록한 평균 성장률은 겨우 2%였다. 같은 기간의 실적을 1인당 평균 성장률(경제학자들이 생활수준이라 부르는 바를 더 잘 보여주는 지표)로 나타내면, 쇠퇴가 더욱 극명히 드러난다. 더 나아가 '노동 생산성'(한 경제에서 노동시간당 발생하는 평균 산출량)으로 나타내면, 사태는 훨씬 더 나빠 보인다.[7]

선진 경제 가운데 가장 오래된 국가인 영국은 특히 충격적인 양상을 보여준다. 1968년에 약 4%로 정점에 이르렀던 노동 생산성 성장 추세는 2008년 금융 위기 전, 이미 1% 이하로 추락했다. 그리고 위기 이후 추락은 계속되고 있다. 코로나바이러스 위기 이전 몇 년간 노동 생산성은 사실상 전혀 성장하지 않았다. 어떤 시기에는, 그 중에서도 가장 충격적이었던 팬데믹 와중에는 생산성이 마이너스 성장을 기록했다. 경제 전체에서 노동 생산성의 절대 수치가 감소했다.[8]

이러한 추세는 중요하다. 노동 생산성이 정체되거나 감소하는 경제에서 GDP 성장을 짜내는 유일한 방법은 노동에 투입되는 시간을 늘리는 것뿐이다. 더 많은 사람들이 일을 하거나 아니면 일하는 사람 각자가 더 많은 시간 동안 일하도록 만들어야 한다. 이 가운데 어느 것도 자본주의가 우리에게 제시하는 약속과는 어울리지 않는다. 실은 일단 노동 생산성이 마이너스 성장으로 돌아선 상황에서는, 이미 우리는 모두 어느 모로 보나 포스트 성장 세계에 살고 있는 셈이다. 이런 환경에서는 번영은 말할 것도 없고 생존 방법을 찾아내기도 더 이상 간단치 않다.

대다수 경제학자들은 노력조차 하지 않는다. 그들은 현실에서 이러한 추세가 나타남을 부정하거나 아니면 어떻게든 항로를 돌려 좋았던 옛 시절로 돌아갈 수 있다고 가정한다. 다보스는 이런 분위기로 가득 찼다. "새로운 심각한 균열이 우리가 사는 사회의 구조를 갈가리 찢고 있습니다"라고 발전경제학자 폴 콜리어Paul Collier는 경고했다. 그리고 그것은 "만인의 생활수준을 꾸준히 향상시킨다는 자본주의의 가장 믿음직한 면모가 손상을 입었기 때문이었다." 바로 다음날에는 세일즈포스Salesforce* 공동 CEO인 억만장자 마크 베니오프가 발언을 이어갔는데, 베니오프는 "우리가 알던 자본주의는 죽었다"고 탄식했다.[9]

분명, 당황하는 분위기였다. 얼마 전까지만 해도 상황은 썩 괜찮았다. 생활수준은 올라가고 있었고, 민주주의는 번영하고 있었으며, 서구 자유주의가 자랑하는 단어인 '자유'가 곳곳에 넘쳐흘렀다. 철의 장막이 무너지면서 지배적 경제 모델에 정치적으로 맞서려는 시도는 사라진 듯 보였다. 자본주의는 우리가 늘 바랐던 진보를 가져다줄 수 있을 것 같았다. 정치학자 프랜시스 후쿠야마Francis Fukuyama는 우리

---

* 주로 고객 관리 솔루션을 제공하는 미국의 클라우드 컴퓨팅 서비스 기업.

가 '역사의 종말'에 이르렀다고, 즉 인류가 이데올로기적 진화의 정점에 도달했다고 확신에 찬 선언을 내놓기까지 했다.[10]

대의제 국가, 시장 경제, 소비 사회, 이것들이 사회 진보를 위한 요리 비법이었다. 세계 곳곳의 정부들은 기꺼이 이 전례典禮를 따랐다. 하지만 이 공식은 분명 실패했다. 도대체 무슨 일이 벌어졌던 걸까? 어찌하여 이 모두가 잘못되고 말았던 걸까? 누가 자본주의를 죽였을까?

범죄 현장 조사

이 물음에 대한 가장 뻔한 답은, 범인이 없다는 것이다. 자본주의는 잘 살고 있고, 덕분에 뉴욕과 두바이, 런던에서 풍족한 삶을 누리고 있다는 것이다. 심지어는 베이징에서도 그렇고, 물론 다보스에서도 그렇다. 근심이 많기는 했지만 세계경제포럼에 참석한 그 누구도 진심으로 자본주의를 포기하려 하지는 않았다. 내부 고발은 잘 짜인 쇼였다. 사실 충격적인 자책이 낳은 주된 반응은 '자본주의는 죽었다, 자본주의여 영원하라!'라는 상투적 반복구였다.

이해관계자 자본주의, 목적이 있는 자본주의, 《뉴욕타임스New York Times》가 장난스럽게 이름 붙인 '깨어있는woke'* 자본주의 등이 등장했다. 이것들이 구질서의 새로운 화신化神이 될 운명을 점지 받았

---

* woke는 '깨어나다wake'의 과거형 woke에서 파생된 신조어로, 젠더, 유색인종, 성소수자 등이 차별 받는 현실에 '각성한' 상태를 뜻한다. 그러나 실제로는 기성 사회를 실질적으로 위협하기보다는 사소한 표현 따위를 물고 늘어지는 태도를 야유하는 표현으로 더 많이 쓰인다.

다. 낡은 질서의 수혜를 받고 때로는 스스로도 이를 인정하는 이들이 거의 매일 줄을 이어 이런 말들을 쏟아냈다. (그들을 전적으로 신뢰하지 못할 이유가 뭐가 있겠는가? 전혀 상상도 할 수 없다!) 그러나 때로 역겹기까지 한 수사와, 누가 봐도 권력을 위한 권력에 집착한 그 표현의 이면에는, 사회 진보의 근거가 되는 근본 서사에 뭔가 비상사태가 발생했다는 어렴풋한 각성이 숨어 있다. 따라서 계속 묻지 않을 수 없다. 자본주의를 죽인 책임은 누구 혹은 무엇에게 있을까?[11]

한 동안 가장 손쉽게 지목할 수 있는 용의자는 전 지구적 금융 위기였다. 2008년 이전 평균 성장률을 그 뒤의 평균 성장률과 비교하는 시도를 얼마나 많이 봤는지 기억도 안 날 지경이다. 위기가 초래한 지속적인 '역풍'이 문제의 원인이라고 결론짓기는 참 쉽다. 그러나 이러한 설명은 논점을 완전히 잘못 잡고 있다. 쇠퇴는 위기가 닥치기 몇십 년 전부터 나타나고 있었다. 대다수 선진 경제들에서 노동 생산성이 정점을 찍은 것은 반세기도 더 전의 일이다.

문제가 훨씬 깊은 연원에서 비롯됐다는 의심이 가끔은 대두하곤 했다. 리먼 브라더스Lehman Brothers가 파산한 지 5년이 된 2013년 11월, 세계은행 수석경제학자이자 미국 재무장관이었던 래리 서머스 Larry Summers는 국제통화기금IMF에서 연설하며 청중에게 상당한 충격파를 던졌다. 위기 이후 시기에 나타나는 지속적인 불확실성은 단지 일시적인 여진이 아니라는 것이었다. "근본 문제는 영원히 지속될지도 모른다"고 서머스는 말했다. 저성장과 성장률 감소는 그냥 '뉴 노멀'일지도 모른다는 것이다.[12]

서머스는 이런 주장을 한 유일한 사람도 아니고 심지어는 첫 번째도 아니지만, 그 중에서 가장 유명한 경제학자임에는 틀림없었다. 반향은 심각했다. 과거에는 생각조차 할 수 없었던 질문을 던지는 것이 잠시나마 허용됐다. 과거와 같은 성장이 더는 있을 수 없다면 어떻게 될까? 수요 부족이 장기화한다면 어떤 일이 벌어질까? 도저히 간과할 수 없게 된 현상, 즉 점점 더 뚜렷이 가시화하는 성장률의 장기 하락(특히 노숙한 서구 경제에서 강하게 나타나는)을 기술하기 위해, 1930년대에 처음 만들어진 '장기 침체'라는 말이 되살아났다. 미래학자 마틴 포드Martin Ford가 지적한 것처럼, "많은 선진국에서 경제의 골디락스Goldilocks 시기*가 끝나 버렸다고 믿을 만한 충분한 이유가 있다"[13]

금융 위기 동안, 경제 시스템(과 경제 자체)의 명성은 확실히 꽤 강한 타격을 받았고, 그 사이에 혹은 그 이후로 줄곧 매력을 되찾고자 안간힘을 썼다. 그러나 자본주의가 고통받는 원인을 특정 시기에서만 찾는 것은 분명 잘못이다. 빛나는 표면 아래에서는 위기가 '균열을 뚜렷이 들춰내기' 훨씬 전에 이미 균열이 시야에 드러나고 있었다.

파고노믹스

또 다른 주요 용의자는 1980년대에 벌어진 경제 변동이다. '통화

---

* 경제가 한창 성장하는데도 물가는 오르지 않는 상황을 뜻한다. '골디락스'란 영국 시인 로버트 사우디Robert Southey(1774-1843)가 지은 동화 '곰 세 마리 이야기'에 나오는 금발머리 소녀의 이름이다. 이 동화에서 골디락스는 곰 세 마리가 집을 비운 틈에 그 집에 들어가 세 가지 수프, 세 가지 의자, 세 가지 침대 가운데 항상 너무 크거나 작지 않은, 너무 뜨겁거나 차갑지 않은 적당한 것을 선택한다. 경제 지표들이 모두 적정한 수준을 유지하는 상황을 이에 빗대 '골디락스'라 부르게 됐다.

주의' 경제학은 급진적인 사유화와 탈규제 의제가 도래했다고 알렸다. 오늘날 주류가 된 신자유주의·자유시장 정책은 이 시기에 시작되었다. 이 정책은 사회에 심대한 영향을 끼쳤다. 불평등이 늘어나고 부채가 증가하고 불안과 자살률이 배로 늘고 비만과 생활 습관성 질환이 빠르게 증가한 것은 특히 이 시기부터였다.

"자본주의의 상징적 중심인 미국에서 1980년대 출생 세대의 절반은 이전 세대가 같은 연령에 누린 것보다 훨씬 더 나쁜 삶을 살고 있다"고 콜리어는 밝혔다. 그 사이 시기에 자본주의는 "계속 누군가에게는 많은 것을 가져다 주었지만, 다른 이들은 방기했다."[14]

이것은 차라리 후한 설명이다. 노아 홀리Noah Hawley의 블랙코미디 범죄 드라마 〈파고Fargo〉*는 이만큼 후하지 않다. 1979년이 배경인 이 드라마의 두 번째 시즌에서는 노스다코타주 파고에 거주하는 한 가족이 캔자스시티의 악명 높은 범죄 패밀리와 맞부딪혔다가 풍비박산이 난다. 이 시즌 마지막 회에서 캔자스 조직폭력배 중 한 명인 마이크 멀리건Mike Mulligan(보킴 우드바인Bokeem Woodbine이 연기)은 파고 가족을 쓰러뜨리는 데 한몫 했으니 상을 받겠거니 기대하며 폭력단 본부에 도착한다. 평범한 건물에 자리 잡은 새 사무실에 들어선 마이크에게 상급자는 "보상을 최적화하는 방법을 찾기 위해 회계사 사무실과 긴밀히 협력"할 것이라 말한다. 마이크는 어안이 벙벙해진다. "이게 미래야"라고 상급자는 설명한다. "이제 오직 한 가지 사업, 그러

---

* 코엔Coen 형제의 동명 영화 〈파고〉(1996년)에서 영감을 받아 제작된 드라마. 2014년에 시즌 1이 공개됐고, 현재 시즌 5를 제작 중이다.

니까 돈 버는 사업 하나만 이 세상에 남았다는 사실을 더 빨리 깨달을 수록 자네는 성공할 걸세."

이야기 배경이 되는 바로 그 시점, 즉 1979년을 놓고 보면, 홀리가 던지는 메시지는 명쾌하다. 1979년은 로널드 레이건Ronald Reagan이 대통령 선거 출마를 선언하고 영국에서 마거릿 대처Margaret Thatcher가 집권한 해였다. 밀턴 프리드먼Milton Friedman은 "기업이 하는 일이란 돈 버는 일the business of business is business"이라는 악명 높은 발언을 남겼다. 기업의 일은 사회적 책임과는 무관하다는 것이었다. 금융가의 윤리는 사실상 조직폭력배의 그것과 다를 바 없어졌다. 찰스 퍼거슨Charles Ferguson이 2010년에 발표한 다큐멘터리 〈내부 범죄 Inside Job〉와 애덤 맥케이Adam McKay가 2015년에 발표한 코미디 드라마 〈빅 쇼트The Big Short〉는 둘 다 금융 위기를 다루며, 바로 이 점을 강조했다.[15]

자본주의의 창시자 애덤 스미스Adam Smith라면, 이 모든 사실에 머리카락이 곤두섰을 것이다. 그러나 소스라칠 정도로 놀라지는 않았을 것이다. 스미스는 이기심이 억제되지 않을 경우 시장의 이점이 허물어진다는 것을 너무나 잘 알고 있었다. 스미스는 "공중의 이익과 어긋나는 이익을 추구하는 사람들, 전반적으로 공중을 기만하고 억압하기까지 하는 데 관심 있는 사람들, 그리하여 많은 경우 실제로 공중을 기만하고 억압하는 사람들의 질서"에 실컷 욕을 퍼부은 적도 있었다. 스미스가 공격한 대상은 "이윤으로 살아가는 이들", 달리 말해 자본가들이었다.[16]

오직 국가만이 이기심이 폭주할 위험에 맞설 수 있다는 것을 스미스는 깨달았다. 이 충고를 완전히 무시한 것이야말로 신자유주의의 기상천외한 과대망상이었다. 신자유주의는 도리어 자본이 정부에게서 최대한 자유로워져야 한다고 주장했다. 이 주장의 동반자는 철학적 추태였다. 신자유주의는 시장의 '자유'와는 아무 상관도 없었고, 이론으로 보나 현실로 보나 전혀 신뢰할 수 없는 것이었다. 하지만 20세기 마지막 20년 동안 이 사상은 세계 곳곳에 심각한 영향을 끼쳤다. 한 마디로 파고노믹스Fargonomics였다. 그 윤리란 조직폭력배의 윤리였고, 정글의 법칙이었다. 그렇게 탄생한 것이 있었으니, 소수를 위해서는 아주 잘 작동하지만 다수에게는 언제나 실패만을 안겨주는 특정 형태의 자본주의였다.

다보스에서 울려 퍼진 목소리는 이러한 실패를 알아차리는 이들이 많아지고 있음을 보여준다. 가해자는 우리가 익히 아는 자라고 이들은 암시하는 듯하다. 우리는 이 면식범을 신뢰하는 잘못을 범했다. 이제 우리는 스미스가 전하려 한 가르침을 이해한다. 과거의 유해한 정책을 뒤집어야 하며, 만인을 위한 자본주의를 만들어내야 한다. 베니오프는 이윤에는 목적이 수반되어야 한다고 본다. 콜리어의 책은 '상호 책임'을 강화해야 한다고 주장한다.

이런 제안들은 분명 중요하다. 요즘 기준으로 보면, 혁명적이기까지 하다. 이 제안들은, 기업이 더 관대했고 불평등은 덜 심했으며 사회복지 개념이 중시되던 제2차 세계대전 직후의 자본주의 '황금기'로 돌아가야 한다고 촉구한다. 그러나 《파이낸셜 타임스Financial Times》 칼럼니스트 마틴 울프Martin Wolf가 지적한 대로, 사태는 그렇게 간단하지 않다. 조건이 변했다. "평등을 지향하던 1950년대와 1960년대 서구 사회들은 지구 전체에 걸쳐 산업을 독점했고, 역경을 함께 이겨내며 쌓은 사회적 연대 또한 갖추고 있었다"고 울프는 썼다. "이런 과거는 이미 지난 일이다. 이를 그대로 재연할 수는 없다."[17]

이것은 역사를 되돌릴 수 없다는 사실을 환기시켜주는 유익한 경고이지만, 마야 앤절로가 제시한 것처럼 우리는 여전히 역사에서 얼마간 교훈을 얻을 수 있을지 모른다. 만일 신자유주의가 가해자라면, 그토록 오랜 세월 동안 신자유주의가 마음껏 활보하며 사회 곳곳에 고통을 가할 수 있게 된 이유는 무엇인가? 오랫동안 피해를 눈감아준 이유는 무엇인가? 다른 무엇보다도 우리가 시장에 관한 스미스의 비전을 잘못 이해하게 만든 요소는 무엇이었는가?

엄청난 돈

이 질문들에 답하려면, 더 과거로 거슬러 올라가야 한다. 전쟁 직후 시기는 울프가 찾아낸 이러저런 이유 때문에 이데올로기적 우파에게는 씁쓸한 시대였다. 전후 합의는 대공황이 남긴 혹독한 교훈을 토대로 주조됐다. 이 합의를 지배한 것은 존 메이너드 케인스John Maynard Keynes의 경제학이었다. 국가는 경제에 결코 없어서는 안 될 역할을 한다고 케인스는 말했다. 정부의 적자 지출이야말로 미국 경제를 폐허에서 구한 단 한 가지 요소였다. 여기에 자유시장주의자들이 끼어들 여지란 없었다.

그러나 그 다음에 1970년대 오일 쇼크가 찾아왔다. 자원 가격이 급등하는 상황에 서구는 전혀 준비되어 있지 못했다. '스태그플레이

선' 상황에서는 1930년대식 적자 지출이 별 효과가 없음이 드러났다. 더 나쁜 것은, 적자 지출이 국가 부채 증대를 초래하여 경제에 국한되지 않은 커다란 부작용이 일어났다는 것이다. 이것이야말로 신자유주의자들이 대망하던 기회였다. 그들은 급격한 정치적 우경화를 앞당기기 위해 이 유리한 기회를 부여잡았다.[18]

새로운 정치는 '자유'를 인간사의 궁극적 판정 기준으로 제시했다. 통화주의자들은 경제 규제를 풀고 시장을 사유화하기 시작했다. 금리는 낮추었고, 금융 규제는 완화했다. 카릴 처칠Caryl Chuchill이 1987년에 발표한 희곡《엄청난 돈Serious Money》은 이른바 '빅뱅'*을 멋지게 풍자했다. 압운이 있는 운문으로 집필되고 아주 빠른 속도로 상연된 이 희곡은 "고도 금융과 그 탐욕, 죽기살기식 문화를 냉혹하고 숨 가쁘게 고발"했다. 연극은 풍자 대상인 금융가들 사이에서조차 크게 히트했다. 극 중 한 장면에서는 가장 공격적인 주식 중개인 한 사람이 이렇게 주장한다.

> 우리는 단지 똑같은 일을 할 뿐
> 너희 모든 잡놈들이 늘 하는,
> 낡은 런던 금융가의 신참은
> 미소 지으며 돈을 벌지
> 그저 탐욕스럽게, 그저 비열하게[19]

---

* 대처 정부가 집권하자마자 단행한 금융시장 자유화와 공기업 사유화 조치를 통해 신자유의 시대가 열렸고, 그래서 이는 흔히 '빅뱅'이라 불린다.

이 장면은 이 새로운 죽기살기식 자본주의를 정당화하는 일반적인 태도를 영리하게 묘사했다. 돈이 세상을 돌아가게 만든다. 언제나 그랬듯이. 단지 이제는 모든 것을 사유화함으로써 소모전에서 벗어나려고 애쓰는 국가가 탐욕의 문화를 인가해준다는 점이 다를 뿐이었다. 공연 장소를 런던 윈덤Wyndham 극장으로 옮겼을 때, 당시 막 사유화된 브리티시 텔레콤British Telecom은 다음과 같이 말하며 공연에 전화 서비스를 제공하길 거부하는 만행을 저질렀다. "이것은 어떤 상장회사도 엮이길 원치 않을 공연이다." 이 희곡은 지금 영국 고등학교 시험 과정의 필독 도서 중 하나다.[20]

대마불사

'유동성' 폭증은 바로 신자유주의 경제학이 명령한 것이었다. 이 전략은 그럭저럭 먹혔다. 성장이라 할 만한 것이 잠시 돌아왔다. 그러나 그 수익은 압도적으로 부자들에게만 흘러갔다. 이렇게 말해도 좋다면, 집행유예 기간은 길지 않았다. 2001년 9월의 9/11 테러는 경제에 또 다른 기만술을 더했다. 정부는 과거에도 하던 일을 더 미친 듯이 수행했다. 즉, 규제를 더 풀고, 유동성을 더 늘리고, 결국은 아무도 제대로 이해하지 못한다는 게 드러난 복잡한 금융상품 한 보따리를 새로 만들었다.[21]

결과는 재앙이었다. 쉽게 풀린 돈과 느슨한 규제는 금융시장을 불안정하게 만들었다. 그리고 이 모든 것은 사회 불평등을 심화시켰다. 노동자의 이익을 거스르며 자본의 이익을 보호했으니 빈자가 아니라 부자가 이익을 본 것은 당연했다. 거의 50년간 누적됐던 사회 진보를 기절초풍할 정도로 뒤집었고, 그에 따라 20세기 마지막 10년간 선진국들 내부에서 불평등이 엄청나게 증가했다.[22]

경기 회복을 위한 처방이 오히려 상황을 악화시켰다. 21세기 첫 몇 년은 투기적인 차입과 대출로 넘쳐나는 '도박판'이 되었다. 가계 부채가 쌓이고 또 쌓였다. 혼돈이 시작될 조건이 무르익었다. 미국 주택 시장에서 '서브프라임' 대출 연체율이 조금 변하는 것만으로도 혼돈이 시작되기에는 충분했다. 결국, 2008년엔 거품이 터지고 말았다. 성장을 좇아 반세기 동안 거듭된 지출의 의도하지 않은 결과는 1930년대 이래 최대 폭락이었다.

"의문이 생긴다." 2014년, 서머스는 이렇게 말했다. "금융의 지속 가능성이 보장되던 상황에서 경제가 만족스럽게 성장하던 시기에 과연 지속적인 확장이 실제로 있었던가?" 서머스가 내놓은 답 그리고 점점 더 많은 다른 경제학자들이 내놓은 답은 '없었다'였다. 기본 토대에 문제가 있는 상황에서 돈을 풀어 성장을 추구하는 정책은 금융 거품을 초래해 금융을 불안정하게 만들고 마침내 위기를 폭발시켰다.[23]

2008년 9월 15일 리먼 브라더스가 파산하자 서구 각국 정부들은 위험 자산을 증권화하고, 위험에 빠진 저축을 인수하고, 파산한 은행들에 자본을 확충해주고, 경제를 다시 부양하기 위해 수조 달러를 쏟아 부었다. 아무도 이것이 단기 해법에 불과함을 부인하지 않았다. 많은 이들은 이것이 납세자를 털어 위기의 주범들을 배 불리는 임시 땜질로서 퇴행적 조치임을 인정하기까지 했다. 그러나 대안을 생각하기 힘들다는 단순한 이유로 이 모든 것이 용서되었다. 금융시장 붕괴로 세계 경제 전체는 도저히 예측할 수 없는 방식으로 무너져 내릴 수도 있었다. 몇몇 국가는 나라 전체가 파산하고, 무역이 통째로 중단될 수도 있었다. 금융 제도를 구제하지 못했다면, 그 대가는 엄청났을 것이다.

그러나 정부의 은행 구제는 또 다른 위기를 재촉했다. 여러 국가, 특히 유로존 여러 국가들이 잇달아 적자 증가, 다루기 힘든 국가 부채, 국가 신용도 하락에 허덕이는 신세가 됐다. 적자를 통제하고 국가 신용도를 지키기 위해 도입된 긴축 정책은 근본 문제들을 해결하지 못했다. 더 나쁜 것은, 긴축 정책 탓에 새로운 사회 문제들이 발생했다는 것이었다. 사회복지를 철회하자 소득 불평등이 배로 늘어났을 뿐만 아니라 보건, 수명, 기초생활보장, 인간 존엄성에서의 불평등 같은 더 심각한 문제들이 생겼다. 위기의 피해자들을 희생해 위기의 설계자들을 구제하는 불의가 모두의 눈에 명백히 드러났다. "그건 당신네의 빌어먹을 GDP이지요! 우리와는 상관없어요!"[24]

아이러니하게도 이 정책 중 어느 것도 애초 목표를 달성하지는 못했다. 성장률은 회복되지 않았다. 코로나19 봉쇄 전에도 이미 성장률은 어느 정도는 꾸준히 감소하고 있었다. 긴축 탓에 보건 시스템은 전혀 준비가 안 된 상태로 이번 글로벌 팬데믹을 맞아야 했다. 경제 활동 봉쇄만이 유일한 대안이었다. 위기 이전 시대로 돌아가는 '순조로운' 회복 가능성은 희박하기만 하다. 케네디가 캔자스에서 학생들에게 연설하던 때인 1968년의 성장률에 필적하는 성장률을 달성할 가망은 거의 없다. 보다 광범한 사회·정치적 격동이 발생하기 쉬운 조건이 분명 존재한다.

이 간략한 역사가 전하는 가장 심원한 교훈은 성장을 되돌리기 위해 고안된 바로 그 정책이 추락을 낳은 정책이라는 것이다. 범죄 현장 조사에서 나온 결론으로는 좀 이상해 보이는 결론이긴 하다. 자본주의의 추락이 자본주의가 성장에 집착한 결과라니 말이다. 아마도 이것이야말로 이 집착을 더 깊이 검토하는 데 필요한 핵심사항일 것이다. 그리고 왜 이런 집착이 존재해야만 하는지를 이해하는 데 필요한 핵심사항이기도 할 것이다.

모세와 예언자들

말할 필요도 없지만, 우선 우리는 성장이 자본주의에 국한되지 않는다는 사실을 분명히 해야 한다. 공산주의 국가들 역시 자본주의 국가들만큼이나 오랫동안 성장 목표 설정을 당연시했고, 오늘날도 여전히 그러하다. 이 점에서 성장 신화가 특정 문화를 뛰어넘는 현상이라는 주장이 정당성을 지닐지도 모른다. 이는 이데올로기의 개별적 차이를 넘어서는, 얼마간 보편적인 사회 진보관이라는 것이다. 자본주의의 사회적 이상이든 사회주의의 그것이든 모두 성장에 사로잡혀 있었다.[25]

그러나 자본주의와 경제 성장은 유독 강력한 관계를 맺고 있다. 성장 없는 자본주의는 때로 꽤 노골적으로 '나쁜 자본주의'라 불릴 정도로 그렇다. 이러한 명백한 '성장 지상명령'에 관해서는 이미 수많은 책이 나와 있다. 여기에서 단순 논리를 끄집어내는 것은 사기에 가까울 것이다. 자본주의 자체를 어떻게 정의하느냐에 따라 이야기가 많이 달라지는 것이다. 예를 들어, 마르크스Karl Marx는 자본주의를 하나의 과정으로 보았다. 그리고 마르크스에게 이 과정은 본질적으로 성장과 관련된 것이었다. "축적하라, 축적하라! 이것이 모세이자 예언자다"라고 마르크스는 《자본Das Kapital》에 썼다. "축적한다는 것은 사회적 부의 세계를 정복한다는 것이다."[26]

폴란드 출신 사회주의자 로자 룩셈부르크는 마르크스가 제시한 논리에 결함이 있음을 자신이 발견했다고 생각했다. 룩셈부르크는 《자본 축적The Accumulation of Capital》에서, 순수 자본주의에서는 늘어난 생산물을 구매할 수 있을 만큼 소득이 충분하지 못하기 때문에 성장이 사실상 불가능하다고 주장했다. 룩셈부르크는 분석을 통해, 자본주의의 끝없는 이윤 추구(룩셈부르크는 이를 부정하지 않았다)는 비자본주의 지역에 대한 지속적인 착취를 통해서만 충족될 수 있다고 가정했다. 룩셈부르크는 자본주의의 확장 충동이 폭력적인 제국주의를 낳을 수밖에 없다고 확신하면서, 자신의 가장 강력한 저술을 이를 비난하는 데 할애했다.

룩셈부르크가 《유니우스 팸플릿Junius Pamphlet》*을 집필한, 제1차 세계대전이 발발한 지 만 1년이 되던 1915년에는, 이것이 매우 명백한 결론으로 보였을 것임이 틀림없다. 이 장 첫머리의 두 번째 인용구에 따르면, 자본주의는 수치를 당하고 체면도 잃은 처지였다. 좀 뒤에 보겠지만, 용서받을 수 없는 죄악을 저질렀다는 점에서 자본주의는 유죄라는 연구 결과는 아주 정확했다 해도 룩셈부르크가 내놓은 전제

---

* 제1차 세계대전 중에 룩셈부르크가 저술한 반전 팸플릿 시리즈를 가리킨다.

는 그다지 정확하지 않았다. 그러나 보다 중요한 것은, 자본주의를 성장 과정으로 규정하고 나서 자본주의 경제는 반드시 성장해야만 한다고 주장하는 것은 동어반복이 될 위험이 있다는 것이다. 이러한 확장 충동이 어디에서 비롯됐냐는 문제는 여전히 미해결 상태로 남아 있다.[27]

자본주의를 '생산수단'(우리가 필요로 하는 재화와 서비스, 즉 식량, 주택, 의류, 과학기술 등을 생산하는 데 필요한 공장과 자원을 뜻한다)의 소유라는 맥락에서 정의하는 가장 통상적인 방식으로도 이 문제는 해결되지 않는다. 자본주의 경제에서는 주로 개인이 생산수단을 소유한다. 비자본주의 경제에서는 생산수단이 '인민'에게 속하는데, 예를 들면 국가나 지역사회 또는 노동자들이 소유한다.

생산수단의 '사유화'와 조화를 이루도록 재화와 서비스를 주로 '시장'에 의존해 분배한다는 점도 자본주의의 특징이다. 사람들이 시장에서 돈(교환가치)을 쓸 준비가 얼마나 돼 있는지에 따라 가격이 결정된다. 비자본주의 사회에서는 가격이 국가나 공동체에 의해 결정되는 경향이 있다. 물론, 때로는 가격이 아예 없다고 정할 수도 있다. 예를 들어, 사회주의에서는 모든 시민에게 특정한 기본 재화와 서비스를 보편적으로 제공하는 것이 국가의 임무 가운데 하나임이 당연시된다. 많은 자본주의 경제들도 특정 종류의 재화, 예컨대 보건, 교육, 광대역 회선 등과 관련해 이런 식의 입장을 취한다. 그리고 꽤 많은 경우, 이념 색이나 신조에 상관없이 정부가 시장 가격에 세금을 붙이거나 보조금을 지급한다.[28]

따라서 실제로는 순수자본주의 경제 같은 것은 존재한 적이 없다. 마찬가지로 대다수 사회주의 혹은 공산주의 국가들은 재화를 분배하고 가격을 정하기 위해 어느 정도는 시장에 의존하기 마련이다. 세계에서 가장 강력한 공산주의 국가인 중국이 현재 자본주의 기제를 상당 부분 수용하고 있다는 것은 분명한 사실이다. 따라서 순수한 비자본주의 경제 같은 것도 있을 수 없다.

이렇게 경계가 허물어지면, 자본주의에서 나타나는 '성장 지상 명령'의 정확한 기원이 무엇인지는 더욱더 불분명해지는 것 같다. 가장 유망한 후보는 사적 소유와 시장 가격-설정과 어깨를 나란히 하는, 자본주의의 또 다른 핵심 구성요소, 즉 이윤의 역할이다. 가장 단순하게 말해, 이윤은 무언가를 팔아 벌어들이는 수입과 그것을 생산하느라 드는 비용[지출] 사이의 차액이다. 원칙적으로 이런 차액은 자본주의 안에든, 바깥에든 존재할 수 있다. 사적 소유든 국가 소유든, 수입과 비용 간 차액의 파악은 재정 상태 이해에 도움이 된다.

그러나 자본주의의 손아귀 안에 있는 한, 이윤은 사람들로 하여금 투자하게 만드는 제일의 동기로서 절대적으로 중요한 역할을 수행한다. 자본주의에서 이윤은 행위의 노골적인 전제다. 이 관점에 따르면, 재정적 보상을 받으리라는 기대만이 사람들의 생산 참여를 유발하는 유일한 동기가 된다. 자본가는 이윤을 기대한다. 주로 사적 이익을 위해 재화와 서비스를 지속적으로 공급하는 과정에서 자본주의는 이윤을 생산의 우선적 동기로 규정한다. 이윤 추구는 개인만이 아니라 사회 전체를 추동하는 강력한 힘이 된다.

게다가 자본주의는 임금으로 생계를 충당하는 이들과 이윤으로 소득을 얻는 이들로 사회를 확연히 가른다. 이윤으로 살아가려면, 재정 수입이나 지대를 뽑아낼 만한 무언가를, 예컨대 땅이나 돈 혹은 생산수단의 지분[주식]을 소유해야 한다. 이런 자산이 없다면, 임금으로 소득을 얻어야 한다. 실제로는 물론 둘 모두를 통해 소득을 얻는 것도 가능하다. 또한 인생의 각 시기마다 소득에서 임금과 이윤이 차지하는 비중이 달라질 수도 있을 것이다. 그러나 임금으로 생계를 충당하는 이들과 이윤이나 지대로 소득을 얻는 이들은 확연히 구별될 수 있다. 특히 이것이 사회 안에서 부자와 빈자 간의 근본적 차이를 설명해준다는 점에서 그렇다.

이 분할은 다시 갈등을 낳는다. 노동자에게 임금은 소득의 주된 원천이며, 특히 가장 가난한 이들에게는 생계를 이어갈 유일한 수단이다. 자본가에게 임금은 생산 비용이자, 기업이 만들어낼 수 있는 이윤을 제약하는 장애물이다. 경제학자 리처드 굿윈Richard Goodwin이 주장한 것처럼, 임금과 이윤은 필연적으로 포식자-피식자 관계를 형성한다. 자본 소유자는 임금노동 '소유자'와 끝없이 경쟁한다. 나쁜 환경에서는 이 경쟁이 충돌로 이어질 수 있다는 것은 불을 보듯 빤한 사실이다.[29]

짧은 거시경제학 보강

놀랍게도, 이 충돌을 완화하는 데 도움이 될 만한 핵심 요소는 자본주의 내부에 있을지도 모른다. 이 사안은 노동 생산성 개념, 즉 화폐 가치로 표시된 산출물을 생산하는 노동시간의 능률과 관련 있다. 노동이 생산 과정에서 비용이고 자본가의 동기는 이윤이므로, 자본가는 노동 생산성을 늘리기 위해서라면, 즉 노동 비용을 줄이기 위해서라면, 무엇이든 하는 경향이 있다. 이윤 동기는 노동 생산성 성장을 지향하도록 안에서부터 자극하는 요소가 된다.

이 충동의 실현이 얼마나 성공하느냐에 따라 노동 생산성 향상을 통해 절감된 비용이 다양한 방향으로 분배될 수 있다. 이익 중 일부는 임금 상승이나 노동시간 단축을 통해 노동자에게 돌아갈 수 있다. 일부는 더 많은 배당금 형태로 주주에게 돌아갈 수 있다. 일부는 제품 단가 인하 형태로 소비자의 몫으로 돌아갈 수 있다. 일부는 새로운 과학기술에 대한 투자 자금으로 쓰여 미래에 노동 생산성을 더욱 더 향상시킬 수 있다.

노동 생산성이 늘어날 때라면 이 모든 것이 가능할 것이다. 노동자는 더 많은 임금을 받을 수 있고, 소비자는 더 싸게 재화를 구입할 수 있고, 주주는 더 많은 이윤을 누릴 수 있다. 그리고 회사는 차세대 노동 절약형 기술에 투자할 여력이 생김으로써 지속 발전의 선순환을 만들어 성장을 이어갈 수 있다. 이 선순환이 로자 룩셈부르크가 지적한 딜레마의 해법이다. 임금 상승 덕분에 오히려 이윤을 늘릴 수 있게 된다. 노동 생산성 성장 덕분에 자본주의는 사회 진보를 실현한다며 자기 정당성을 한껏 주장할 수 있게 된다. 그러나 이런 상황은 필연적으로 오직 성장을 통해서만 나타난다.

노동 생산성 성장이 정체할 때에는 이윤 동기가 덜 자비로운 방식으로 작동하기 시작한다. 급여명세서 속 상대 임금은 오른다. 하지만 이윤 폭은 압박을 받는다. 임금, 배당금, 소비자 가격, 투자가 모두 상호 경쟁에 돌입한다. 노동자와 투자자가 충돌할 가능성이 높아진다. 마찬가지로, 현재(소비)와 미래(투자) 사이에서도 긴장이 고조된다. 이 두 갈등은 또한 룩셈부르크가 우려한 침략적 확장을 초래하는 조건이 된다.

여기에서 나는 논의를 단순화했다. 그러나 이런 피상적인 이해만으로도 지난 수십 년간 벌어진 기능 장애의 패턴은 이해할 수 있다. 우리가 지금까지 살펴본 이 모든 것의 이면에는 대략 반세기 전부터 시작된 노동 생산성 성장의 꾸준한 하락이 있다. 이런 하락이 나타난 이유에 관해서는 이견이 있다. 어떤 이들은 이것이 선진국 소비자 수요가 침체하거나 아니면 수요의 구조가 변모한 결과라고 생각한다. 다른 이들은 공급에 제동을 건 기술적 요인을 지적한다.[30]

심란하게도, 20세기 초중반의 특징이었던 막대한 생산성 증가는 디지털 기술의 경이로움에도 불구하고 우리가 뜻대로 반복할 수는 없는 일회적인 것이었는지도 모른다. 걱정스럽기는 하지만 흥미로운 한 주장에 따르면, 1960년대에 정점에 이른 성장률은 더러운 화석연료의 거대하고 집중적인 파괴적 착취에 기대지 않고는 불가능했다. 설령 화석연료를 계속 사용할 수 있다 하더라도 기후변화 위험이 닥치고 자원의 질이 낮아지는 시대에는, 같은 상황을 반복할 여유란 없다.[31]

핵심적인 문제는 이미 익숙해진 이 현실에 어떤 정책으로 대응해야 하느냐이다. 지난 수십 년간 자본주의는 지극히 독특한 대응을 해왔다. 수입이 감소하자 기업과 주주는 노동에 돌아갈 몫을 줄여 이윤을 체계적으로 보호했다. 정부는 돈을 푸는 통화 정책, 구멍이 나 너덜너덜한 규제, 긴축 재정을 통해 이 과정을 촉진했다. 수많은 평범한 노동자에게 돌아온 결과는 혹독했다. 사회적 조건이 나빠질수록 민주주의의 안정성을 위협하는 요소들이 강화됐다.

가장 널리 퍼진 '구원 서사'는 주로 새로운 과학기술적 돌파를 통해 생산성 성장이 회복될 것이라는 가정에 기댄다. 이 구원 서사에서 '구세주' 후보는 다양하다. 어떤 이들은 기후변화에 대처하고 자원 고갈을 상쇄하는 데 필요한 예의 저탄소 청정 기술에 투자하는 과정에서 혁신이 이뤄질 것이라고 말한다. 다른 이들은 새로운 디지털 혁명을 통해 자동화, 로봇화, 인공 지능이 진전됨으로써 혁신이 달성될 것이라고 말한다.

이런 서사들은 이 책 뒷부분에서 다시 다룰 것이다. 이들 각각은 우리에게 중요한 가르침을 준다. 그러나 지금은 이 장의 물음에 불편한 답변을 잇달아 내놓는 작업으로 돌아가야 한다. 자본주의의 사망에 책임이 있는 범인을 단 한 명 지목한다면, 우리는 점점 더 자본주의 자체에 주목하기 시작해야 한다. 최소한 우리는, 성장 자체가 손에 잡히지 않는 상황에서조차 성장을 추구하는 자본주의의 본성이 사람들, 지구, 심지어는 경제 자체에 재앙을 불러오는 것으로 판명된 일련의 정책들에 줄곧 정당성을 부여해왔다는 결론을 내려야만 한다.

도착 시 이미 사망

독일 경제학자 볼프강 슈트렉Wolfgang Streeck은 《자본주의는 어떻게 끝날 것인가?How Will Capitalism End?》*에서 확신에 가득 찬 목소리로 "내가 보기에 역사적 현상으로서의 자본주의에 관해 다시 생각해

---

* 국역본 제목은 〈조종이 울린다: 자본주의라는 난파선에 관하여〉이다.

볼 때가 됐다"고 말한다. "자본주의의 시작뿐만 아니라 그 종말에 관해서 말이다." 이 '종말'은 미래의 어느 날 우리가 어쩔 수 없이 맞이하게 될지 모를 무엇이 아니라고 슈트렉은 주장한다. 이는 이미 진행 중이고, 지금 벌어지는 일이라는 것이다. 자본주의는 "만성적으로 절망에 빠지는" 사회 시스템이라고 슈트렉은 주장한다. 1988년도 영화 〈D.O.A.〉(Death on Arrival, 도착시 이미 사망)에서 데니스 퀘이드Dennis Quaid가 맡은 배역과 좀 비슷하게, 자본주의는 여전히 말하고 어찌어찌 걸을지도 모르지만 이미 치명상을 입은 상태다. 상황은 어떻게 손을 써볼 수 없을 만큼 암담하다. "이제 자본주의의 도덕적 회생을 믿는 이는 아무도 없다"고 슈트렉은 말한다.[32]

다보스에서 제시된 증거가 못 본 척 넘어가도 되는 것들이라면, 이런 이야기가 다 맞지는 않다고 할 수도 있을 것이다. 그러나 자본주의 옹호자들이 그 시체를 되살리려고 안간힘 쓰는 와중에도 그들이 믿는 기저 신화는 붕괴하고 있는 것으로 보인다. 끝없는 성장 추구로 인해 우리는 생태적 파국 일보 직전에 이르렀고, 전에 없던 금융 취약성이 대두했으며, 사회적 불안정성이라는 소름 끼치는 무대가 열렸다. 자본주의는 자신이 저지른 실패에 해답을 갖고 있지 않다. 자본주의는 이윤을 계속 우선시하기에 사회 정의를 추구하지 못한다. 자본주의는 시장을 계속 우상화하기에 기후를 보호하지 못한다. 수백만 명의 삶이 위태로운데도 자본주의는 이에 대응할 능력이 없다. 영원한 성장이라는 자본주의의 핵심 신조는 폐허 속에서 전전긍긍한다. 그 신화 자체가 사멸 직전이다.

결함 있는 신화가 방향타를 쥐도록 방치하는 사회는 가혹한 현실의 바다에 침몰할 위험이 있다. 오류임이 이미 세상에 드러난 낡은 사상에 완고하게 매달린다면, 심리적 좌절만이 아니라 문화적 재앙 역시 초래하게 된다. 게다가 신화가 실패하는 순간, 희망도 시들기 시작한다. 문화적 신화의 역할은 인생에 의미가 있다는 느낌을 선사하고 삶이 지속된다는 느낌을 제공하는 것이다. 이러한 역할은 한시도 빠짐없이 필요하다. 신화가 더는 지탱하지 못한다면, 인생에 의미가 있다는 느낌이 무너지고 집단적 복리福利가 위협받을 것이다.

새로운 신화, 더 나은 이야기, 더 선명한 비전을 발전시키는 것이 붕괴의 역학을 이해하는 것만큼이나 긴요하다. 어쩌면 더 중요할지도 모른다. 본질적으로 이것이 이 책이 해야 할 임무일 것이다. 성장 신화를 넘어 전망하자. 과감히 자본주의 자체를 넘어 바라보자. 자본주의가 가장 애지중지하는 전제를 재검토하자. 우리에게 영양분을 주었을 뿐만 아니라 상처도 주었던 진리에 도전하자. 다르게 바라보고 더 낫게 살아가는 방식에 토대를 놓자. '포스트 성장 서사', 새로운 기저 신화, 미지의 미래로 인도할 보다 굳건한 비전을 발전시키자. 이제 이 임무로 돌아갈 차례다.

3

유한한 것과 무한한 것
엘렌 맥아더

내가 살면서 겪은 어떤 경험도 유한한 세상이
무엇을 의미하는지에 대해 더 잘 이해하게 해주지 못했습니다.
지금 이곳에서 우리가 가진 것이 우리가 가진 전부입니다.
그 이상은 없습니다.
엘렌 맥아더Ellen MacArthur, 2015년[1]

현실 세계에는 한계가 있다. 상상 속 세계에는 한계가 없다.

장 자크 루소Jean-Jacques Rousseau, 1763년[2]

노퍽 습지Norfolk Broads에서 가장 오래된 다리의 연원은 1385년
으로 거슬러 올라간다. 아직 17세이던 어린 리처드 왕은 왕국을 장악
하려 한 자칭 개혁 세력인 청원파Lords Appellant와 싸우고 있었다. 다
리 공사를 막 시작할 무렵, 제프리 초서Geoffrey Chaucer는 《캔터베리
이야기The Canterbury Tales》를 구상하느라 바빴다. 다리가 완공되던 당
시에 포터 헤이검Potter Heigham의 이 다리는 도기 장수, 이탄 장수에게
는 하늘이 내린 선물이었다. 바로 이 다리가 노스 월섬North Walsham에
서 번창하던 시장과 잉글랜드 동해안에 자리한 그레이트 야머스Great
Yarmouth 항구 사이에 길을 내주었던 것이다. 이 다리 덕택에 이들은

이제 시간을 들여 돌아가지 않아도 되었다. 이는 중세 시대에 자연 지리가 강요하는 한계를 극복한 기술적 창의력의 한 사례다.[3]

오늘날 이 고장에서는 관광산업이 번창하고 있다. 매년 700만 명이 넘는 관광객들이 이곳의 습지와 운하를 방문한다. 자연 보호와 이윤 동기 사이에 불편한 싸움이 벌어졌고, 자동차, 배, 사람, 야생생물이 한정된 공간을 놓고 경쟁했다. 그러나 갈대가 우거진 습지를 가로지르는 불빛은 장관이다. 해가 뜰 때까지 기다릴 만큼 인내심이 있다면, 좀처럼 잊을 수 없는 알락해오라기 울음소리를 들을 것이다. 이 희귀한 (그리고 잘 모습을 드러내지 않는) 물새가 늪을 으스스하게 배회하며 내는 깊고 낭랑한 울부짖음을.[4]

이 구닥다리 교량은 이제는 누가 봐도 시대에는 맞지 않는다. 더는 선Thurne 강을 지나가는 차량 무게를 견디지 못하여, 100미터 가량 북동쪽에 있는, 보다 실용적인 신설 차로에 주된 역할을 빼앗겼다. 대신, 원 교량에 있는 세 개의 석조 수문은 관광객에게 그림 같은 매력을 선사하며, 고요한 습지 북쪽 구역에 가보려는 이들에게는 만만찮은 도전 장소가 되고 있다. 수문 셋 중 오직 하나만 배로 통과할 수 있다. 그것도 조수潮水가 특정한 상태에 있을 때만 가능하다.

많은 선박들에게 포터 헤이검 다리는 강 상류로 운항하지 못하게 가로막는 성가신 장벽이다. 지난 수십 년간 폭이 넓은 유람선들의 시끌벅적한 행렬이 급증했는데, 이들은 연중 간조 수위가 가장 낮을 때에라야 비로소 다리를 지날 수 있었다. 그래도 수문은 통과하기에 너무 낮았고, 폭이 넓은 배가 지나기에는 너무 좁았다. 조심성 많은 지역 주민들은 이 다리에서 사고가 날 가능성을 놓고 늘 농담을 주고받는다. 부주의한 배가 사고를 낼 위험을 높이는 거센 남서풍이 불 때는 특히나. 이 다리는 한계 하나를 극복할라치면, 또 다른 한계를 낳는다.

더블린 가는 길

새로운 기초 서사를 탐색하기 시작하면서 한계라는 불편한 문제를 제기하는 것이 이상해 보일지도 모르겠다. 아일랜드 서부 지방에는, 시골 농부에게 더블린 가는 길을 묻는 여행자에 관한 오래된 농담이 있다. "글쎄요, 나리, 저라면 여기에서 출발하지는 않겠습니다"라고 농부는 답했다. 농부의 답인즉슨, 당연히 여기에서 더블린까지 가는 여정은 설명하기도 쉽지 않고 찾아가기도 힘들다는 것이다. 그러나 이 농담이 웃긴 것은 여기가 틀림없이 우리가 서 있는 곳이라는 사실에 있다.

사람들은 삶이 유한하다는 이야기를 듣길 좋아하지 않는다. 이것만큼 분명한 사실도 없다. 더구나 별로 한계가 많아 보이지도 않는 삶을 누리는 이들이 이런 소리를 하면, 분노는 원한으로 돌변한다. 성장 이후의 세상에서 협치governance를 하기가 참으로 어려운 이유가 바로 여기에 있다. 협치에는 통치하는 이와 통치받는 이 사이에 권력이 비대칭적인 현실이 반영돼 있는 것 같다. 권력이 비대칭인 상황은 사람들의 기회에 한계를 부여하는 듯 보이는 도덕적 지상명령을 도입하기에 좋은 환경이 아니다. 개인의 자유를 찬양하는 문화에서는 더욱더 그렇다. 9장에서 나는 이 난제로 돌아갈 것이다.

그러나 성장 신화는 한계를 부정하는 것과 긴밀히 관련돼 있다.

소비 자본주의의 핵심에 도사린, 물질적 욕구의 끝없는 확장은 결국 물질적 한계가 존재함을 부정하는 것이다. 그래서 '여기'가 출발할 바로 그곳이라는 생각이 생겨난다. 한계 거부는 성장 신화의 본질적 부분이다. 유한한 것과 무한한 것을 정확히 파악하지 못하는 것은 자본주의의 결함들 가운데에서도 핵심이다.

따라서 여기에서 더블린까지 가는 여정에서 우리가 맡은 임무는 무엇보다도 유한한 것과 무한한 것 사이에 의미 있는 관계를 구축하는 것이다. 이를 통해 놀랍게도 어쩌면 한계를 인간 번영의 가장 중요한 구성요소로 다시 자리매김할 수도 있음을 알아차리게 될 것이다.

절망의 예언자들?

바비 케네디가 캔자스에서 GDP의 결함을 언급했던 바로 그 해, 한 영국 과학자와 한 이탈리아 기업가가 자기들이 인류의 '곤경'이라 칭한 것, 즉 지칠 줄 모르는 우리의 욕망을 우리가 알고 있는 자연계의 한계와 화해시키기라는 문제를 토론하고자 로마에 있는 어느 조용한 저택에 몇몇 사람을 초대한다. 바로 이 모임에서 "인류의 미래에 관한 공동의 고민을 함께 나누는" 개인들로 이뤄진 조직, 로마 클럽the Club of Rome이 탄생하게 된다. 1972년에 로마 클럽이 처음 발표한 보고서《성장의 한계The Limits to Growth》는 오늘날까지도 이어지는 격렬한 논쟁을 야기했다.[5]

10년쯤 지난 뒤, 당시 미국 대통령 로널드 레이건은 "인간의 지능, 상상력, 호기심에는 한계가 없기에 성장에 커다란 한계 따위는 없다"고 선언했다. 당시 여전히 설득력 있었던 로마 클럽의 서사에 의식적으로 맞서려는 시도였다. 그러나 레이건의 이야기는 사뭇 진지하게 검토해볼 가치가 있다. 인간 존재에는 분명 어느 정도는(거의) 무한한 면모들이 있다. 지능, 상상력, 호기심은 이들 가운데 일부임에 틀림없다. 따라서 어디에서든 풍요를 발견하고 그 가치를 인정하는 것은 충분히 합리적이다.[6]

이런 분명한 사실을 논외로 하면, 레이건의 선언에는 두 가지 중대한 주장이 숨어 있었다. 첫째는 인간의 창의력은 거의 무한한 기술 혁신을 가져올 수 있다는 것이다. 둘째는 이런 혁신 덕분에 경제 성장을 막는 어떠한 물리적 한계도 극복할 수 있다는 것이다. 둘 다 친숙한 주장이다. 특히 경제학자들은 한계를 논하는 사상을 철저히 논파할 수 있는 증거로서 여전히 이 두 주장에 의존하는 성향이 있다.

전작 《성장 없는 번영Prosperity without Growth》을 출간한 직후 화이트홀* 세미나에서 책의 주장을 발제할 때의 일이다. 한 정부 측 경제학자가 화를 내며 끼어들면서 한계라는 사상이야말로 '경제 문맹'이라고 주장했다. 희소성이라면 자신도 인정했을 것이다. 그러나 희소성은 가격의 형태로 충분히 반영될 수 있다. 그리고 시장은 그 결과를 진지하게 다룬다. 하지만 한계라 한다면, 그건 의미 없다. 이러한 논리였다.

성장의 한계 대신에 경제학자들은 자기들이 '녹색 성장'이라 칭하는 것, 즉 자연환경을 보호하는 방식으로 이뤄지는 지속적인 경제

---

* Whitehall. 영국 런던의 관청가. 보통 '영국 정부'를 뜻하는 말로 쓰이곤 한다.

확장, 달리 말해 지구를 폐기물 더미로 만들지 않는 성장을 목표로 삼길 선호한다. 물론 이는 완전히 정당한 열망이다. 지구를 폐기물 더미로 만드는 성장보다야 한참 낫다. 틀림없이 그렇다. 그러나 얼핏 봐도 녹색 성장은 다소 모순적인 듯하다. 성장은 더 많은 처리량을 뜻한다. 더 많은 처리량은 더 많은 환경 영향을 뜻한다. 더 많은 환경 영향은 지구의 상태가 더 나빠짐을 뜻한다. 녹색이든 아니든, 끝없는 성장은 더는 성장할 수 없는 상태로 귀결될 뿐이다. 죽은 행성에 성장은 있을 수 없다. 영원한 성장은 만물의 파괴를 앞당긴다. 그레타 툰베리가 2019년 UN 기후정상회의에서 지적한 대로, 이것은 아주 비참한 결말로 끝이 날 한 편의 동화다.[7]

녹색 성장을 제대로 알려면, 경제학자들이 인정하는 경제적 산출량과 물질적 처리량 간의 중대한 차이를 이해해야 한다. GDP는 물리적 질량이 아니라 화폐 단위로 표시된다. 따라서 경제 성장은 물질 성장과는 분명히 다르다. 화폐 가치를 물질 내용에서 분리 혹은 '디커플링'하면, 비록 글자 그대로 영원히는 아닐지라도 적어도 의미 있는 만큼은 한계의 지배에서 벗어날 수 있다는 주장에 이르게 된다.

이러한 구분을 통해 경제학자들은 경제 성장이 실제 의미하는 바를 비판자들이 잘못 이해하고 있을 뿐이라는 주장에 도달한다. 비판자들이 경제 성장을 그야말로 물리적인 것, 즉 단순히 물건을 더 생산하는 문제로 여긴다고 노벨경제학상 수상 경제학자 폴 크루그먼 Paul Krugman은 주장한다. 비판자들은 1달러에 상당하는 GDP를 생산하며 이뤄지는 수많은 선택, 무엇을 생산할 것인가, 어떤 기술을 사용할 것인가 등의 선택들을 고려하지 못한다는 것이다. "수많은 선택"

덕택에 경제 성장을 위태롭게 하지 않으면서도 가장 엄밀한 의미에서 생태적인 성장을 달성할 수 있을 것이라는 확신을 토대로 크루그먼은 (다보스에 참석한 트럼프처럼) 성장 회의론자들을 "절망의 예언자들"이라 비난했다.[8]

거울 나라

이 대목에서 크루그먼은 틀렸다. 성장 회의론자들은 화폐와 물질의 구별을 완벽히 이해한다. 그들은 기술적 차원에서 '수많은 선택'이 이뤄지고 있음을 대체로 받아들인다. 그들 가운데 많은 이들은 기술에 따르는 비용뿐만 아니라 편익도 인정하며, 기술이 지닌 놀라운 힘에 박수를 보낸다. 사회에 더 청정하고 가벼우며 녹색인 신기술을 개발할 엄청난 역량이 있음은 매우 분명하다. 레이건이 그토록 칭송한 창의력은 건재한 것이다.

실제로 우리 눈앞에서 펼쳐지고 있기에 이를 부인하는 것은 어리석은 짓이다. 예를 들어, 지구 전체 GDP의 탄소 집약도[함유도]*가 1960년대 중반 이후 1/3 이상 감소했다는 풍부한 증거가 있다. 기술적 창의력 덕분에 보다 효율적으로 에너지를 사용할 수 있게 돼 탄소 집약도가 감소한 것이다. 효율성이 증대한 덕택에 인간 경제 활동이 지구에 끼치는 영향이 감소했다. 이것이 사실이고 중요하다는 데는

---

* carbon intensity. 에너지 소비에서 발생한 CO2량을 총에너지소비량으로 나눈 값. 탄소 집약도가 줄었다는 것은 상대적으로 탄소 함유량이 낮은 에너지 사용 비중이 늘어났다는 뜻이다.

논쟁의 여지가 없을 것이다. 그러나 이런 식의 디커플링만으로는 영원한 성장이라는 착각에서 벗어나기에 역부족이다.[9]

자연환경은 상대적 효율성에는 신경 쓰지 않는다. 시간이 지날수록 달러당 산출량에서 탄소 함유량이 줄어드는 것만으로는 역부족이다. 중요한 것은 인간 활동이 지구에 끼치는 영향의 총량이다. 기후를 안정시키려면 지구 전체에 걸쳐 탄소 배출 절대량을 줄여야만 한다. 만일 GDP의 탄소 함유량이 감소하는 속도보다 더 빠른 속도로 GDP가 증가한다면, 올해 대기 중에 배출되는 탄소 총량은 전년에 비해 증가할 것이다. 지금까지 벌어진 일이 바로 이것이었다.[10]

이 경우에도 명백한 증거가 있다. 세계 경제의 막대한 부분이 코로나19 팬데믹으로 갑작스레 정지되기 전까지는, 측정을 시작한 이래 줄곧 가차 없이 증가하기만 한 탄소 배출량을 사실상 아무것도 중단시킬 수 없었다. 그전까지는, 이번 세기에 기후를 안정시키려면 꼭 필요한 탄소 배출 급감이 실현될 조짐은 전혀 없었다. 현재 인류가 탄소 배출과 생산물 산출을 디커플링하며 낼 수 있는 속도는 기후를 안정시키려면 필요한 수치에 전혀 미치지 못한다. 방향은 올바른데 충분히 빠르게 나아가지 못하는 게 문제가 아니라, 방향 자체에 문제가 있는 것이다.[11]

성장 옹호론자들조차 간혹 이 점을 인정하곤 한다. 진영을 가르는 것은 이 사실을 인정하는지 아닌지가 아니라, 우리가 정말 배의 방향을 선회할 수 있는지, 그 여부에 관한 관점이다. 급격한 환경 악화를 억제하되, 성장 기조만은 계속 유지하기. 녹색 성장 주창자들은 이것이 가능하다고 확신한다. 이들은 서로 구별되지만 얽혀 있기도 한 세 가지 신앙 조항이 담긴 몹시 매력적인 신조에 충성을 서약한다. 첫째 조항(레이건 발언의 메아리 격인)은 어떠한 물리적 한계에 직면하든 무한한 창의력으로 극복할 수 있다는 것이다. 둘째 조항은 이 과업을 달성하는 데 다름 아닌 성장이 필수적이라는 것이다. (부수조항인) 셋째 주장은 녹색 성장이 실망스러운 성장 실적을 극복할 가장 훌륭한 방식이라는 것이다.[12]

달리 말하면, 녹색 성장이야말로 자본주의가 대망해온 구세주다. 녹색 성장론자들에 따르면, 녹색 성장은 어느 모로 보든 더 나은 성장이다. 더 나은 과학기술, 더 많은 혁신, 더 커다란 효율성이 녹색 성장과 함께할 것이다. 더 나아가, 이들은 자본주의는 끊임없이 혁신과 새로움을 추구하기에 녹색 성장을 실현할 만반의 준비가 돼 있다고 믿는다. 이들이 내놓는 주장에 따르면, 경제 확장이 초래하는 피해가 우려될 경우 우리는 성장 노선 편에 서야 할 뿐만 아니라 성장 노력을 배로 늘림으로써 더 유리한 고지를 점해야 한다. 간단히 말해, 녹색 성장론자들이 던지는 메시지는, 성장 탓에 인류가 빠지고 만 이 난장판에서 인류를 구할 수 있는 것은 바로 그 성장뿐이라는 것이다.

이것은 편의적이면서도 강압적인 서사인데, 이 서사를 조종하는 것은 성장이 위기를 초래할 때 발생할 사건들에 대한 근원적인 불안이다. 물론 이 불안은 실제적인 것이다. 우리 경제는 성장에 전적으로 의존한다. 그러나 이러한 발언은 우리를 오해로 이끈다. 포스트 성장 사상이 더없이 쓸모 있는 이유는, 자본주의의 사멸을 반전시킬 수 없는 한 붕괴 가능성이 이미 현실로 닥치고 있다는 바로 그 점에 있다. 녹색 성장이 자본주의를 되살리는 구세주 역할을 수행하려면, 잠시도 성장 가속 페달을 향한 경각심을 낮추지 않는 동시에 경제 규모 확장과 결합된 온갖 문제, 즉 기후변화, 멸종, 하천과 바다의 오염, 토질 저하, 자원 고갈 등을 해결해야만 한다.

이런 일을 해내려면, 한층 더 많은 혁신, 한층 더 많은 효율성이 필요하다. 과거 어느 때보다 더 빠른 속도로 효율성이 향상되어야 하고, 예측할 수 있는 미래에도 (그리고 예측할 수 없는 먼 미래에도) 무한히 이것이 계속되어야만 한다. 우리는 빨리, 더 빨리 달려야만 겨우 같은 장소에 머물 수 있는 운명을 선고받은 루이스 캐럴Lewis Carroll의 소설《거울 나라의 앨리스Alice Through the Looking Glass》속 붉은 여왕과 같은 신세인 것이다.[13]

같은 장소에 머무는 것으로는 결코 충분하지 않은 세상에서 녹색 성장론자들의 신조는 도저히 있을 수 없는 일처럼 보인다. 경제 확장과 물질 확장을 무한히 '디커플링'할 수 있다는 맹신이야말로 일종의 현실 부정이다. 이 부정의 실제적인 형태는 과학기술이 마주치는 한계 일체에 대한 부정이다. 그리고 한계를 이렇게 부정한 탓에 이미 심각한 디스토피아적 결과가 나타나고 있다.

래섬스 할인 매장

포터 헤이검 다리를 에워싸고 패스트푸드와 선술집의 아수라장이 들어서 있는데, 그 중심에는 선 강의 둑 위에 줄지어 선 대형 상가 네 곳을 차지한 래섬스Lathams라는 이름의 대규모 할인 매장이 있다. 1960년대 중반 창업자 켄 래섬Ken Latham은 습지 관광객에게 음식과 낚시용품을 공급하며 이 지역에 안정된 일자리를 제공하기 시작했다. 그러다 어느 시점엔가 "다양한 질 좋은 재고품을 최저 가격으로 언제나" 공급하는 할인 소매 체인이 선보이게 됐다. 오늘날 이곳은 절반은 경기장이고 절반은 놀이공원인, 정신없이 끓어오르는 잡탕이다. 회사 웹사이트가 주장하는 바에 따르면, 래섬스는 "정당한 권리로 매력"을 획득했다. 광란의 쇼핑에 함께 하기 위해 전국 방방곡곡에서 사람들이 이 상가로 쇄도한다.[14]

이 상황의 밑바탕에 흐르는 논리는 무시무시하다. 한 세기 전에 관광 산업이 노퍽 시골에 난 데 없는 부를 가져다주었으니, 방문객은 여흥을 찾아 나섰고 손님에게는 먹을거리가 필요했으며 이는 지역 주민에게는 곧 일자리였다는 논리. 이 사태는 또한 경쟁, 이윤, 생산성도 몰고 왔는데, 이 모두는 관광 산업 발전을 이끄는 자본이 가져다준 선물이었다. 가장 접근하기 쉬운 구역이 가장 쉽게 상업화됐다. 그러나 경제가 확장하자 강을 오가는 배의 숫자와 규모도 커졌다. 이들에게 음식과 여흥을 제공하며 래섬스는 성장했지만, 다리는 결코 그럴 수 없었다.

어느 시점엔가 다리를 철거한다는 소문이 돌았는데, 아마도 제2차 세계대전 불발탄과 관련된 사고가 계기가 됐던 것 같다. 다행히도 (모종의) 양식良識이 승리했다. 심지어는 대형 상점 주인들조차 그림같이 아름다운 이 다리가 포터 헤이검의 부를 가로막기도 하지만 그 원천이기도 하다는 사실을 잊지는 않았다. 그리하여 다리는 살아남았고, 진보에 불굴의 제약을 가했다. 그리고 포터 헤이검은 성장이 좌절된 문제 지역이 됐다.

이것은 한 가지 작은 사례일 뿐이다. 그러나 광범한 질병의 징후를 보여주는 축도이기도 하다. 21세기 진보의 풍성한 상징이면서 동시에 끝없는 확장의 경계에 서 있는 혼잡한 도시들, 뉴욕, 베이징, 뭄바이를 생각해보라. 세월이 지나도 빛이 바래지 않은 마르크스의 경구, '축적하라, 축적하라!'를 생각해보라. 하지만 무한한 성장은 어디에서나 늘 문턱에 둘러싸여 있다. 자원의 한계, 기후의 한계, 금융 안정성의 한계, 물질 과잉을 좇는 인간 영혼의 욕망에 나타나는 한계에.

물론 이런 한계가 없다면 우리는 당연히 더 많이 바랄 것이다. 바라는 게 말이라면, 거지라도 말을 달리게 될 것이다. 낡은 석조 교량이 지금보다 더 컸더라면, 오늘의 포터 헤이검은 전혀 다른 곳이 됐을 것이다. 사람들이 더 많이 유입되거나 방문했을 것이고, 지금과는 달리, 구닥다리 장애물과 타협하거나 대리 만족하는 짓은 그만두었을 것이다. 아니면 관음증이나 달래는 안락의자에서 일어나 자력으로 새롭고 경이로운 위업을 달성했을 것이다. 그러나 완강히 버티고 선 돌덩이들이 이와는 다른 현실을 강요하고 있다.

노퍽 시골 한가운데에 자리한 작은 다리 하나는 더 거대하고 다루기 힘든 이야기를 상징한다. 포터 헤이검은 무한한 확장을 추구하는 정신이 물질 세계의 물리적 한계와 충돌했을 때 어떤 일이 발생하는지 보여준다. 사회를 지배하는 성장 지상명령은 기능 장애로 삐걱대는 초현실적 사후 세계를 펼쳐 놓으며, 생명을 박탈당한 중음신中陰身들이 이곳에서 북적댄다.* 강에서 더는 운항하지 못하는 호화 유람선, 더는 평화로이 낚싯줄을 드리우지 못하는 낚시광, 강을 어슬렁거리며 타인의 조난으로 먹고사는 뱃사람, 순례자와 소매치기, 노점상과 부랑자 등이 그들이다. 파멸한 자본주의 성당에서 예배드리며 덫에서 헤어 나오지 못한 채 고통받는 신도들. 그리고 한때 자부심에 가득 찼던 노퍽 습지의 '가슴과 영혼'은 잘난 할인 매장이 강탈한 지 오래다.

사랑의 사슬

한계를 진지하게 생각하지 않으려는 우리의 격한 저항은 놀랍게도 최근에야 등장한 경향이다. 태곳적 지혜는 한계를 훨씬 더 긍정적인 견지에서 바라보는 경우가 많았다. "한계는 골치 아픈 법이지만, 그것에는 결실이 따르기도 한다"고 리하르트 빌헬름Richard Wilhelm은 1923년 고대 중국 경전 《주역I Ching》을 번역하며 썼다. "자연에는 여름과 겨울, 낮과 밤 같은 정해진 한계가 있지만, 이런 한계 덕택에 한 해에 의미가 생긴다."**[15]

한계와 질서의 관계는 중세 내내 친숙한 주제였다. 제프리 초서

---

* 원문에서는 limbo라는 표현을 사용했는데, 이는 세례 받지 못한 갓난아기의 영혼이나 예수 탄생 이전에 지상에 산 이교도의 영혼이 거주하는 지옥의 변방이다. 이들 영혼은 이곳에서 영원히 구원받지 못한 채 지내야 한다.
** 인용된 부분은 《주역》의 60번째 괘 '수택절水澤節'을 빌헬름이 해설한 것이다. 빌헬름은 '절節'을 '한계limitations'라 해석했다. 앞 문장은 《주역》 괘사 원문과는 상관없는 빌헬름의 설명이지만, 뒤 문장은 "하늘땅이 절도를 지키니 사계절이 이뤄진다"고 풀이되는 괘사 원문 '天地節而四時成'을 의역한 결과다.

의 《캔터베리 이야기》 첫 단락인 유명한 '기사 이야기The Knight's Tale'에서 아테네 왕 테세우스Theseus는 처제 에밀리Emelye와 두 기사 팔라몬Palamon과 아르시테Arcite의 비극적 삼각관계를 해결하고자 자신이 '원동력First Mover'(조물주의 비유)이라 부르는 이의 지혜에 호소한다. 중세 우주론에서 원동력은 우주를 한데 묶는 '사랑의 사슬' 혹은 '자연적 성향'을 창조한다. 조물주는 한계를 창조하면서 그게 무엇을 뜻하는지 잘 알고 있었다고 초서는 썼다.

> 그분은 사랑의 사슬로
> 불, 공기, 물, 흙을 묶으셨는데
> 이것은 그것들이 일정한 한계를 벗어나지 못하도록 하기 위함이었다.[16]

'기사 이야기'에서 자연적 한계는 인간 세계와 비인간 세계의 일들을 함께 다스리는 천상계의 감독을 가리키는 비유로 쓰인다. 이 우주론에 따르면, 마치 자연에서 그러하듯 인간사에는 때와 방식이 정해져 있다. 이는 350년 후에 등장해 고전 물리학에 토대를 제공할 뉴턴적 세계관을 예고하는, 때 이른 전조였다.

물론 설명 가능한 정밀한 질서라는 이 비전이 이후 커다란 상처를 입었다는 사실을 잊으면 안 된다. 현대 과학이 제시한 통찰 아래에서 이 비전은 권위를 잃었다. 종교가 힘을 잃으면서 이 우주론도 무력해졌다. 다윈의 진화, 아인슈타인의 상대성, 소거하고 또 소거해도 남는 양자 세계의 불확정성이 우주에서 원동력의 자취를 앗아가 버린 듯하다. 신은 죽었다고 독일 철학자 프리드리히 니체Friedrich Nietzsche

는 가장 유명한 저작 속 한 문단에서 선언한 후에 다음과 같이 걱정스럽게 물었다. "모든 살인자들의 살인자인 우리 자신을 어떻게 위로할 것인가? 누가 있어 이 피를 씻어낼 것인가? 우리를 씻어줄 물이 있기나 한가? 어떤 속죄의 축제를, 어떤 신성한 게임을 창안해야 할 것인가?" 우주론은 납작해져 물질이 주를 이루는 세계에 삽입됐는데, 이 세계에서는 의미와 목적이 원자와 우연의 수준으로 강등된다. 5장에서 보겠지만, 그렇다고 질서의 가능성이 완전히 사라지는 것은 아니다. 그러나 우리의 삶을 이해한다는 과제는 그만큼 더 어려워졌다.[17]

가능성의 기술은 초서 시절에 느끼던 것처럼 그 한계가 엄격하게 정해지지는 않는다. 그러나 우리가 물리 법칙이 지배하는 일정한 물질 세계 안에서 살고 있다는 생각은 지금도 널리 공유되고 있다. 에너지와 질량의 보존, 우주 공간 속 물질적 대상의 연장延長, 자연 속에서의 그 위치, 생물권에서 나타나는 그 집중적 상태, 그것들의 운동을 지배하는 법칙, 변형과 부패—이것들은 초서가 말한 '사랑의 사슬'의 현대적 등가물이다. 그리고 이러한 '일정한 한계'를 거부하는 것은 과학 자체를 거부하는 것이나 진배없다. "30년 넘게 과학자들은 너무도 분명히 이야기해왔습니다"라고 그레타 툰베리는 UN 기후회의에 참석한 각국 대표들에게 상기시켰다. "어찌 감히 계속 못 본 척 할 수 있지요!"[18]

우리는 일정한 물질 세계 안에서 살고 있다. 우리는 삶의 매 순간마다 물질성의 한계에 기댄 채 살아간다. 땅은 우리가 걸을 때 무게를 떠받쳐준다. 우리가 마시는 공기와 먹는 음식은 우리를 유지시켜준다. 우리는 씨앗을 심으면 자라날 것이라고 믿는다. 우리는 물체를 던지면 떨어진다는 것을 안다. 세계 떨어지면 부서지고, 우리에게 떨어지면 다친다. 불에 태우면 타서 사라지나, 반대로 우리가 불에 데면 화상을 입는다.

남극해

프랑스 철학자이자 예수회 사제 테야르 드 샤르댕Teilhard de Char-din은 인간으로서 우리가 해야 할 임무는 "마치 우리 능력에 한계란 없는 듯이 앞으로 나아가는 것"이라고 발언한 적이 있다. 무한하다시 피 한 창의적 잠재력을 펼치려고 몰두하는 것이야말로 인간에게만 있는 특성이라고 두말없이 인정할 수 있다. 이는 레이건이 인간의 상상력과 호기심에 관해 언급한 바와 분명히 공명한다. 또한 녹색 성장 주창자들이 믿는 신조의 내용이기도 하다. 우리가 지닌 창의력은 전설만은 아니다. 그것은 진화의 결과물이다. 창의력은 인간 종이 거둔 엄청난 '성공'과 선명히 얽혀 있고, 그 성공의 부분적인 원인이다.

그러나 테야르를 자본주의 변호론자로 읽는다면, 그건 잘못이다. 그의 발언은 무한한 과학기술 역량에 대한 지지도, 끝없는 물질적 풍요에 대한 선동도 아니다. 유한한 인간 존재로서 우리가 지닌 잠재 능력을 최대한 완전히 실현하자는 격려다. 테야르는 이렇게 말했다. 삶은 우리를 "창조와 의식적으로 협력하게 한다. 아마도 우리가 상상하는 것보다 훨씬 더 숭고하고 원대한 목표를 향해 우리를 인도하기 위함일 것이다."[19]

우리가 지닌 한계를 넘어서려고 노력하는 심원한 인간 본성. 이 책이 탐구하는 한 가지 중요한 주제다. 요트를 타고 세계 일주를 한 여성 엘렌 맥아더가 이룬 성취는 테야르가 말한 더 숭고하고 원대한 목표의 아름다운 사례다. 2001년, 맥아더는 요트로 세계 일주 항해를 한 최연소 인물이 됐고, 세계 일주 요트 경기인 방데 글로브Vandée Globe에서는 2위를 했다. 2년 후에는 1인용 요트의 세계 일주 항해에서 세계 신기록을 세웠다.

세찬 비바람이 불고 변덕스러운 남극해 한복판에서 맥아더는 그날따라 더욱 사납게 몰아치는 폭풍에서 벗어나려고 안간힘쓰며 자기 자신과 배를 인내의 한계로까지 몰고 가야 하는 상황에 부딪혔다. 이 난관을 극복하지 못한다면, 세계 신기록을 세우려는 시도가 비극적인 방식으로 좌절되리라는 것은 거의 확실했다. 그러나 배와 선장 모두 살아남아 진귀한 경험담을 들려주었다. 때로 우리는 어리석거나 불가능해 보이는 수준까지 자신을 밀어붙일 수 있다. 오늘 우리는 과거에 불가능했던 일들을 해내며, 기적이란 단지 시간이 좀 더 걸리는 일일 뿐이다.[20]

특정 정치인들이 그토록 애호하는 "한다면 한다", "뭐든 할 수 있다"식 태도는 우리가 지닌 한계를 초월하려는 똑같은 욕망에 뿌리를 둔다. 이 욕망 자체는 값진 것이다. 이는 인간 진보의 숱한 단계마다 우리에게 고마운 원군이 된 충동이 무엇인지를 말해준다. 더 멀리 나아가고 더 많이 바라보며 더 높게 날고, 기대하지 않았던 바를 성취하며, 가족을 위해 새로운 삶을 마련하고, 더 나은 세상을 만드는 데 힘을 보태는 것—이 모두가 박수받을 일이다.

미국 철학자 켄 윌버Ken Wilber에 따르면, 많은 경우 이런 개척자 정신은 테스토스테론testosterone[남성 호르몬]의 지배를 받는, 노골적으로 남성적인 것이었다. "남성들은 늘 어느 정도는, 한계를 돌파하고 허용 범위를 확대하며 미친 듯이 거칠게 전면전을 펼치는 데 믿기 힘들 만큼 집착하곤 한다"고 쓰면서 윌버는 그 과정에서 남성들이 "새로운 발견, 새로운 혁신, 새로운 존재 양식을 선보였기" 때문에 이 경향이 완전히 역기능적이기만 하지는 않았다고 지적한다.

이와 달리, 여성들은 "늘 관계적 존재에 두 발을 딛고" "계속 관계를 중시하면서도 성숙한 자기"를 중시하는 "더 단단한 자존감과 자율 의식"을 고취한다. 윌버가 보기에, 이런 경향은 전적으로 유전자에 따라 결정되지는 않는다. 윌버는 우리 문화가 젠더만이 아니라 사회 전체에 걸쳐 매우 독특한 방식으로 차이를 공고히 해왔다고 본다. 자본주의는 대체로 가부장적이며, 관계적 관점보다는 개척자 정신을 선호했다는 것이다.[21]

그러나 여성들 역시 리더십, 인내심, 발견 면에서 비범한 위업을 달성했다. 맥아더가 이룬 성취가 그 징표다. 그리고 남성들에게도 관계를 중시하는 능력이 있다. 이 점에서 젠더 고정관념은 별로 도움이 되지 않는다. 그러나 바로 이런 차이가, 자신의 한계를 인정하길 거부한 한 여성이 자연계의 한계를 그토록 명석하게 이해한 이유를 설명해줄지도 모른다. 맥아더는 2015년 TED 강연에서 이 깨달음을 유려하게 설명했다. 우리가 집이라 부르는 이 행성이 유한하다는 엄연한 사실을 받아들이도록 자극한 것은 남극해의 힘과 아름다움이었다. 맥아더는 자기 한계를 초월하는 비범한 능력 덕분에 자연에 내재한 한계를 더 잘 이해할 수 있었다. 맥아더는 이렇게 말했다. "지금 이곳에서 우리가 가진 것이 우리가 가진 전부입니다. 그 이상은 없습니다."[22]

모진 바다에서 안전한 집으로 돌아가던 길 위에서 맥아더는 세계 경제가 "인류 역사에서 오직 한 번만 쓸 수 있는 유한한 자원에 전적으로 의존하고 있음"을 깊이 깨닫게 된다. 이 알아차림에 이끌려 맥아더는 또 다른, 과거와는 완전히 다르지만 그만큼 도발적인 여행에 나선다. 세계 신기록 달성에 성공한 지 5년 후, 맥아더는 항해 전문가 세계를 포기하고, 보다 지속가능하며 '순환적인 경제'를 추구하는 데 전념하는 조직, 엘렌 맥아더 재단을 설립하여 모두를 놀라게 했다. 재단이 추구하는 목적은 간단히 말해 우리가 지닌 경제 비전이 지구가 가하는 제약에 적응하게 만드는 것이다. 적응이 유한한 것과 무한한 것 사이를 항해하는 열쇠였던 것이다.[23]

잽싸게 다리 통과하기

높은 돛대를 단 요트가 용서가 안 될 정도로 낮은 2미터짜리 수문을 통과한다는 것은 얼토당토않은 이야기로 들린다. 그러나 놀랍게도, 가능하다. 창의력, 기예, 맹신의 영리한 조합이라면 가능하다. 노퍽 습지를 오가는 요트는 래칫 장치를 교묘히 활용한 권양기를 달고 돛이 접히도록 설계돼 있다. 필요하면 스테이stays와 쇠고랑이 복잡하게 줄지어 있는 장치로 돛대를 세우거나 내린다. 이 절차를 정확히 실행한다면, 선미의 목재 크러치crutch[노받이]가 수문을 통과할 때까지 돛대를 내려 요트 지붕과 평행을 이룬 채 쉬게 할 수 있다. 이렇게 돛대를 접으면, 요트의 수면 위 높이가 2미터 이하로 줄어든다. 접촉 사고 없이 수문을 유유히 지나갈 수 있을 만큼 낮아지는 것이다. 만일 운이 좋다면. 그러나 실수한다면, 선장은 웃음거리가 될 것이다.

새 교량이 가설되기 전에는 솜씨 좋은 선원이 돛대를 낮춘 채 전속력으로 낡은 석재 수문에 접근해 단번에 통과한 후, 돛대를 전처럼 다시 올리기도 전에 물 흐름과 여세餘勢에 배를 실어 습지 북쪽 유역을 통과하곤 했다. 엔진이나 노를 사용하지 않고 선체의 전진 속도를 줄이지도 않고 돛대를 올렸다 내렸다 하는 것이 기예의 표징이자 명예의 휘장이 되었다. 잽싸게 다리 통과하기―이것이 사람들이 붙인 이름이었다.[24]

그 우아함을 초심자는 꿈도 꾸기 힘들다. 돛과 돛대를 내리면 요트는 우아한 선박에서 스테이와 핼야드halyard[돛을 고정하는 줄]가 천정에서 요란하게 삐걱대는 볼품없는 선체로 돌변한다. 돛대가 잠시 사라진 이 상태는 이상할 정도로 불안정하다. 이는 사회적 정체성이 완전히 해체됐다 새롭게 바뀐 형태로 재건되는 상황을 암시해준다. 과거는 더는 손에 쥘 수 없고, 미래는 불확실하며, 성공은 가망이 없는 듯한 상황.

이렇게 마음이 불안정해지는 상태를 일컫는 인류학 용어가 있다. 경계성liminality이라는 용어로, 문턱을 뜻하는 라틴어 단어(*limen*)에서 온 말이다. 경계 공간은 심오한 창의적 공간이 될 수 있다. 예술가와 작가는 가능성의 지평을 넓히는 창의적 불꽃을 피우려고 의식적으로 노력하며 이를 추구하기도 한다. 작금의 긴장은 너무나 부담스럽다. 정상성이라는 환상을 통해 우리가 우리 자신을 기만하며 낡은 삶의 구조를 방어한다면, 비전을 제약하고 변화로 나아가는 길을 가로막고 말 것이다. 경계성은 이로부터 우리를 자유롭게 한다. 에고의 성채를 무너뜨리고 사회적 순종이라는 빗장을 열어젖힌다. 경계성을 통해 우리는 마땅히 그랬어야 하고 또한 할 수 있었던 방식으로 세상을 (그리고 우리 자신을) 바라볼 수 있게 된다. 지금이라도 우리는 그럴 수 있다. 지속가능하지 않은 현재라는 일시적 감옥에서 벗어나서 말이다.

수문 통과야말로 기발한 신용 사기다. 다리는 누가 봐도 너무 낮다. 배는 돛대를 접더라도 분명히 너무 높다. 풋내기라면 깔끔한 통과를 자신하기는커녕 배 천정과 수문 사이 간격을 가늠하기도 힘들 것이다. 잠깐만 방심해도 사고가 날 게 뻔하다. 하지만 조금 뒤에 중세 석재 사이를 충돌 없이 유유히 통과하는, 설명하기 힘든 일이 벌어진다. 석재 교량이라는 차가운 역사적 실물이 위를 향해 뻗은 손가락을 스쳐 지나간다. 축축한 수문에서 녹회색 이끼가 어른거린다. 그 곰팡내가 오랫동안 망각됐던 삶들을 으스스하게 되살린다. 과거에 이곳을 지나간 어지러이 움직이는 유령들과 꺼림칙하게 얼핏 모습을 드러내는 불멸의 심연이 이 경계 공간을 채운다.

그러고 나면 눈 깜짝할 새에 수문을 벗어난다. 다리 그림자를 지나면 태양이 다시금 눈부시게 빛난다. 푸른 하늘이 강물에 알록달록 반사되며 춤을 춘다. 어쩌면 이것은 순전히 상상이거나 어쩌면 미풍이 긴장을 얼마간 풀어준 탓인지도 모른다. 20분간 조심스럽게 기계를 원래로 되돌리면 선박이 기능을 되찾아, 보기 드문 정적이 지배하는 선 강 북쪽 유역으로 향하게 된다.

'증기가 돛에 자리를 내준다'는 것. 좁디좁은 운하에서 대양으로 나아갈 경우 따라야 할 지침서에 담긴 가장 오래된 규칙이다. 하지만 이 경구를 따를 경우, 운 나쁘게 하류에서 바람이 반대 방향으로 불면

부랴부랴 이를 피하는 전략을 구사해야만 한다. 규모도 작고 바람에 의존하는 배는 거대한 배 그리고 석유를 엄청 잡아먹는 디젤 엔진에 휘둘린다. 다리 남쪽은 소음과 속도가 지배하는 세상이다. 힘이 모든 것이다. 권세가 정의다. 그러나 문턱 너머 여기에서는 지나치게 거대한 선박의 끝없는 행렬은 온 데 간 데 없고, 물리적 공간을 둘러싼 부단한 경쟁도 흔적을 찾을 길 없다.

저항을 무릅쓰고 돛이 승리했다. 힘이 아니라 제한을 통해서 승리했다. 모든 것이 더 조용하고 평화롭다. 좀 더 스파르타풍으로 검소한 이 땅에서는 삶을 괴롭히거나 재촉하는 일도 적다. 포터 헤이검 다리는 누가 습지 최북단의 고요, 마삼Martham과 히클링Hickling 습지의 상대적 고독, 별천지 같은 호시 메레Horsey Mere의 아름다움을 접할 수 있을 것인가를 결정하는 필터다. 다리가 지닌 물리적 한계가 다리 너머 땅으로 나아가는 여정의 규칙을 지배하며, 그곳으로 여행하도록 허가받으려는 이들에게 경계를 정해준다.

한계의 풍요로움

"현실 세계는 한계가 있다. 상상 속 세계는 한계가 없다"고 18세기 프랑스 철학자 장-자크 루소는 썼다. 루소가 이 이분법에 보인 반응은 실용적인 것이었다. 루소는 이렇게 제안했다. "한쪽을 확대할 수 없다면, 다른 쪽을 축소하자. 왜냐하면 둘 사이의 격차에서 우리를 불행에 빠뜨리는 모든 악이 생기기 때문이다." 이것은 현명한 충고인지도 모른다. 우리가 기대하는 바와 현실 사이의 거리는 행복에 관한 일부 현대 이론에 토대를 제공한다. 그러나 같은 맥락에서, 이 점은 이 장의 출발점이 된 한계에 대한 공포로 우리를 되돌리는 것 같다.[25]

우리의 집 지구가 유한하다는 데는 논쟁의 여지가 있을 수 없다. 그러나 권력 입장에서는, 기대에 한계를 두라는 명령은 심각한 문제가 된다. 만일 우리 아이들에게 한계 따위는 없다고 가르친다면, 아이들은 어른이 되어 환멸에 빠지고 기능 장애를 일으킬 것이다. 만일 세상이 불행을 예고하는 어두운 감옥이라고 가르친다면, 아이들은 결코 잠재력을 충분히 실현하지 못할 것이다. 만일 우리가 경제 성장의 한계를 무시한다면, 우리 삶과 살림살이에 돌이킬 수 없는 손상을 가할 위험이 있다. 만일 진보의 물결에 등을 돌리는 것처럼 보이게 된다면, 혈거穴居 시대의 야만으로 되돌아갈 위험이 있다.

그러나 한계가 제기하는 도전에 대응하는 방법으로 긴축과 현실 부정만 있는 것은 아니다. 적응은 보다 창의적인 대안을 선사한다. 우리가 지닌 무한한 창의력과 경계 없는 상상력을 현실 세계에 적응하는 데 활용한다면, 끝없는 창의적 노력에 토대가 마련될 것이다. 환경 보호 사상가 웬델 베리Wendell Berry는 이렇게 썼다. "인간과 지구의 한계는, 제대로 이해되기만 한다면, 우리를 구속하기는커녕 온전한 관계와 의미를…불러들일 것이다."[26]

우리의 물질적 한계 너머에는 또 다른 세계가 있다고 베리는 제시했다. 방문해볼 만한 곳이며, 해볼 만한 투자이고, 끝까지 가볼 만한 목적지다. 미래는 또 다른 세계이며, 그곳에서는 만사가 다른 방식으로 이뤄질 것이다. 풍요의 한계 너머에는, 한계만이 우리에게 드러내 보여줄 수 있는 전혀 다른 풍요가 있다. 한계란 무한으로 나아가는 관문이다.

4

번영이란 무엇인가?

존 스튜어트 밀, 아리스토텔레스

(내 생각에는) 자기만의 행복이 아닌
다른 어떤 대상에 마음을 쏟는 이들만이 행복을 누린다.
존 스튜어트 밀, 1873년[1]

그리하여 날씨가 온화한 계절에는
비록 우리가 바닷가에서 멀리 떨어져 있다 해도
우리의 영혼을 이곳으로 데려온
그 불멸의 바다를 보게 된다네.
윌리엄 워즈워스William Wordsworth, 1804년[2]

1826년 여름, 존 스튜어트 밀은 요즘이라면 정신 건강 위기라 부를 병마에 시달렸다. 고전 경제학 창시자로 인정받는 이 남자는 복잡하고 불안정한 성격의 소유자였다. 전 영국 총리 윌리엄 글래드스턴 William Gladstone은 밀을 "합리주의의 성자"라 부른 적이 있다. 이 합리주의는 오늘날 경제학의 토대가 된 '행복 계산법'을 낳았다. 하지만 밀을 이끈 힘은 강한 도덕 감정이었다. 밀은 진보적 사회 정책의 맹렬한 주창자로서 부의 재분배를 선호했고, 여성의 권리와 노예제 폐지를 확고히 지지했다.[3]

스무 살 무렵, 밀은 심각한 우울증에 빠져서는 1826년 '울적한 겨울' 내내 그리고 1820년대 말까지 그 상태에서 헤어 나오지 못했다. 밀은 거의 죽음 일보 직전까지 갔다. 40년도 더 뒤에《자서전Autobiography》에서 이 일화를 떠올리며 밀은 "삶이 이런 식으로 흘러간다면 내가 과연 살아남을 수 있을지, 아니 계속 살아갈 운명이기는 한지 자주 자문하곤 했다"고 고백했다. "그럴 때마다 아마 1년을 넘기기 힘들겠지, 하고 자답했다."[4]

직접이든 간접이든, 정신 질환 경험이 있는 이들에게 밀이 자신의 암울한 시절을 돌아보는 대목은 지극히 감동적이다. 세계 곳곳에서 정신 질환 징후가 가장 거대하고 빠르게 증가하는 질병 범주 가운데 하나라는 사실은 현대 자본주의가 낳은 대참사다. 세계 경제에서 우울증에 드는 비용은 매년 1조 달러가 넘는다. 미국에서 자살률은 21세기가 시작되고 나서 거의 1/3 증가했다. 젊은이들 사이에 나타나는 정신 질환 추세는 특히 우려스러운데, 이제 자살은 15-29세 연령대에서 사망 원인 2위다.[5]

19세기 초에는 상상도 할 수 없었을 만큼 부유해진 오늘의 세상에서 이런 일이 일어날 수 있다는 것은 비극적이면서 어리둥절한 일이다. 이 사태는 분명 우리에게 핵심적 진리, 즉 잘 산다는 것이 단지 더 많이 소유하는 것과만 관련되는 것이 아님을 일깨워준다. 또한 이 진리는 해방적이다. 덜 소유하고도 더 잘 살 수 있다는 가슴 벅찬 가능성을 제시해주는 것이다.

물론 꼭 이런 결과에 이르리라는 보장은 없다. 그러나 한 가지는 분명하다. 우리가 유한한 지구의 한계 안에서 좋은 삶을 살고자 한다

번영이란 무엇인가?

면, 성장 신화에 암호처럼 새겨진 진보 관념보다는 더 나은 사회 진보 관이 필요하다는 것. 번영(이 말은 '좋은 삶을 사는 것'을 뜻한다)이 무엇인지 이해하는 것이 포스트 성장 서사로 나아가는 핵심 디딤돌이다. 이 장에서 나는 이 질문에 매우 구체적인 한가지 답변을 제시하고자 한다. 밀의 일생 자체가 이 답변이 무엇인지를 아름답게 말해준다.

행복 '계산법'

합리주의의 성자는 신동으로 널리 인정받았다. 밀은 3세에 그리스어를 배웠고, 12세가 되기도 전에 고전 철학자들을 원어로 읽고 있었다. 사려 깊지만 권위적이기도 한 아버지의 훈도 아래에서 밀은 고작 15세에 정치경제학을 배우기 시작했다. 정신적 위기에 빠지기 5년 전, 밀은 마침 자기 가족과 친분을 쌓고 있었던 철학자 제러미 벤담 Jeremy Bentham의 저작에 깊이 빠졌다.[6]

좀 아이러니하게도 행복 추구 그리고 이것이 옳고 그름과 맺는 관계야말로 밀에게 영향을 끼친 벤담 저작의 관심사였다. 벤담은 행복을 증대하는 것은 무엇이든 옳고, 그렇지 못한 것은 그르다고 가르쳤다. 벤담은 보편적 행복이 증가하는 것이 사회 진보라고 말했다. 행복을 합산할 틀을 발전시킬 수 있을 경우에만 아마도 우리는 일상적 결정만이 아니라 나라 전체의 번영을 위해서도 신뢰할 만한 안내서를 갖게 될 것이다. 이에 따라 벤담은 '최대 다수를 위한 최대 행복'을 추구하는 것이 국가의 역할이어야 한다고 주장했다. 연구를 처음 시작하고 나서 40여 년이 지난 후, 밀은 이 이론을 '공리주의'라는 이름 아

래 대중화하게 된다.[7]

　요즘은 경제학자들이 나쁜 평판을 받고 있다. 그러나 현대 경제학 이론의 뿌리가 사회적 행동주의임을 잊지 말아야 한다. 공리주의는 세속화가 전개됨에 따라 종교에 불만을 품고 사제 권력을 불신하게 된 세대 편에서 대두한 대담하고 거의 영웅적인 움직임이었다. 공리주의가 추구한 한 가지 목적은 교회의 부당한 도덕적 권위라 여겨지던 바에 도전하는 것이었다. 어떤 의미에서 공리주의는 '자연법'과 '자연의 질서' 같은 개념들, '기사 이야기' 속 우주론에 내장된 것과 동일한 그 개념들을 제거하려는 의식적 시도였다. 공리주의자들은 이런 사상이 가면을 쓴 독재이며, 세속 권력보다 자신들이 우위에 있다고 주장하는 데 골몰하는 종교 엘리트들이 써먹는 수법이라고 생각했다.

　16세에 밀은 이 대담한 포부를 본능적으로 이해했다. 벤담을 읽으면서 밀은 그 사상이 도덕적 권위의 엄청난 변동을 내포함을 즉각 깨달았다. 밀은 나중에 《자서전》에 이렇게 썼다. "모든 옛 도덕론자들은 이제 더는 설 자리가 없으며 실로 여기에서 사상의 새 시대가 시작됐다는 느낌이 나를 엄습했다." 돌아보면 이런 평가는 놀랍도록 정확한 것이었다. 이제 경제학자들이 세상을 지배하기 시작했다. 경제학 방정식들이 옳고 그름에 관한 우리의 사고에 암호처럼 새겨졌다. 경제학자들이 제시하는 처방이 우리가 믿는 사회 진보 비전을 색칠했다.

　초기 경제학자들은 도덕적인 옳고 그름을 '민주화'하려고 노력했고, 이 과정에서 교회로부터 권력을 빼앗으려 했다. 이 임무는 적어도 부분적으로는 굉장한 성공을 거두었다. 경제학자들이 이 권력을 강탈했을 뿐만 아니라 결국 이를 얼마나 오용했는지를 살펴보면, 우리는 역사에서 건전한 교훈을 얻게 된다. 영국 의회주의자 액튼 경Lord Acton이 말한 대로, 권력은 부패하는 경향이 있다. 절대 권력은 절대적으로 부패한다. 이 주제에 관해서는 9장에서 다시 다룰 예정이다.

그 후, 'utility*'라는 단어의 의미는 세월이 흐르며 바뀌게 된다. 밀이 살던 시절, 이 단어는 말하자면 행복을 직접 대리하는 역할을 했다. 벤담은 우리 모두가 행복을 욕망한다는 전제에서 출발한다. 이를 통해 행복 추구가 정부에 썩 어울리는 역할이 된다. 오늘날 경제학자들은 '효용utility'을 무엇인가의 값어치 혹은 가치를 가리키는 데 사용한다. 경제학자들은 효용을 화폐 단위로 측정하는 경향이 있다. 우리가 '기대 효용'을 극대화하도록 이끌린다는 주장에서는, '효용'이 뜻하는 바가 밀 시절과는 매우 다르다. 그러나 지금은 아마도, 경제학자와 정책 입안자 모두 GDP 성장 추구를 대체 불가능한 선蕃으로 여기는 이유를 살펴보는 쪽이 더 쉬울 것이다. 사실 이런 입장은 최대 행복을 달성하는 것이 정책의 목적이 되어야 한다는 벤담의 제안을 직접 계승한 것이다.

비록 근본 사상에 일리가 있더라도 이를 성장 신화로 번안하는 작업은 다소 의심스러운 특정한 한 가지 전제, 즉 화폐가 행복을 훌륭하게 대리한다는 전제에 의존한다. 만일 소득이 효용과 같은 것(아니

---

* 현대 경제학에서는 '효용'이라 번역하지만, 공리주의 철학을 다룰 경우에는 보통 '공리'라 옮긴다. 공리주의의 원어가 utilitarianism이다. 저자가 지적한 것처럼, 세월이 지나며 utility가 의미하는 바가 크게 바뀐 것이다. 한편, 다른 맥락에서는 '유용성', '유용한 것', '다용성[다용도]', '공익 사업[사업체]', '에너지 공급 사업' 등으로 번역할 수도 있다.

면 긴밀히 관련된 것)이고, 효용이 행복과 같은 것(아니면 긴밀히 관련된 것)이라면, 더 높은 소득은 분명 행복 외에 다른 것으로 우리를 인도할 수 없다. 개인 수준에서는 아니라 할지라도 총합 수준에서는 틀림없이 그래야 한다. 그러나 과연 그러한가? 문제는 현실이 그렇지 않다는 것이다. 적어도 전적으로 그렇지는 않다는 것이다.

지금 누가 행복한가?

1974년 경제학자 리처드 이스털린Richard Easterlin은 얼핏 순진해 보이는 질문을 던졌다. 경제 성장이 인간의 운명을 개선하는가, 아니면 개선하지 못하는가? 소득이 곧 행복이라는 경제학 등식을 견지한다면, 물론 경제 성장은 마땅히 그런 역할을 해야 한다. 그러나 이스털린이 내놓은 답은 충격적이고도 당혹스러운 것이었다. 경제 성장은 때로는 그런 역할을 하지만 때로는 그렇지 않다는 것, 즉 일정한 환경에서는 돈을 더 많이 가질수록 더 행복해지지만, 다른 환경에서는 그렇지 않다는 것. 그리고 현재는 이 양면성을 드러내 보이는 통계 증거가 잔뜩 쌓여 있다.[8]

한 가지 분명한 결론은, 소득이 매우 낮은 수준에서 출발할 경우 소득 상승이 행복을 상당히 증대시킨다는 것이다. 예를 들어, 여러 나라를 비교 검토해보면, 평균 국민소득이 거의 0에 가까운 수준에서 1인당 2만 달러 언저리로 증가하는 경우엔 행복지수가 급증한다. 최빈층을 빈곤에서 끌어 올리는 일은 중요하다. 적절한 영양 공급, 깨끗한 물, 기본 서비스, 이 모두는 사람들의 삶에 중대한 변화를 일으킨다. 그

리고 그 결과는 이런 나라에서 실시한 행복 조사에 뚜렷이 나타난다.[9]

하지만 이 지점을 넘어서면, 더 많은 돈을 가지는 데 따른 추가적 편익이 급감한다. 결국 그 편익은 완전히 축소돼 어떤 경우에는 마이너스로 돌아서기까지 한다. 일부 초고소득 국가(미국 같은)는 훨씬 가난한 국가(칠레, 코스타리카 같은)에 비해 행복지수가 낮다. 상당히 충격적인 것은 이런 초고소득 국가가 기대 수명도 더 짧다는 사실이다. 이것은 매우 예상을 벗어나는 발견이다. 경제 성장의 목적이 삶을 향상시키고 행복을 증대하는 것이라면, 왜 부유한 국가가 가난한 국가보다 언제나 더 행복해 보이기만 하지는 않을까? 어찌하여 때로는 부유한 국가가 가난한 국가보다 덜 행복할 수 있단 말인가?[10]

행복과 관련된 내부 사정을 들여다보면, 부유한 국가에서 몇 가지 더 기이한 사실까지 발견하게 된다. 오랜 세월 동안 국내 행복지수의 평균 수준이 실로 거의 변하지 않는 경향이 그러한 사실이다. 예를 들어 일반사회조사General Social Survey*에 따르면, 미국에서는 평균 행복지수의 최고치와 최저치 사이 차이가 1970년대 중반 이래 5%를 넘지 않을 정도로 거의 일정했다. 1976년과 1990년대 초 사이에 아주 미미한 행복지수 상승(2%)이 있었다. 하지만 그때 이후로 평균 행복지수는 3% 가량 하락했다. 이런 일이 발생할 때 미국 경제 규모는 3배 이상 증가하고 있었다. 달리 말하면, 지난 40년 내내 평균 소득이 늘어났지만, 그렇다고 미국인이 더 행복해지지는 않았다는 것이다.[11]

---

* 1972년부터 시카고대학 전국여론조사센터National Opinion Research Center가 미국 정부 투자기관인 국립과학재단National Science Foundation에서 재정 지원을 받아 실시하는 정례 사회 조사.

다른 한편, 미국(다른 나라들도 마찬가지) 내 부유층은 빈곤층보다 더 행복한 경향이 있다. 국내 소득 측정치에서 나타나는 격차는 행복지수에서 나타나는 격차로 이어진다. 상대적 박탈감은 확실히 중요하다. 사회적 배제 역시 마찬가지다. 독일에서는 구 동독(평균 소득이 더 낮은)과 구 서독(평균 소득이 더 높은) 사이에 여전히 행복 분단이 있다. 주위 사람들보다 더 부유할 경우 사람들은 더 행복해지는 것처럼 보인다. 그 역도 진실이어서, 남보다 더 가난하다는 것은 정말 죽을 맛이다.[12]

신기한 것은 빈부격차가 큰 국가 안에서 고통받는 것이 최빈층만이 아니라는 사실이다. 불평등은 모두에게 영향을 끼친다. 사회학자 케이트 피킷Kate Pickett과 리처드 윌킨슨Richard Wilkinson이 선명히 보여주었듯, 불평등한 상황에서는 사회 전체가 덜 행복해진다. 오랜 세월 동안 부유한 국가에서 행복에 별다른 변동이 없었다는, 상식에 반하는 발견이 이것으로 설명될 수 있을까? 혹시 GDP 상승에 따른 행복 증대 효과가 불평등 강화로 없어지는 걸까? 그렇다고 해도 부유층 행복 증가가 빈곤층 행복 감소를 상쇄하지 못한다는 사실은 여전히 좀 수수께끼다. 더구나 평균 소득이 3배로 늘어나는 기간에 그랬다는 것은 불가사의하다. 그러나 보다 평등한 사회가 그렇지 않은 사회보다 더 행복하다는 증거를 통해 우리는 꽤 직설적인 결론에 도달하게 된다. 우리 사회를 보다 평등하게 만든다면, 사람들의 행복이 크게 진전될 수 있을 것이다.[13]

이런 발견들을 종합하면, 공리주의 관점에서 보건대 불평등 격차를 늘리는 게 아니라 줄이는 것이 목표여야 한다는 점이 분명해진다. 이 결론은 그 자체로 '최대 다수의 최대 행복'을 향상시키는 결과를 낳을 것이다. 그러나 훨씬 더 확실히 하려면, 사회 최빈층의 복리에 꾸준히 초점을 맞추는 것 역시 목표여야 한다. GDP 성장 추구는 이 두 가지 목표 가운데 어느 쪽도 보장하지 못한다. 게다가 최근의 역사에서 드러났듯, 어떤 경우에는 심지어 두 가지 목표 모두를 좌절시킬 수도 있다.

간단히 말해, 돈으로는 살 수 없는 행복의 중요한 면모들, 핵심적이기까지 한 면모들이 있다. 경제 규모가 어떤지 아무리 보고해봐야 실로 다양한 인간의 열망과 사회 관계적 필요에 관해서는 아무것도 말해주지 못한다. 화폐 단위로 행복을 계산(말 그대로)하는 것은 치명적인 범주 오류다. 돈의 추구가 어느 지점에서는 행복 추구와 엇나가기 시작한다는 사실은 경제학자들에게는 때로 놀라운 일이겠지만, 보통 사람들에게는 그렇지도 않다.

이러한 속박에서 빠져나오는 확실한 방법은 GDP가 아니라 행복을 국가 번영 지표로 사용하는 것인지도 모르겠다. 영국 경제학자 리처드 레이어드Richard Layard는 더없이 웅변적인 어조로, 이것이 제러미 벤담의 본래 사상에 더 부합하며 사회 진보를 측정하는 수단으로서 더 유익하다고 주장해왔다. 그러나 공리주의의 경우와 마찬가지로 이 발상 역시 동일한 문제에 봉착한다.[14]

합리주의의 한계

밀은 자신이 겪은 정신 건강 위기를 기이할 만큼 지적인 방식으로 분석했다. 우울증은 자기 안에서 작동하는 내적 논리가 예기치 않게 약간 성가신 장벽에 부딪힌 것이었다. 증상이 나타나는 시기도 변덕스럽고 불편했다. 그럼에도 밀이 시도한 우울증 분석은 흥미롭다. 번영이 무엇인지와 관련해 밝혀주는 내용은 특히 그렇다.

밀은 5년에 걸친 공리주의 연구를 통해 필생의 사명이 무엇인지 확신하게 된다. 그것은 "세계를 개혁하는 자"가 되는 것이었다. 자신의 행복에 관한 그의 생각은 "전적으로 이 사명과 동일시"되었다. 처음에는 이것이 자기에게 잘 들어맞는 것 같았다. 19세기 초에 벌어진 사회·정치적 변화를 둘러보며 밀은 세상이 점점 더 나아진다고 상상해도 좋다고 여겼고, 자신이 이러한 향상의 일부라고 생각했다. 이 사회 개혁 작업에 함께 종사하는 이들에게 그는 연대 의식을 느꼈다.

그러던 어느 날, 우울감에 빠져 있던 밀은 순진하다 싶은 질문 하나를 던졌다. 만일 개혁이 마법처럼 이뤄져 버린다면? "그럼 내가 과연 기쁘고 행복할까?" 마음이 벌써 침울해졌을 때 실존적 성찰에 빠진다면, 그건 결코 좋은 상황은 아닐 것이다. 그러다 보면 뭔가 불편한 진실이 드러날 가능성이 높다. 그리고 이것이 바로 밀에게 일어난 일이었다. "억누를 수 없는 자의식이 분명히 답했다. '아니다!'라고."

"그때 내 안에서 가슴이 무너져 내렸다. 내 삶이 서 있던 토대가 모조리 붕괴했다." 밀의 고백이었다. 《자서전》 다음 문단에서 밀은 자신을 붙잡는 덫을 분석하려 한다. 밀은 사회 안에서 행복을 추구하는 프로젝트를 좇음으로써 자신도 행복을 찾으리라 믿고 기대했었다. 밀은 여전히 지적인 차원에서는 이 프로젝트가 추구할 만한 값어치가 있다고 믿었지만, 다름 아닌 자기 행복과 관련해서는 "이런 목표에서 더는 매력을 느끼지 못했다"고 설명했다. "내게는 살아갈 이유가 더 이상 아무것도 남지 않은 것 같았다."

이 역설에 밀이 제시한 합리적 "해법"은 기묘한 것이었다. 밀은 행복이 "행동 규칙 일체를 가늠하는 잣대이자 삶의 목적"이라고 계속 주장했다. 그러나 이 입장을 기반 삼아 밀은 행복을 이룰 수 있는 유일한 길은 행복 그 자체를 목적으로 삼지는 않는 것이라고 주장했다. 밀은 이 장 첫머리에 인용한 유명한 문단에서 이렇게 썼다. "자기만의 행복이 아닌 다른 어떤 대상에, 타인의 행복에, 인류의 향상에, 심지어는 예술을 수단이 아니라 그 자체의 이상적 목적으로 추구하는 일에 마음을 쏟는 이들만이 행복을 누린다. 이렇게 특정한 것을 지향할 때 사람들은 어쨌든 행복을 발견한다."

이 설명에는 막연하지만 뭔가 의문을 불러일으키는 구석이 있다. 이 설명은 이성에서 얼마간 벗어나, 좀 뒤틀린 변명으로 기운다. 만일 개인의 차원에서 행복을 그저 내버려둠으로써만, 즉 행복 그 자체에 집착하지 않음으로써만 행복을 획득할 수 있다면, 그럼 공적 차원에서의 '행복 계산법'은 과연 얼마나 효과적인 안내자가 될 수 있겠는가? 이는 양자 역학에서 발생하는 '측정' 문제와 묘하게 닮았다. 관측자는 관측 가능한 세계에 개입하지 않으려고 아무리 노력해도 개입할 수밖에 없다. 관찰하려고 더 노력할수록 거기에 무엇이 있는지 더 보기 힘들어진다. 이를 극복하려면, '거기' 같은 것은 본래 없다는 사실을 받아들이는 불편한 입장을 취하지 않을 수 없다. 말하자면 행복은 신기루일 뿐이다. 과연 이게 결론일까?

지적 측면에서 이 해법은 공리주의 프로젝트가 타당하다는 밀의 입장을 만족시키는 듯하다. 그래야만 했다. 밀은 이후 30년, 아니 40년을 이 관점을 갈고 닦는 데 보냈고, 결국 이 주제에 관한 결정적 논문을 발표했다. 그러나 몇 년 후, 그는 이런 작업으로도 불행하다 는 느낌을 누그러뜨리지는 못했다고 인정한다. 깊은 절망 속에서 밀 은 자기 감정을 토로할 누군가가 주위에 있는지 찾아 나선다. 아버지 가 이런 역할을 해줄 수 있을지 잠깐 고민하다가는 곧장 생각을 떨쳐 버린다. "어느 모로 보나, 아버지는 나를 괴롭히는 이런 정신 상태를 전혀 알지 못하는 데다 설령 어떻게 알게 된다 해도 그걸 치유할 만한 의사는 아니라고 확신하지 않을 수 없었다."

《자서전》 최종 출판본에는 밀이 꺼낸 고백 가운데 지나치게 노 골적인 부분은 대거 삭제돼 있다. 양친 가운데 어느 쪽도 비난하지 않 으면서도 밀은 두 사람이 서로 어울리지 않았고 그것이 자기 삶에 영 향을 끼쳤음을 슬픈 어조로 회고한다. "(둘 사이가) 부드럽고 애정이 넘치는 분위기였다면, (아버지도) 부드럽고 애정이 넘쳤을 것"이라고 밀은 쓴다. "그러나 서로 잘 맞지 않는 결혼과 퉁명스러운 성격 탓에 아버지는 내게 그럴 수 없었다." 밀은 갈등이 응어리지고 정서적 안정 이란 없는 가정을 그려 나간다. 그리고는 "그리하여 나는 사랑은 없고 공포만 있는 곳에서 성장했다"고 결론짓는다.[15]

행복은 찾아내기 쉽지 않다. 반면, 비극의 뿌리는 때로 너무나도 선연히 눈앞에 드러나기도 한다. 밀이 겪은 위기는 불행하기 이를 데 없었던 어린 시절을 드러낸다. 이 황량한 대지는 마음 속 세계를 탐색 하기에는 엄청나게 비옥한 땅임이 틀림없었다. 그러나 그 정도의 보 상은 말라붙은 영혼의 뿌리에 양분을 공급하기에는 너무나도 건조했다. 게다가 이런 다차원적 진실을 놓치는, 편협하게 그려진 행복이라면, 목 마른 이에게 물 한 방울조차 줄 수 없게 마련이었다.

밀도 어느 정도는 이 점을 이해했던 것 같다. 그 후 밀은 공리주의를 발전시키며 여러 종류의 쾌락을 그 특성에 따라 분류하기 시작한다. 행복이 일차원적인 단일한 것일 수 없음을 비로소 이해하게 된 것이다. 모든 쾌락은 평등하지만, 어떤 쾌락은 다른 것보다 더 평등하다. 신동은 사랑을 요구할 수 있고, 이 요구는 지적 모험으로는 결코 충족될 수 없는 것이다.

《자서전》초고의 다른 대목에서 밀은 근본적인 무엇인가를 인정했다. 그것은 현대 경제학이 너무나 자주 저지른 실책이었다. 밀은 이렇게 썼다. "인간사를 개선하려는 계획 속에서 우리는 인간을 간과했다." 이 문장이든 다른 어느 곳에서든, 밀이 혼쾌히 인정하지 않는 점은 바로 이 실책이 단순한 '행복 계산법'의 신뢰성을 허물어뜨리며 공리주의 경제학이라는 거대한 건축물 전체를 사상누각으로 만든다는 점이다.[16]

좋은 삶

우리가 도달한 이 대목은 불편하기는 하지만 그렇다고 완전히 예상할 수 없었던 곳은 아니다. 행복은 일차원적인 단순한 것이 아니다. 머리박고 달려든다고 다가갈 수 있는 것이 아니다. 우리는 행복이 있는지 없는지 정확히 탐지할 수도 없고 총량을 계산할 수도 없다. 이런 방식으로는 복잡한 인간의 마음을 충분히 반영할 수 없다. 인간 복리의 수많은 다양한 차원을 믿을 만하게 포착할 수도 없다. 물론 우리는 화폐 추구의 대안으로 행복 추구를 제시할 수 있다. 그러나 GDP와 꼭 마찬가지로 행복도 RFK가 말한 것, "간단히 말해, 삶을 가치 있게 만드는 것만 빼고 모든 것"을 측정하는 것에 그칠 수 있다. 화폐 추구만이 아니라 행복 추구 역시 '좋은 삶good life'이라 부를 수 있을 삶으로 인도하는 믿을 만한 안내자는 되지 못한다.

이 지점에서 우리를 비틀거리게 만드는 것은 아주 오래된 난제다. 노벨경제학상 수상자 아마르티아 센Amartya Sen은 유명한 논문 「생활수준The Living Standard」에서 돈도, 효용도 해당 사회에서 삶의 질이 어느 정도인지에 관해 참으로 신뢰할 만한 안내자는 되지 못한다고 주장한다. 오히려 번영은 사회 안에서 사람들이 꽃 피워야 할 혹은 훌륭하게 기능해야 할 '역량들capabilities'에 달려 있다는 것이다. 사회 진보는 이런 역량들이 꾸준히 늘어나는 것으로 이해되어야 한다고 《자유로서의 발전Development as Freedom》에서 센은 주장한다. 그의 이러한 주장은 거의 2000년 전 이와 매우 유사한 쟁점을 해결하려고 노력했던 고대 그리스 철학자 아리스토텔레스Aristotle가 남긴 저작들에서 상당한 영향을 받은 것이다. 《니코마코스 윤리학Nicomachean Ethics》에서 아리스토텔레스는 밀이 직면했고 이 장에서 우리가 마주하고 있는 바로 그 문제를 다룬다. 인간에게 잘 산다는 것은 도대체 무엇을 의미하는가?[17]

아리스토텔레스가 출발하는 지점은 세월의 간극을 완전히 잊게 만들 만큼 낯익어 보인다. 인간에게 최고선善이란 아리스토텔레스가 유다이모니아eudaimonia라 부르는 것으로, 이것은 '좋음[善, good]'

을 뜻하는 그리스어 *eu*와 '영혼[spirit]'을 뜻하는 단어 *daimon*에서 연유하는 말이다. 영어로는 흔히 웰빙wellbeing으로 번역된다.* 그러나 아리스토텔레스의 시각에서 이 웰빙이 뜻하는 바는 그저 쾌락은 있으나 고통은 없는 상태가 아니다. 오히려 아리스토텔레스는 이를 덕virtues의 차원에서 정의한다. 유다이모니아는 "덕(그리스어로는 아레테 *arete***)에 부합하는 영혼의 행위"다. 아리스토텔레스의 주장은 다소 도덕주의적으로 들린다. 인간에게 도덕적 선을 부단히 갈망하는 성인 같은 면모가 어느 정도 있기는 하지만 말이다. 물론 이것이 진실이라면, 이는 이기심에 집착하는 사회보다는 더 나은 사회로 이끌어줄 것임에 틀림없다. 또한 더 나은 경제로도 이끌어 줄 것이다. 그러나 이는 아리스토텔레스 사상을 오해한 것일 수도 있다.[18]

아리스토텔레스가 글을 쓰던 무렵, 그리스어 아레테[덕]는 오늘날 영어 virtue[덕]가 뜻하는 것보다 훨씬 광범한 의미로 쓰였다. 어떤 인물 혹은 어떤 사물에 덕이 있다고 말한다면, 그것은 그저 기능을 훌륭히 발휘할 수 있다는, 잠재력을 최대한 실현한다는 뜻이었다. 덕이 있는 요리사란 맛 좋은 음식을 요리하는 사람이다. 덕이 있는 칼이란 아주 잘 베는 칼이다. 덕이 있는 시인이란 경이로운 시를 창작하는 사

---

* 《니코마코스 윤리학》(이정우·김재홍·강상진 옮김, 이제이북스, 2007)은 '행복'이라 옮긴다.
* * 앞에 소개한 《니코마코스 윤리학》 국역본은 아레테를 '탁월성'이라 옮긴다. 본래 그리스어로 이는 탁월성을 뜻하지만, 라틴어 비르투스*virtus*(영어 virtue의 뿌리)로 옮겨져 기독교 유럽 세계에서 퍼지면서 '덕'이라는 의미로 한정 혹은 변질되어갔다. 저자는 비르투스에서 파생된 또 다른 단어 '기교virtuosity'의 의미에 주목하는 방식으로 아리스토텔레스가 본래 의도한 '탁월성'을 환기시킨다.

람이다. 덕이 있는 사람이란 인간으로서 가능한 모든 역량 면에서 기능을 탁월하게 발휘하는 (혹은 꽃 피우는) 사람이다. '덕'이라는 단어를 이렇게 이해하는 연장선에서 도덕적인 의미에서의 덕이란 인간 존재가 제 역량을 꽃 피우거나 기능을 훌륭히 발휘할 수 있게 하는 수많은 방식들의 부분집합일 따름이다. 도덕적 측면에서 덕이 있는 사람이란 '선good'하기에 참으로 능한good at 사람이다.

아리스토텔레스가 기술한 좋은 삶에 내포된 덕의 뜻은 단순히 특정한 도덕 규정에 맞춰 선하다고 판정받은 상태를 함축하는 영어 단어 '덕 있음virtuousness'보다는 '기교virtuosity'(무언가에 '능한' 자질)라는 단어와 더 맞아떨어진다. 기교는 행위나 수행의 맥락 속에 있다는 느낌을 수반한다. 칼이 단지 크다고 하여, 심지어 매우 예리하다고 하여 덕이 있는 것은 아니다. 예를 들어, 사무라이가 지닌 검은 흔한 부엌칼보다 분명히 더 크고 훨씬 더 예리하지만 부엌칼만큼 선하지는 않다. 사물이나 인격의 특정한 자질만이 아니라 행위의 맥락이나 상황도 기교를 좌우한다. 당근 자르기라는 맥락은 목숨을 건 전투에 뛰어들기라는 맥락과는 엄청나게 다르다. 거의 모든 부엌에서 그러하다.

더 나아가 아리스토텔레스는 이러한 이해를 보편적 원칙으로까지 다듬는다. 모든 덕 곁에는 두 가지 악덕이 있다고 아리스토텔레스는 말했다. 그 중 하나는 특정한 덕이 함축하는 기능이 부족하게 수행됨과 관련된다. 다른 하나는 과도하게 수행됨과 관련된다. 칼을 사용하는 직업이 무엇인지에 따라 칼은 더 날카로워져야 할 때가 있다. 다른 경우에는 오히려 무뎌져야 한다. 사람들이 깔끔하고 품위 있는 삶을 살 수 있으려면 소득이 증가해야 하는 때가 있다. 다른 경우에는 소득 증가가 미국 자유주의자들을 고민에 빠뜨린 풍요라는 질병을 몰고 온다.

이 원리는 행복과 GDP의 관계에 관한 혼란스러운 데이터를 이해하게 만들어준다. 사람들이 깔끔하고 품위 있는 삶을 살 수 있으려면 소득이 정말로 증가해야 하는 때가 있다. 그런가 하면 RFK가 그토록 경고한 "단순히 물질적인 것을 축적하는 일"이 행복, 목적, 존엄성을 허물어뜨리기만 하는 때도 있다. GDP 성장을 사회 진보와 동일시하는 단순한 등식이 목적에 근접하던 때가 있었을지 몰라도, 오늘날 그 등식은 명백히 무너지고 있다.

건강히 지내시길

금번의 글로벌 팬데믹이 삶에 고통을 강요하기 시작했을 때 그것에 대응하는 과정에서 우리는, 우리가 실은 무엇을 우선시하는지를 말해주는 매혹적인 단서를 실토하고 말았다. 어떤 공개 지침도 없었건만, 우리는 거의 하룻밤 사이에 인사법을 바꾸기 시작했다. 특히 이메일에서 그랬다. 나는 하나같이 다음과 유사한, 좀 어색하면서도 참으로 인간적인 첫 구절로 시작하는 이메일을 수천 통 받아야만 했다. "이 낯설고 어려운 시기에 잘 계시리라 믿습니다." 나 역시 그만큼 많이 썼을 것이다. 모든 이메일은 조심스러운 "건강히 지내시길"이라는 서명으로 끝맺고 있었다. "안부 전합니다"와 "행운을 빕니다"는 이제 훨씬 더 신변과 관련된 "조심하세요"에 자리를 내주었다.

우리는 건강이 얼마나 중요한지 배우기 시작하고 있다. 사회학에서는 이 점이 항상 분명했다. 신체 건강은 번영을 구성하는 요소로서 참으로 중요하다. 사람들에게 살면서 중요한 게 뭐냐고 물으면 매번 건강이 목록에서 1위를 차지하거나 상위에 오른다. 자기 건강, 가족과 친구들의 건강 말이다. 진정으로 번영하는 사회라면 분명 건강을 중시할 것이다. 이번 코로나바이러스를 통해 깨달았듯, 건강을 우선시하지 않을 때 우리는 전방위적 파멸을 맞게 된다. 우리 자신이나 우리가 사랑하는 이들이 피할 수도 있었던 고통이나 죽음에 직면하는 상황에서는 그 어떤 종류의 번영이든 달성하기 힘들어지기 시작한다.[19]

　번영을 건강 문제로 보는 입장에는 또 다른 근거가 있다. 아리스토텔레스의《윤리학》은 니코마코스Nicomachus에게 헌정됐는데, 그 이름은 아리스토텔레스의 아버지 이름이기도 하고 아들 이름이기도 했다. 아리스토텔레스가 헌정하려 한 대상이 정확히 누구인지는 아무도 모른다. 어쩌면 두 사람 다일 수도 있다. 하지만 공교롭게도 아버지 니코마코스는 의사였다고 알려져 있다. 그리고《윤리학》의 근저에 깔린 개념적 모델은 건강 관념에서 많은 영향을 받은 것으로 보인다. 건강한 신체 기능에서 절대적으로 중요한 것은 균형이다. 부족과 과잉은 모두 불균형과 병약함을 의미한다.

　신체 건강은 번영을 구성하는 근본 요소임에 틀림없다. 하루가 시작되고 끝날 때 우리는 다른 동물과 다를 바 없다. 우리는 일정한 물질 세계 안에서 살고 있고, 우리의 가장 굳건한 토대는 끊임없는 물질 교환이다. 우리는 숨을 들이쉬고 내쉬고, 먹고, 싸고, 교미한다. 가장 평범한 것이야말로 필수적이다. 바로 이것이 삶을 좌우하고, 생명력이 바로 이것에 거한다. 나중에 논하겠지만, 이러한 신체 기능을 어떻게 수행하는지가 엄청나게 중요하다. 그러나 이 모든 것이 주는 첫번째 핵심 교훈은, 참된 번영은 본질적으로 우리의 육체적 삶이 끊임없이 반복되는 물질적 과정에 기반해 있다는 것이다.

철학자 한나 아렌트Hanna Arendt는 이런 오장육부의 물질성이야말로 인간이 만족을 누릴 유일한 계기라고까지 주장했다. "고통스러운 탈진과 유쾌한 소생을 반복하는 정해진 순환 바깥에 지속적인 행복이란 없다"고 아렌트는 《인간의 조건The Human Condition》에서 말한다. 그리고 "이 순환을 균형에서 벗어나게 만드는 모든 것"은 그것이 재앙과 곤경이든 부와 행운이든 "살아 있음 자체에서 비롯되는 원초적 행복을 망친다."[20]

7장에서 다시 이 주장을 다룰 예정이지만, 아렌트의 주장은 포스트 성장 사회에서 작업work이 어떤 역할을 할지 이해하는 데 커다란 시사점을 던진다. 현대 신경생물학 이론이 이 주장을 확증해준다는 사실 역시 사뭇 흥미롭다. 그러나 물론 지금 해야 할 일은, 좋은 삶이 무엇인지 질문받았을 때 사람들이 흔히 떠올리는 바를 신체 기능만으로는 다 설명할 수 없음을 인정하는 것이다. 로버트 케네디가 캔자스에서 지적한 대로, 잘 산다는 것에는 물질적 차원만 있지 않다. 여기에서 내가 제안하는 것은 그저 번영을 건강 차원에서 다룰 수도 있다는 것이다.

번영은 건강 문제

이 대목에서도 사회학적 증거가 도움이 된다. 사람들은 신체 건강에 몰두할 뿐만 아니라 가족애, 우정의 중요성, 지역사회를 향한 애착도 말한다. 우리는 고향과 같은 느낌과 안정, 안전을 간절히 바란다. 우리는 소속되길 바라지만, 또한 개성을 동경하기도 한다. 우리는 의미를 갈망하지만, 사회에 참여하는 뜻깊은 방식 또한 원한다.[21]

심리학자 에이브러햄 매슬로Abraham Maslow는 인간의 생존 욕구에 "단계"가 있으며, 이것이 모든 것의 토대라고 제안했다. 사람들은 물질적 욕구가 충족되고 나야만 "보다 고등한" 사회적·심리적 욕구에 관심을 기울인다고 매슬로는 주장했다. 이후에 매슬로는 생각을 바꿔 인간 욕구의 "이원성", 즉 신체적 욕구가 있고 사회적·심리적 욕구가 있다는 주장을 내놓았다. 사회적·심리적 건강은 다른 게 충족되면 비로소 필요해지는 것, 즉 일단 물질적 욕구가 충족된 상황에서 "갖추면 좋은 것"이 아니라는 것이다. 오늘날 우리는 사회적 존재로서 생존하는 데 정신 건강이 반드시 필요함을 잘 알고 있다. 정신 건강에 위기가 닥치면, 우리는 고립되고 방향을 잃는다. 우리는 끊임없이 이런저런 위안거리를 찾는다. 음주와 마약이 우릴 유혹한다. 쇼핑이 좌절에 맞서는 방어 진지가 된다. 중독이 구원을 약속한다. 그러나 이러한 삶은 우리를 스트레스와 질병, 자살로 이끈다.[22]

1970년대에 실시한 몇 가지 매력적인 실험을 통해 심리학자 브루스 알렉산더Bruce Alexander는 중독이 작동하는 방식에 관한 인식을 뒤집어놓았다. 당시에 지배적인 생각은 헤로인 같은 물질은 사람들이 맞서기에 너무 강력하므로 혹독한 사회적·법적 처벌을 수반하는 '마약과의 전쟁'에 나설 수밖에 없다는 것이었다. 약물이 지닌 힘을 증명하기 위해 심리학자들은 생쥐를 우리에 가두고는 아무것도 섞지 않은 물과 모르핀을 섞은 물을 선택하게 했다. 생쥐들은 필연적으로 물보다는 모르핀을 선택하고, 결국은 중독으로 죽을 것이라고 생각되었다.

알렉산더는 실험을 살펴본 후, 뭔가 잘못됐음을 깨달았다. 생쥐들은 예외 없이 독방에 감금됐고, 황량한 우리 안에는 상호작용을 하거나 기분 전환을 할 만한 게 거의 혹은 전혀 없었다. 알렉산더는 모르핀에 중독된 생쥐들 가운데 몇 마리를 골라 자신이 '생쥐 공원'이라 이름 붙인 곳(사이먼 프레이저 대학에 있는 알렉산더의 중독증 실험실 바닥에 '행복한 집과 놀이터'로서 마련된 널찍한 합판 상자)에 풀어 놓았다. 그러자 거의 즉시 중독 증상이 사라지기 시작했다. "중독의 반대는 절제가 아니"라고 베스트셀러 작가 조앤 하리Johann Hari는 주장한다. "중독의 반대는 연결이다." 사회적 건강은 신체적 건강보다 결코 덜 중요하지 않다. 둘 다 생존에 필수적이다.[23]

이 모두를 한데 엮는 것이 욕망의 역할이다. 우리는 사랑하고 사랑 받길 바란다. 성적 반려, 동료, 짝을 찾는다. 즐거움은 나누고 고통은 위로해줄 누군가를 고대한다. 함께 가족을 이룰 이를 찾는다. 이 대목에서 다시 한번 건강에 관한 은유를 동원해도 좋을 것이다. 독자 여러분이 양해한다면, 언젠가 칼릴 지브란Kahlil Gibran이 묘사한 "생명 그 자체를 열망하는 생명"의 일부인 성적 건강이나 생식적 건강이라는 측면에서 욕망을 생각해봐도 좋을 것이다.[24]

그리고 궁극적으로 인간에게는 초월 능력도 있다. 이 능력은 때로는 삶의 몰두와 신비 속에서 망아忘我 상태에 이르려는 욕구이지만, 때로는 의미와 목적을 갈망하는 욕구이기도 하며, 때로는 욕망 자체를 위한 욕망이기도 하다. 이 가운데 어느 경우도 물질 세계를 넘어서는 특별한 종류의 우주적 실재를 반드시 전제해야만 하는 것은 아니다. 그러나 인생에 이런 현상이 존재한다는 사실에서 영적 건강이라는 다섯 번째 영역이 도출되며(그림 1), 이 영역을 논외로 밀어내면 사람들이 좋은 삶을 열망하는 이유를 이해하기란 어려워진다.

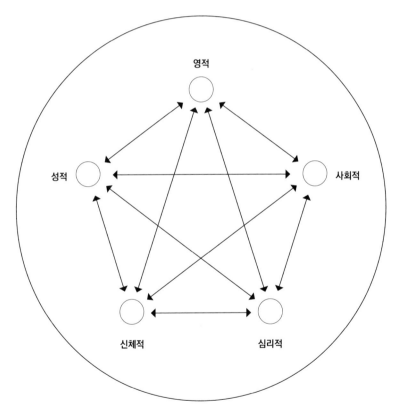

그림 1 건강으로서의 번영: 다섯 영역에 걸친 인간 기능들

번영이란 무엇인가?

각 영역에서 우리는 아리스토텔레스가 말한 의미에서 덕과 악덕을 모두 발견할 수 있을 것이다. 탁월한 건강이란 부족과 과잉 사이에 이뤄진 균형이다. 그렇다고 꼭 무언가를 단순히 더하여 부족함을 치유할 수 있는 것은 아니다. 또한 무언가를 다시 덜어내 과도함을 중단시킬 수 있는 것도 아니다. 건강 영역은 서로 긴밀히 얽혀 있다. 때로 어떤 곳의 과잉은 다른 곳의 부족을 가리키는 지표다. 때로는 어떤 곳의 과잉을 억제하는 방식이 다른 곳에 풍요를 낳는다. 이런 가능성들은, 더 많을수록 항상 더 낫다는 잘못된 생각 탓에 제대로 실현되지 못한다. 일단 잘못된 생각을 걷어내기만 한다면, 이 가능성들을 통해 번영으로 향하는 새로운 길이 열릴 것이다.

이 틀(그 중에서도 특히 덕은 5개의 차원 안에서 그리고 각 차원 사이에서 적절한 균형을 달성하는 데 있다는 사상)과 관련해 가장 매혹적인 것은, 좋은 삶이 물질적 혹은 금융적 부의 지속적인 축적을 통해 어떻게든 의미 있게 구현될 가능성을 강력히 배제한다는 것이다. 이로써 이제껏 사회가 번영을 추구하는 과정에서 완전히 그릇된 방향으로 나아갔다는 사실이 명확해진다. 이런 그릇된 방향을 취하기 시작한 역사적 시점은 밀이 공리주의 경제학에 토대를 놓고 있던 바로 그 무렵이었다. 이 시점부터 줄곧 인류는 광야로 가는 구불구불한 길을 걸어왔을 뿐이다. 흥미로운 것은 이 불편한 진실을 거의 깨달을 뻔한 기회가 밀에게 있었다는 사실이다.

영광의 구름을 따라

자신의 정신적 위기에 관한 밀의 이야기에서 가장 감동적인 대목은 거기에서 천천히 회복되어간 과정에 관한 고백이다. 밀은 프랑스 역사가 장-프랑수아 마르몽텔Jean-François Marmontel*이 쓴《한 아버지의 회고Memories of a Father》라는 책 속 한 문단을 읽고 눈물을 흘리며 처음으로 밝은 빛을 엿보았다. 문제의 문단에서 마르몽텔은 아버지의 죽음을 기술하며 가족이 느낀 고통을 생생히 표현한다. 이 문단은 결의에 찬 어린 마르몽텔이 "자신의 전부를 가족에게 바치고 아버지가 남긴 빈 자리를 채우겠다"며 가족을 위로하는 장면을 상세히 그린다.

"이 장면과 그 느낌이 내게 생생히 떠올랐다"고 밀은《자서전》에 썼다. "그때부터 나를 내리누르던 짐이 가벼워졌다. 내 안에서 모든 감정이 죽어 버렸다는 생각이 주던 압박이 사라졌다. 난 이제 희망 없는 상태가 아니었다. 통나무나 돌멩이가 아니었다. 모든 가치 있는 인성을 빚어내고 행복을 위한 온갖 역량을 만드는 데 원료가 되는 물질이 내게 여전히 어느 정도는 남아 있는 것만 같았다." 어린 마르몽텔과 공감하고 더 나아가 어쩌면 자기와 동일시하는 역량이 남아 있었기에 밀은 다름 아닌 자기 지성이 만든 감옥에서 해방됐고, 다시 세상으로 나아가는 느리고 썩 마음 내키지는 않는 여행에 나설 수 있게 되었다.

그다지 쉽지는 않았다. 밀은 가끔씩 병세가 재발해, 한 번 발병하

---

* 1723-1799. 백과전서파에 속해 활동한 프랑스 작가. 볼테르의 뒤를 이어《백과전서》문학 관련 항목들을 집필했고,《한 아버지의 회고》가 가장 유명한 저작이다.

번영이란 무엇인가?

면 몇 달간 위중한 상태로 곤두박질치곤 했다. 1828년 가을 어느 날, 밀은 영국 시인 윌리엄 워즈워스의 작품을 읽기 시작한다. 밀은 그의 시에서 지성을 넘어서는 위안을 발견한다. 밀은 이렇게 설명했다. "(워즈워스의) 시편들이 내 마음을 치유하는 약이 된 것은, 그것들이 그저 외적 아름다움만이 아니라 아름다움을 향한 열광 아래에 있는 감정을, 감정으로 채색된 사유를 표현했기 때문이다."

밀은 유독 〈불멸성의 암시Intimations of Immorality〉라는 시에 사로잡혔는데, 이 시에서 워즈워스는 청춘의 상실 그리고 인생무상과 씨름했다. "워즈워스도 나와 유사한 경험을 했음을 발견했다"고 밀은 썼다. "시인도 청춘기에 삶을 즐기며 태초의 신선함을 느꼈다."

그러나 워즈워스는 "보상을 찾아 나섰고 결국 찾아냈다. 이것을 어떻게 찾을지 지금 내게 가르쳐주는 그 방식으로 말이다."

워즈워스가 지은 이 유명한 송가는 시어의 아름다움뿐만 아니라 인간 경험이 도달하는 거의 초월적인 차원에 호소한다는 점에서 명성을 얻었다. 이것은 유령처럼 밀을 괴롭힌 공리주의와는 거리가 멀었지만, 영적 건강이 인간 번영을 구성하는 핵심 요소라는 생각과는 가까웠다. 우리는 어린 시절에 이 영역에 가장 친근하게 연결되는데, 그건 우리가 어린 시절에 그 영광을 가장 강하게 기억하기* 때문이라고 워즈워스는 주장한다. "우리의 출생은 잠과 망각에 지나지 않는 것"이라고 시인은 묵상한다.

---

* "어린 시절에 그 영광을 기억한다"는 것은 워즈워스가 윤회 사상 등의 영향을 받아 사용한 표현이다.

우리와 함께 떠오르는 영혼, 우리 생명의 별은

딴 곳에서 지고

멀리서 온다.

까맣게 잊은 것도 아니고

또 완전히 벌거벗은 것도 아닌 채,

영광의 구름을 따라 우리는 온다.

성장하는 동안 이러한 초월적 아름다움의 광채는 점차 사라진다. 그러나 결코 완전히 소멸하지는 않는다고 시인은 말한다. 그리고 때로 "날씨가 평온한 계절에는" 우리의 영혼이 여전히 "그 불멸의 바다"를 스치듯 볼 수 있다고 워즈워스는 이 장 첫머리에서 인용한 시구에서 시사한다.

밀이 겪은 회복 과정 가운데 마지막 단계는 훗날 결국 결혼하게 되는 어떤 여성과 만나며 시작됐다. 1830년, 어느 만찬회에서 친구 소개로 만났을 때 해리엇 테일러Harriet Taylor는 이미 기혼이었고, 아들이 둘 있었다. 이후 두 사람이 나눈 친밀한 교제는 상당히 아슬아슬한 추측을 불러일으키는 주제다. 해리엇 자신은 초기에 밀과 맺은 관계가 마음을 나누는 우정과 같은 것이었다고 기술했다. 해리엇은 남편을 떠나지 않았다. 실은 1831년에는 셋째 아이를 낳았고, 1849년 남편이 죽을 때까지 결혼 생활을 유지했다. 이 초기 교제 기간에 밀과 테일러가 육체적 관계를 맺었다는 증거는 전혀 없다. 그러나 두 사람이 매우 단기간에 예사롭지 않은 지적·정서적 관계를 맺었던 것만은 분명하다. 이 관계는 남은 생애 동안 밀을 지탱하며 지적 작업에도 도움을 주게 된다.[25]

남아 있는 것

공감, 초월, 시, 사랑. 밀의 생애에서 이 짧은 일화는 여러 가지 이유로 매혹적이다. 이를 통해 우리의 '합리주의의 성자'는 참된 번영이란 무엇을 뜻하는지에 관한 매우 전복적인 시각과 조우했다. 비록 완전히 소화하지는 못했지만. 밀 자신이 겪은 경험은, 최대 다수의 최대 행복 너머에 훨씬 더 수준 높고 찬란하며 인간적인 세상이 기다린다고 시사하는 듯하다.

자유롭게 결혼할 수 있게 된 1851년 무렵, 존 스튜어트 밀과 해리엇 테일러 밀은 만성 질환에 시달리고 있었다. 육체적 고통을 덜기 위해 두 사람은 따뜻한 날씨를 찾아 남쪽으로 여행을 떠나곤 했다. 결혼한 지 고작 7년이 되던 해에 떠난 이런 종류의 휴양에서 해리엇은 심각한 호흡기 전염병에 걸려 몸져눕고 만다. 1858년 11월 3일, 아비뇽에서 해리엇은 사망한다. 그리고 밀은 "해리엇이 묻힌 곳에서 최대한 가까운" 곳에 머물기 위해 아비뇽에 작은 시골집 한 채를 사기로 결심한다. 그리고 그는 그곳에서 여생을 보낸다.[26]

바로 그 아비뇽에서 밀은 《여성의 예속The Subjection of Women》 초고를 썼다. "가장 경이롭고 심오한 내용은 모두 내 아내에게서 나온 것"이라고 밀은 초고에 썼다. 그곳에서 밀은 자기 인생의 상당 기간을 쏟아부은 '행복 계산법' 해설서인 《공리주의Utilitarianism》를 마침내 완성해낸다. 어쩌면 비극적 상황에서 밀에게 스토아학파 풍의 피난처를 선사한 것은 결국 이 합리주의였는지도 모른다. 밀이 가장 사랑한 시인, 윌리엄 워즈워스는 〈모방〉에서 이렇게 암시했다.

풀의 광채, 꽃의 영광의 시간을

되찾을 길 없다 한들 어떠리,

우리는 비탄에 잠기지 않고

오히려 남아 있는 것에서 힘을 얻으리.

자연에 대한 사랑, 가슴 깊숙한 곳의 감정, 타인을 향한 공감, 인생무상에서 비롯되는 비애, 측량할 길 없는 지구와의 연결, 명상 능력, 더 나은 사회를 위해 노력하려는 타고난 욕망—이것들이 인간 조건의 심리적 차원이고 어쩌면 영적인 차원이다.

이런 풍성함을 놓치지 않는 저력을 갖춘 서사에서 파생되는 경제학이라면 어떤 모습일지, 참으로 궁금하지 않을 수 없다. 이러한 풍요가 그 특성이 되는 포스트 성장 세계에 관한 비전에서 과연 무엇이 출현할 수 있을지 숙고해본다는 것은 사뭇 흥미로운 작업이다.

5

사랑과 엔트로피에 대하여

루드비히 볼츠만

우리는 꿈을 만드는 것과 똑같은 재료라네.
짧은 우리의 인생은 잠으로 둘러싸여 있다네.
윌리엄 셰익스피어, 1611년[1]

'S = k log W'
루트비히 볼츠만Ludwig Boltzmann, 1877년[2]

1905년 10월 28일, 오스트리아 물리학자 루트비히 볼츠만은 생애 마지막이 될 공개 강연을 한다. 강연은 빈 철학학회 건물에서 토요일 저녁에 열렸는데, 강연 제목이 기이했다. '확률 원리를 응용한 사랑과 엔트로피에 관한 설명'. 엔트로피란 하나의 물리적 계system가 무질서한 정도를 뜻하며, 자연의 한계가 궁극적으로 표현된 바다. 사랑은 인간 역량을 꽃 피우는 가장 고귀한 사례라 할 수 있으며, 인간 번영이 궁극적으로 표현된 바다. 이 둘이 서로 어떻게 관련되는지가 이 장이 다루는 주제다.[3]

볼츠만이 살아온 삶은 보기 드물게 험난했다. 볼츠만은 학자 생활 중 상당 기간을 논쟁으로 지새웠고, 이 강연도 여기에서 예외가 아니었다. 물리학과 철학을 가장 고귀한 인간 정서와 융합하는 강연 내용을 통해 볼츠만은 본의 아니게 개방적인 청중을 기쁘게 했고 동시에 고지식한 동료들을 뒤집어 놓았다. 완고한 물리학자들이 보기에 이 탈선은 도저히 이해할 수 없는 철학적 논의로 이어지고 있었다. 뼛속까지 철학자인 사람들은 물리학자 한 사람이 자기네들 길 앞에서 얼쩡거리는 게 영 마음에 들지 않았다. 이들 중 누구도 어떤 사랑에서 이런 강연이 나올 수밖에 없었는지 도무지 이해할 수 없었다.

19세기가 낳은 가장 위대한 물리학자 중 한 사람이 먼 훗날에야 시대를 훌쩍 뛰어넘었다는 평가를 안겨줄 어떤 전투에 자기 인생의 상당 부분을 쏟아부어야 했다는 것은 아무래도 흔한 일은 아니었다. 이런 전투 탓에 볼츠만은 신체 건강만이 아니라 마음의 평화에도 결국 큰 타격을 입었다. 그러나 제자들은 볼츠만을 흠모했다. 그리고 공개 강연을 열 때마다 볼츠만이 쏟아 내는 꾸밈없는 유머 감각과 폭넓은 주장에 이끌린 떠들썩한 청중이 늘 강의실을 가득 메웠다.

슬프게도, '사랑과 엔트로피' 강연의 필기록은 남아 있지 않다. 그러나 몇몇 사람이 강연 내용에 관해 창의력 넘치는 추측을 남겼다. 볼츠만은 다윈의 진화론에 매혹됐는데, 이 오스트리아 물리학자는 진화론을 가용 에너지를 쟁취하려는 투쟁이라는 틀로 이해하곤 했다. 만물과 만사는 자유 에너지*를 확보할 수 있어야 한다. 볼츠만은 그 강연에서, 어떻게 이 보편적 투쟁을 통해 열망과 정서(물론 사랑을 포함하는)가 비범하게 배합된 복잡한 생물종이 출현할 수 있게 됐는지

---

* free energy. 특정한 열역학계의 전체 에너지 가운데에서 실제로 일work로 변환될 수 있는 에너지.

설명했을 가능성이 높다. [4]

이 과정에서 볼츠만은 이 책이 탐구하는 가장 근본적인 주제 가운데 두 가지를 다뤘을 것이다. 하나는 한계 문제이고, 다른 하나는 좋은 삶을 향한 인간의 열망이란 과연 무엇인가이다. 따라서 감히 볼츠만의 입장에서 말해보는 실례를 범하자면, 나는 저 마지막 강연을 고독한 지구를 위한 대략적 안내서rough guide for a lonely planet 비슷한 것으로서, 유한한 세상에서 인간이 어떻게 번창할 수 있을지에 관한 사용 설명서로서 제시하고자 한다. [5]

칼로리 계산

신체 건강으로 이야기를 시작해보자. 신체 차원에서 탁월한 기능 수행에 도달한다는 것이 인간에게 어떤 의미일까? 대략적으로, 이 질문은 사람들에게 진정으로, 제대로 건강하다는 것이 무엇인지 묻는 것과 다를 바 없다. 물론 이는 거창한 질문이다. 우리 몸은 수백만 년에 걸쳐 매우 특수한 조건 아래에서 진화했고, 최적화된 건강에 이르기 위해 복잡한 조합의 시스템 요건들을 발전시켰다. 그러나 이런 요건들 가운데 일부는 상대적으로 이해하기 쉽고, 건강과 사회의 관계를 깊이 있게 드러내준다.

그중에서도 가장 명백한 것은 몸의 에너지 균형이다. 인간은 매일 체중을 건강히 유지하기 위해 특정 양의 칼로리가 필요하다. 정확한 수치는 연령, 신장, 성별, 운동량에 따라 다르지만, 대체로는 하루에 1,500에서 3,000 칼로리 사이다. 필요량보다 적은 칼로리를 섭취하면 몸이 시들고 약해지고, 정기적으로 필요량보다 많이 섭취하면 체중이 늘어난다. 이런 이유로 칼로리를 계산하자는 생각이 대두했다. 건강한 삶을 유지하려는 노력에서 에너지 균형은 결정적으로 중요하다.[6]

믿기 힘들겠지만, 칼로리 계산은 가장 근본적인 물리 법칙 가운데 하나인 열역학 제1법칙을 통해 이뤄진다. 칼로리는 에너지의 단위이고, 열역학은 에너지 변환을 연구한다. 제1법칙은 에너지가 물리적 변환을 거쳐 언제나 일정하게 보존된다고 말해준다. 우리가 소비하는 칼로리는 몸 안에서 이뤄지는 물리 과정을 통해 변환된다. 그러나 에너지는 늘 이런 식으로 보존된다.

우리 몸은 호흡, 순환, 소화, 세포 재생 그리고 성장 같은 기초 기능을 지속하기 위해 에너지를 사용한다. 또한 신체 운동, 걷기, 달리기, 물건 들어올리기에도 에너지가 필요하다. 소비하고 남은 칼로리는 (화학 에너지 형태로) 최대한 몸 안에 저장된다. 이 대목에서 제1법칙이 모습을 드러낸다. 만일 생존에 필요한 기본 유지 에너지와 신체 활동에 쓰는 에너지를 합한 양보다 더 많은 칼로리를 섭취하면, 에너지 초과분은 흔히 지방으로 몸에 저장된다. 마찬가지로, 칼로리 섭취량이 이 두 요구를 충족하기에 부족하면 당연히 체중이 줄어드는데, 우리 몸이 필요 에너지를 확보하기 위해 지방(과 결국은 근육까지)을 연소하기 시작하기 때문이다. 인간 몸은 열역학적 유기체이며, 열역학 법칙들을 따른다.

좋은 신체 건강이란 칼로리 측면에서만 보자면 칼로리 과잉과 칼로리 부족 사이에서 이뤄지는 균형 상태라 할 수 있다. 칼로리를 계속 과소하게 보유하면, 결국은 기아나 영양실조로 죽는다. 그러나 몸에 필요한 양보다 과다한 칼로리를 꾸준히 섭취하면, 시간이 지나 과체중이 되고 결국은 비만이 된다. 비만이 되면, 고혈압(혈압 상승)과 고혈당(혈중 포도당 농도 증가) 같은 상태에 이를 가능성이 대단히 중대한다. 이 사태는 다시 심장마비, 뇌졸중, 당뇨병 같은 비전염병 혹은 '생활 습관성' 질환으로 고통받을 가능성을 증가시킨다. 생활 습관성 질환은 기대 수명을 줄이고, 삶의 질을 저하하며, 감염병에 맞서는 저항력을 떨어뜨린다.[7]

물론 칼로리 계산은 건강만을 위한 것은 아니다. 칼로리는 다양한 형태로 체내에 흡수된다. 단백질, 탄수화물, 섬유질, 무기질, 비타민, 이 모두가 제대로 된 건강에 필수적이다. 예를 들면, 혈류에 당분을 천천히 방출하는 '좋은' 칼로리가 단번에 에너지를 쏟아내는 '나쁜' 칼로리보다 더 바람직하다. '혈당 지수GI'가 높은 음식에 꾸준히 노출되면, 우리 몸은 신진대사를 통해 혈당 수준을 안정시키려고 안간힘을 쓴다. 시간이 지나면, 이런 만성적 불안정 탓에 심각한 건강 문제가 발생한다.[8]

요약하면, 일단 충분히 성장하고 나면 건강한 유기체는 지속적이고 부단한 소비 증가가 아니라 건강한 균형을 통해 외부 공격에 맞서고 자신을 유지한다. 아리스토텔레스가 사용한 단어들로 말하면, 탁월한 신체 기능의 '덕'은 서로 구별되고 매우 다른 두 가지 '악덕'과 어깨동무하는데, 그 하나는 영양 부족이고 다른 하나는 과잉 소비다. 덕이 있는 신체 기능(탁월한 건강)은 둘 사이 어딘가에 있다.

균형 상실

이와 같은 조심스러운 균형이 성장을 위해 고안된 경제 시스템과 만나면 어떤 일이 벌어질까? 상황에 따라 크게 다르다. 식량이 너무 적어 부족이 문제가 되는 경우에는, 성장이 건강에 기여한다. 그러나 이미 식량이 너무 많아 과잉이 문제가 되는 경우에는, 끊임없이 증대하기에만 골몰하다가는 재난을 불러들이고 만다. 이것은 앞 장들에서 살펴본 보다 일반적인 사태의 한 가지 특수한 사례다. 오직 부족함이 있을 경우에만 많을수록 더 좋아질 수 있다. 이미 과도함이 나타나는 경우에는, 많을수록 오히려 더 나빠질 뿐이다.

자본주의의 비극 가운데 하나는 부족과 과잉을 다루는 자본주의의 방식이며, 이는 영양 같은 기본적인 사안에서도 나타난다. 전 세계 어린이 5명 중 1명이 영양 부족에서 비롯된 발육 부진에 시달린다. 하지만 18세 이상 성인 중 거의 2/3가 과체중이다. 전 세계에서 비만은 1975년 이래 3배로 늘었고, 아동 비만률은 놀랍게도 10배가 됐다. 당연히 생활 습관성 질환 발병 사례도 빠르게 늘어났다. 현재는 영양 부족보다는 비만으로 더 많은 사람이 죽는다.[9]

비만이 만연한 현상에는 너무나 많은 요소가 꼬여 있어서 비만 문제를 해결하기 쉽지 않다는 이야기를 귀에 딱지가 앉도록 들었을 것이다. 전문가들은 영양, 심리, 신체 같은 요소들이 펼치는 복잡한 상호작용에 관해 이야기하곤 한다. 몇 년 전, 한 정부 지원 연구가 이 관계를 지도로 그리려고 시도했다. 연구 수행 결과로 나온 시각적 '비만 시스템 지도'는 너무나 복잡해서 교육 자료보다는 오히려 단단히 꼬인 스파게티 한 접시를 더 닮아 있었다. 이 문제가 복잡하다는 사실을 이해하거나 알리는 것 외에는 거의 쓸모가 없었고, 그리하여 본래 목적과는 달리, 비만 문제의 근본 원인을 다루려는 공동 노력을 일체 중단시키는 데 단단히 한몫한 지도였다.[10]

사실, 비만 문제의 토대를 이루는 핵심 역학은 너무나도 간단하다. 건강한 체중은 칼로리 투입과 신체 운동이 이루는 균형에 의해 결정된다. 식량 부문을 지배하는 경제 모델은 더욱더 많은 식량을 판매하는 활동에 매달린다. 만일 우리가 활동을 더욱더 많이 한다면, 어느 정도까지는 식량 소비 증가를 상쇄할 수 있을 것이다. 그러나 우리는 그렇게 하지 않는다. 현실은 오히려 그 반대다. 전반적으로, 사람들은 언젠가부터 신체 활동을 점점 덜하고 있고, 특히 부유한 나라들에서 그렇다.

세계 곳곳에서 현재 성인 중 거의 30%(고소득 국가들에서는 37%로까지 올라간다)가 건강을 제대로 지키는 데 필요한 만큼 신체 활동을 하지 못하고 있다. 그 와중에 지구 전체에서 패스트푸드(전형적으로 칼로리양이 많은 식품) 업체 수익은 급증했다. 신체 활동량은 감소하는데 칼로리는 쉽고 빠르게 섭취할 수 있게 되었고, 그에 따라 칼로리 균형은 꼼짝없이 과잉 쪽으로 기울었다. 식량 생산 시스템에 뿌리내린 이윤 동기가 이러한 불균형을 계속 강화하고 있다.[11]

이런 사악한 유혹에 저항하기란 이론상으로는 전혀 불가능하다. 우리 아이들이 좀 더 활동적으로 생활하도록 토대를 마련해준다면, 좋은 출발점이 될 것이다. 젊은이들은 운동하기가 훨씬 더 용이하다. 근육은 더 강하고, 신진대사는 더 원활하며, 관절은 더 유연하다. 젊음은 기운찬 신체 활동에 안성맞춤이다. 이런 점에서, 현재 전 세계에서 학령기 청소년 중 80%가 신체 활동을 충분히 하지 못한다는 조사 결과는 충격적이다. 칼로리 과잉에 시달리는 세상에서 일어날 법한 비극으로 손색이 없는 사태일 것이다.[12]

젊을 때 시작해야 하는 또 다른 이유는 물론 젊음이 너무도 짧다는 것이다. 몸이 성숙하면, 신진대사가 바뀐다. 우리는 질병에 공격당하고 사고로 손상을 입는다. 쉽게 건강을 유지하던 시절은 지나가 버린다. 자기 건강을 지키는 역량은, 그것이 가장 절실히 필요한 바로 그 시점에 내리막길을 걷는 것만 같다. 온갖 신체적 피드백 메커니즘이 우리가 성공하지 못하게 가로막는 요인이 된다. 체중이 늘수록 제대로 운동하기 힘들어지고, 시간이 갈수록 이는 더 심해진다.

비만은 이동성에도 영향을 끼친다. 이동하기 어려워지면, 신체 건강만이 아니라 정신 건강까지 영향을 받는다. 의욕이 줄어들수록 우리는 위안거리로 음식을 찾는다. 우리가 욕망하는 것과 우리 몸에 진짜 필요한 것이 쉽게 혼동된다. 단순히 물이나 잠, 신선한 공기가 부족한 상황과, 당분이나 포화 지방, 탄수화물 덩어리 음식을 간절히 원하는 상황이 별로 다를 바 없는 것처럼 보일 수 있다. 그러나 설탕 갈망에 빠져들면 인슐린 균형이 망가지고, 신장과 부신이 혹사당하며, 우리 몸은 당 중독 상태가 된다. 식품 산업에는 좋은 소식이겠으나, 사람들에게는 재앙이다.[13]

결말이 어떠할지는 충분히 예상할 수 있다. 당뇨병, 고혈압, 호흡기 질환, 척추와 관절 통증, 치매 위험 증가 등이 그것이다. 팬데믹

초기에 이뤄진 조사에 따르면, 코로나바이러스 사망자 중 거의 3/4은 한 가지 이상의 기저 질환과 관련돼 있었다. 코로나19 '동반질병'은 그 모두가 놀랍도록 익숙한 것들이었다. 그중 다수는 어떤 식으로든 비만과 관련 있었다.[14]

우리가 이런 불균형으로 고통받을수록, 사태는 더욱더 나빠진다. 이동성이 줄어들면, 근육은 더 약해지고 관절은 더 뻣뻣해진다. 어느 날 바닥에 있는 것을 주우려고 허리를 구부리다가(세월이 흐를수록 점점 힘들어지는 동작) 일이 벌어진다. 날아갈 것만 같았던 젊은 시절의 이동 능력은 어쩌면 영영 사라져버리고, 남은 생애를 옴짝달싹 못하며 보내야 할지도 모르는 위험이 닥친다. 적어도, 삶의 질이 끔찍하게 낮아지는 상태를 묵묵히 받아들여야만 하는 처지가 된다. 우리는 활동을 더 줄이게 되고, 건강은 더 나빠지며, 충족감 역시 줄어들고, 더 불행해진다. 급기야 우리는 이런 상태가 남은 생애 동안 기대할 수 있는 신체 건강의 최대치라는 현실을 수용하는 처지가 되고 만다.[15]

주도권 되찾기

이 모두는 피할 수 있는 것들이다. 이론상으로는 인생의 어느 단계에서든 각자가 신체 건강 주도권을 되찾을 수 있다. 식단을 개선하고, 운동을 더 많이 하고(혹은 전과는 다르게 하며), 생활습관을 바꾸고, 이미 생긴 병을 수습하며, 몸이 갈구하는 균형으로 돌아갈 수 있다. 개인 수준에서는 명백히 그렇다. 그러나 통계로 나타나는 사회적 건강 악화 경향을 끌어내리려면, 그 근본 역학과 대결해야 한다. 이 역학에는 두 가지 구성 요소가 있다. 하나는 인간 본성이고, 다른 하나는 경제 구조다.

우리 본성에 맞서는 방향으로 나아가기가 얼마나 어려운지는 시도해본 이라면 누구나 잘 아는 사실이다. 우리는 매우 특별한 세계에서 매우 특별한 시기에 진화했다. 생물학자들이 진화 적응이라 부른 현상이 지속돼온 환경(우리가 하나의 생물종으로서 '성장한' 곳)은 정제당, 포화 지방 같은 고열량 영양 공급이 너무도 부족하던 곳이었다. 이런 영양을 더 원활히 확보할 수 있기만 하면, 남보다 우위에 섰다. 뜻밖에 칼로리를 집중적으로 연소하게 되면, 우리 두뇌는 그 보상으로 '기분 좋아지는' 화학물질인 도파민을 방출했다. 수십만 년이 지난 지금도 이런 기제에는 변함이 없다.[16]

오늘날 우리는 건강의 역설에 발목 잡혀 있다. 인간 유기체는 칼로리가 희소하던 환경에 적응했지만, 자본주의 경제는 칼로리를 과다 제공하도록 진화했다. 희소성이 지배하던 환경에서는, 이런 음식을 갈망하는 것이 '적응력 있었다'. 그 갈망은 우리 생존력을 향상시켰다. 그러나 먹을 게 넘쳐 나는 환경에서는, 바로 그 갈망이 피해를 주고 역기능을 일으킬 수 있다. 부족한 게 하나둘이 아니었던 행성에서 한때 한정됐던 자원을 쉽게 확보할 수 있게 만든 것은 자본주의가 베푼 혜택이었다. 그러나 꾸준히 더 많이 판매해야만 경제적 수익성이 보장되는 모델을 창조한 것은 자본주의가 초래한 심각한 위험이었다.

인간의 건강은 칼로리 섭취를 계속 늘리기만 해서는 달성될 수 없다. 건강은 식량 소비를 늘리기만 하는 것과는 충돌한다. 건강과 기하급수적 성장은 서로 화합할 수 없는 번영 모델들이다. 안내라고는 간단한 충고뿐이고 유혹에 둘러싸인 채 기댈 데라고는 우리 자신의 의지밖에 없는 상황에서 당분과 지방에 반응해 우리 내부에서 일어나는 도파민 유혹에 맞서려면, 더구나 주도면밀하게 저항을 허물어뜨리려 하는 메시지들에 둘러싸여 있는 상황에서 그렇게 하려면, 강철 같은 의지가 필요하다. (아리스토텔레스가 뜻한 대로) 덕이 있는 상태를 유지한다는 것은 성장에 의존하는 경제 모델에서는 통계적으로 불가능하다는 것이 입증되고 있다.

건강이란 균형을 잡는 행위다. 그것은 우리 식단, 우리 신체의 기능이 삶에서 우리가 내리는 선택들과 짝을 이뤄 추는 춤이다. 건강은 우리가 반드시 배워야만 하는 기술이다. 때로는 독학으로라도 배워야 하는 기술이지만 우리는 아이들에게 이를 가르치지 않는다. 젊은 시절에 당연시되던 활력이 사라진 후에 각자의 건강을 유지하는 데 필요할 기술이나 회복력은 전혀 전수하지 않는다. 더 나쁜 사실도 있다. 우리는 아이들을 공세적 마케팅 전략을 위한 기회 분석용 표본으로 다룬다. 평생에 걸쳐 건강에 대재앙을 몰고 올 게 뻔한 식단을 접한다는, 저항하기 힘든 유혹에 아이들을 노출시켜서는 질병을 재촉하는 데 앞장서는 것이다. 또한 젊음이 지나간 후에 올 시간에 대비하도록 사람들을 가르치지도 않는다. 나이 들면 어쩔 수 없이 모든 게 변하기 마련이다. 100미터 달리기 세계 신기록을 세울 수도 없고, 격렬한 접촉 스포츠에서 좋은 성적을 낼 수도 없다. 몸에는 엄연한 한계가 있음을 받아들여야만 하는 것이다.

그렇다고 이런 요인들 탓에 우리가 오래도록 건강하고 활기 있게 살 수 없는 것은 아니다. 신체 건강이 무엇인지에 관해 이해하고 서로 이야기하지 못한 탓에 그렇게 살아갈 가능성을 살리지 못하는 책임은 우리 자신에게 있다. 이제껏 우리가 이룬 바는 전부 유감스러운 것들이었다. 이윤의 이름으로 이뤄온 모든 것들, 성장의 이름으로 눈 감아온 모든 것들 말이다. 우리는 고집스럽게 성장을 진보로 혼동해왔다. 이는 변명할 여지가 없는 잘못이다.

심지어는 지금도, 세계 곳곳에서 나타나고 있는 건강 위기에서 자본주의가 담당하는 역할을 경시하는 경향이 있다. 비극적인 오류가 아닐 수 없다. 이 지경까지 이르게 한 흐름은 시간이 갈수록 더욱 악화되기만 할 것이다. 근본적인 실패를 인정하고 이해한다면, 그 흐름을 뒤집을 수 있을 것이다. 자본주의는 가장 기본적인 한계들, 즉 건강과 활력을 조절하고 유지시키는 한계들을 존중하지 못했다. 실현 가능할 뿐만 아니라 바람직한 건강의 관점에서 번영을 이루는 모델은 성장을 넘어선 곳에만 있다. 너무도 일찍 건강을 단념하게 만드는 모델보다 훨씬 더 나은 모델이 거기에 있다.

혼돈에서 질서로

대체로 건강은 질서를 창조하고 유지하는 몸의 역량, 즉 세포를 다시 채우고 부패를 막으며 최적의 균형과 탁월한 기능 수행에 도달하는 역량에 달려 있다고 할 수 있다. 죽으면 이런 능력이 사라져, 조심스럽게 유지되던 신체 구조는 급격히 무너지기 시작한다. 즉, 내부

질서가 파괴되기 시작한다. 몸을 이루는 물질적 구성요소까지 급속도로 붕괴하고, 더욱 혼란스러운 무질서 상태로 빠져든다.

질서에서 혼돈으로 나아가는 이 운동은 아서 에딩턴Arthur Edding-ton이 자연의 '최고' 법칙이라 불렀던 것, 즉 열역학 제2법칙이 발현된 특정 사례다. 에딩턴은 1927년 기퍼드Gifford 강연*에서 이렇게 말했다.

> 누군가가 여러분에게, 당신이 총애하는 우주 이론이 맥스웰Maxwell 방정식**과 일치하지 않는다고 지적한다면, 맥스웰 방정식 쪽에 문제가 있을 수도 있습니다. 관측을 통해 여러분의 이론에 모순이 발견된다면, 실험을 한 사람이 실수를 저질렀을 수도 있습니다. 그러나 여러분이 지지하는 이론이 열역학 제2법칙과 충돌한다면, 저로서는 여러분에게 어떤 희망도 줄 수 없습니다. 그런 이론은 최대한 부끄러움을 느끼며 무너지는 수밖에는 없습니다.[17]

열역학 제2법칙은 우리에게, 엔트로피(무질서)가 항상 증가하는 경향이 있다고 말해준다. 엔트로피가 추상적 개념에서 벗어나 일상생활에서 즉각 인식할 수 있는 무엇인가가 되도록 제2법칙을 재해석

---

* 법률가 애덤 기퍼드Adam Lord Gifford(1820-1887)가 남긴 유훈에 따라 100년 넘게 스코틀랜드 소재 대학들이 공동 주최하고 있는 강연. 느슨한 의미에서 '자연신학'에 기여한 철학자, 과학자들을 초청하며, 역대 강연자 중에는 윌리엄 제임스William James, 앨프레드 노스 화이트헤드Alfred North Whitehead, 존 듀이John Dewy, 한나 아렌트, 칼 세이건, 브뤼노 라투르Bruno Latour 등이 있다.

** 영국 물리학자 제임스 클러크 맥스웰James Clerk Maxwell(1831-1879)이 정리한, 전기와 자기 발생, 전기장과 자기장, 전하 밀도와 전류 밀도 형성을 나타내는 4개의 방정식을 말한다. 맥스웰은 이를 통해 빛이 입자가 아닌 파동임을 주장했다.

한 사람이 바로 볼츠만이었다. 사물은 보다 질서 있는 상태에서 보다 혼돈된 상태로 변동하는 경향이 있으며 그 역은 아니라고 볼츠만은 말했다.[18]

수천 가지 사례를 들 수 있다. 10대의 방을 정돈된 상태로 유지하려는 끝없는 사투, 필수 가전기구의 점진적인 마모, 점점 더 고칠 게 많아지는 낡은 자가용 승용차 등을 생각해보라. 지독하게 꼬여버린 이어폰 줄을 풀어 깔끔하게 정돈하려 할 때도 마찬가지다. 이 현상들은 너무 익숙해서 당연시된다. 하지만 여기에는 심오한 진리가 담겨 있다.

다른 요소가 개입하지 않을 경우, 어떤 물리적 계의 일반적 경향은 질서에서 혼돈으로 변동하는 것이다. 정반대 경향이 지배하는 세상은 확률적으로 있을 수 없다. 허드레 창고, 부엌 찬장, 아이 방은 시간이 지난다고 저절로 정돈되지 않는다. 전선, 실, 줄은 저절로 풀리지 않는다. 세상이 혼돈으로 나아가는 경향에 맞서려면, 끊임없는 노력이 필요하다. 열역학 맥락에서 이러한 '노력'은 가용 에너지를 상황에 적용함을 뜻한다. 이것이 우리 몸에서 폐와 심장이 하는 일이다. 경제에서는 가사 노동, 수리점, 유지보수 계약업체가 담당하는 기능이다. 지구 대기 안정의 경우에는 탄소 순환이 하는 작용이다.

우주에서 질서는 분명 가능하다. 생명이야말로 그 증거다. 그러나 엔트로피 법칙은 질서에 도달하는 것과 관련해 심오한 진리를 말해준다. 질서를 창조하는 데 사용되는 에너지는 그것이 사용되는 과정에서 점점 더 사용할 수 없는 상태가 된다. 일을 수행하는 과정에서 에너지 자체는 낮은 엔트로피에서 높은 엔트로피로 변동한다. 에너지를 상황에 적용해 질서 잡힌 작은 천국을 창조하더라도, 계 전체로 보면 엔트로피는 증가한다. 찬장 정돈, 신체 건강, 경제 진보를 달성하는 데는 항상 비용이 따른다.[19]

엔트로피 역전을 실행할 때마다 매번 대가를 치러야 한다. 대가는 엔트로피의 전반적 증가다. 가용 에너지는 불가용 에너지가 되고, 낮은 엔트로피는 높은 엔트로피로 바뀐다. 우주는 전보다 조금 더 무질서해진다.

아마도 방을 정돈하는 데는 그저 근력만 사용됐을 것이다. 물건을 들어 올리고 치우기 위해, 즉 올리고 옮기고 움직이기 위해 근육을 통해 몸 안에 저장된 화학 에너지가 사용되었다. 근육 속 에너지가 운동과 열로 변환되었고, 환경 속으로 흩어졌다. 이제 이 에너지는 일을 더 수행하는 데 사용될 수 없다. 엔트로피 법칙의 잔인한 논리는 방을 정돈하며 창조한 질서가 항상 그 과정에서 창조된 엔트로피보다 적다는 것이다.

"현미경으로밖에 볼 수 없는 안개"

열역학 법칙들을 게임 규칙에 빗대 표현하는 잘 알려진 정리가 있다.

1. 절대 이길 수 없다.
2. 심지어는 비길 수도 없다.
3. 게임에서 나갈 수도 없다.

지구에서 우리가 할 수 있는 일이라고는(게다가 우리가 알기로는 우주 속 다른 어느 곳에서든 마찬가지인데) 제2법칙에 복종하는 것뿐이다. 심지어는 비길 수조차 없다.[20]

방 정돈에 적용되는 법칙은 경제 전반에도 적용된다. 문명 창조는 엄청난 과업이다. 이를 위해서는 엄청난 양의 가용 에너지가 필요하다. 현대 사회는 화석연료를 기반으로 구축됐다. 석탄, 석유, 가스 속 화학 에너지가 우리에게 온갖 기적을 선사했다. 이 연료들 덕분에 우리는 놀랍게도 열역학 게임에 참가할 수 있게 되었다. 그러나 이길 수는 없었다. 이 연료들을 연소하면, 에너지가 열로 분산된다. 한때 이 연료들에 갇혀 있던 탄소가 대기에 배출돼 기후변화를 초래하는데, 이것은 바로 제2법칙이 예측한 결과다. 필연적으로 엔트로피가 증가한다.

지속가능한 세계에 도달할 최선책은 태양 에너지 형태로 매일 지구에 도달하는 재생가능 에너지 흐름을 활용하는 것이다. 이 에너지는 광합성 작용을 통해 포획되고, 이 과정은 지구의 먹이 그물을 지탱해준다. 덕분에 우리는 유용한 일을 수행할 힘을 얻게 된다. 또한 이 에너지는 바람과 파도를 만들어내고, 생물권 안에서 물과 영양분이 순환하게 한다. 이 에너지에서 열, 전기, 일을 발생시키는 것은 가용(엔트로피가 낮은) 에너지의 파도를 타는 것과 같다. 허먼 데일리의 박사학위논문 지도교수인 니콜라스 게오르게스쿠-뢰겐Nicholas Georgescu-Roegen은 이렇게 말했다. "(우리는) 과거와는 다른 방식을 통해, (우리의) 존재가 태양이 무상으로 우리에게 주는 선물이라는 생각으로 돌아가야 할 것이다."[21]

문제는 이 선물조차 완전히 무상은 아니라는 것이다. 태양 에너지 흐름은 거대하다. 며칠간 지구에 내리쬐인 태양광만으로도 에너지 양에서 천연자원의 총량을 상회한다. 그러나 태양광은 극도로 강도가 낮은 상태로, "가랑비처럼, 거의 현미경으로밖에는 볼 수 없는 안개처럼" 지구에 내려온다. 사용할 수 있으려면 이 에너지를 집중시켜 포획해야 한다. 포획하려면 우리는 물질을 사용해야만 한다. 물질 사용은 다시 가용 에너지 사용과 더 많은 엔트로피 발생에 의존한다. 태양 에너지 흐름은 공짜이되, 그것을 포획하자면 여전히 물질 측면에서, 에너지 측면에서, 무질서 측면에서 비용이 발생한다. 관찰 지점이 어디이든, 질서를 창조하는 과정에는 반드시 대가가 따르기 마련이다.[22]

질서를 창조하기 위해서만이 아니라 유지하기 위해서도 이런 대가를 지불해야 한다. 기업 수준에서나 국민경제 수준에서나 재무제표상 감가상각비를 회계처리 기준으로 고수하는 이유가 있다. 자본 설비 '마모'를 기입하기 위해서다. 햇볕이 작열하는 세상에서 다른 개입 없이 방치될 경우, 물질 자산은 망가져 가는 경향이 있다. 이런 자산을 사용하면, 이 과정은 더 가속화되는 경향이 있다. 강철은 녹이 슬고 콘크리트는 먼지로 변하고 실리콘칩조차 시간이 지나면 성능이 떨어진다. 감가상각은 절대 피할 수 없는 엔트로피의 행진을 경제적으로 표현한 것이다.

경제 규모가 커질수록 이 비용은 증가한다. 무한한 경제(영원한 성장의 궁극 목표)란 무한한 감가상각을 의미한다. 무한한 유지 비용을 의미하고, 엔트로피 흐름을 역전시키기 위해 가용 에너지가 무한

히 필요함을 의미한다. 열역학 관점에서 보면, 성장 신화는 결국 불가
능한 꿈일 뿐이다.

게임에 남아 있기

우리 문화는 어떤 오만에 사로잡혀 있다. 1983년, 레이건이 한계
를 시인하길 거부하며 보인 오만이 그것이다. 오늘날 녹색 성장에 도
사린 오만이며, 도박 중독자와 망상적 자아도취자가 보여주는 오만
이다. 나는 자연에 도전해 승리할 수 있고, 난관을 극복하고 거기에서
빠져나갈 수 있으며, 게임 규칙을 지키고 말고는 내 마음이고, 게임을
주도하는 것은 나라는 오만.

좋은 건강은 단지 의지력의 문제라는 믿음에도 이런 오만이 깔
려 있다. 이 믿음에 따르면, 비만이 빠르게 늘어나고 생활 습관성 질
환이 증가하는 것은 자본주의의 잘못이 아니다. 잘못은 인간 본성에
있다. 우리가 해야 할 일은 백만 년간 전개된 진화를 뒤집고 우리의
뇌를 개조하는 것뿐이다. 괜히 자본주의와 씨름하지 말고 이런 걸 고
치자. 과연 이게 가능할까? 끝없는 경제 성장을 가로막는 열역학적
한계를 무시하려는 태도에서도 이런 오만을 볼 수 있다. 도대체 누가
부단한 확장에 따르는 엔트로피 측면의 대가에 신경 쓴다는 말인가?
혼돈을 다른 어딘가로 보내 버릴 수 있는 한, 우리가 정돈한 세상 한
구석에서 우리는 계속 질서를 유지할 수 있다. 혼돈이 돌아와 우리를
괴롭히는 일만은 절대 없기를 희망하면서.

볼츠만이 빈에서 강의한 지 한 세기 이상이 지난 지금, 혼돈이 돌

아와 문을 두드리고 있다. 게임 규칙을 무시한 데 따른 엔트로피 측면의 대가가 나타나 지금 우리를 둘러싸고 있다. 기후 비상사태 속에서 그러하고 생물 다양성 위기 속에서 그러하다. 또한 코로나바이러스가 우리의 근본 신념과 전제에 가한 낯선 공격 속에서도. 요구는 더욱더 절박해지고 있고, 대가는 그 어느 때보다 크다. 여기에서 확인해야 할 메시지는 우리가 게임에 참가하며 잘못된 길을 택했다는 것이다. 규칙을 무시하거나 고쳐서는 경기 자체를 할 수 없다.

하지만 게임에 남을 다른 길이 있다면? 규칙을 존중하는 길, 규칙 안에서 잘 살아가는 법을 배우는 길, 이제껏 상상했던 것보다 더 잘 사는 길 말이다. 이것이 이 책이 탐색하는 번영의 비전, 좋은 삶의 비전이다. 포스트 성장 세계를 상상하는 과정에서 우리는, 유한한 행성에서 잘 살아간다는 과제를 놓고 터무니없이 순진한 태도나 아무 희망도 없는 패배주의적 태도를 취하는 것은 아니냐고 반문하도록 유혹된다. 그러나 열역학적 한계와 인간 번영의 본질을 진지하게 탐구한다면, 그렇게 반문할 수는 없다. 우리의 과제는 물질성이 안내하는 바에 따라 인간이 더 위대한 번영을 열망하게 만들 방법과 수단을 찾아내는 것이다.

이 여정을 밟을 수 있으려면, 더 많아야 한다는 주문呪文에서 벗어나야만 한다. 성장이 아니라 균형이 번영의 핵심이다. 신체 기능에 관한 한, 이것은 너무나도 자명하다. 성장은 유기체 발전 과정에서 매우 특수한 단계다. 이 단계를 지나면, 과잉이 부족만큼이나 신체 건강에 해로워진다. 부족이 과잉으로 전환하는 바로 그 시점에, 성장은 사회 진보에 유해한 은유가 된다. 최적의 건강 상태는 자연스럽게 균형의 역학을 구현하며, 이것은 끝없는 성장에 구현된 역학과는 근본적으로 다르다.

사랑을 돈으로 살 수는 없어

신체 건강이라는 영역 너머에는 훨씬 더 놀라운 지평이 있다. 신체 기능은 본래 물질적이다. 신체 건강을 이루려면, 특정한 물질적 필수조건이 충족돼야 한다. 좋은 영양분, 충분한 물, 적절한 운동, 변덕스러운 자연에 맞선 보호 등이 그것이다. 이 모두는 다른 것으로 환원될 수 없는 물질성을 내포한다. 앞 장에서 다룬 또 다른 건강 형태(그림 1)는 이와 근본적으로 구별된다. 이는 본질적으로 관계적이다. 관계의 주체와 대상이 본래 지니고 있는 신체성 말고는 그 어떤 선험적 물질성도 부가되지 않는다.

정체성, 인연 맺기, 역할, 목적, 소속집단, 우정, 자기실현, 사랑—이것들은 탁월한 심리적 건강의 특징이다. 주지하듯, 우리는 이러한 비물질적 욕구를 물질적으로 만족시키려 하는 경우가 많다. 소비재가 우리 정서 생활에서 담당하는 상징적 역할에 관해서는 숱한 증거가 이미 쌓여 있다. 유행, 선물 증정, 상품 전시—이 모든 것은 물질이라는 유연한 통화에 의존한다.[23]

이들 중 많은 경우에서 근본적 요소는 다름 아닌 교환이다. 그러나 우리가 소비 자본주의에서 늘 그리 하듯 이 교환을 물질로 구체화하면, 위험이 발생한다. 관계적 건강의 본질을 흐리는 탓에, 비틀즈 the Beatles가 1964년도 히트곡 〈사랑을 살 수는 없어Can't Buy Me Love〉

에서 지적했듯 관계적 건강을 허물어뜨릴 위험에 처하는 것이다. 물질 교환으로 감정 표현을 대신하는 것은 사랑을 해치는 확실한 길이다.[24]

그렇다고 사랑이 열역학 게임에서 완전히 벗어나 있다는 이야기는 아니다. 사랑과 엔트로피는 긴밀히 연관돼 있다. 사랑은 열역학적 세계에서 나타나는 창발성*의 한 사례다. 사랑은 육체를 지닌 존재자들이 맺는 관계이며, 물질 세계 안에서 스스로를 표현한다. 사랑은 불가능성이 지배하는 세계 전체에서 가장 있을 법하지 않은 봉우리들처럼 돌출한다. 사랑은 혼돈에서 질서를 창출하려는 우리의 부단한 투쟁 가운데 가장 장쾌한 승리다.

그러나 이 투쟁이 사랑을 필연적으로 구속하기 시작하는 지점 따위는 없다. 엔트로피에 의해 사랑이 내리막길을 걷기 시작하는 지점도 없다. 정서적 건강이라는 고지를 경과하는 우리의 여정은 엔트로피 논리에 방해받지 않는다. 그리고 이 자유를 통해 가장 고귀한 인간 열망이 순간적으로나마 희소성과 투쟁의 왕국을 넘어서게 된다는 것이야말로 이 자유에 담긴 놀라운 함의다. 덕분에 인간의 번영은 혼돈으로 향하는 끝없는 행진에서 해방된다. 비록 우리의 물질적 존재는 열역학 게임에 여전히 단단히 붙잡혀 있더라도 말이다.

볼츠만이 그날 저녁 빈에서 꼭 이렇게 말하지는 않았을 것이다. 그러나 우리의 물질적 존재를 떠받치는 명백한 열역학적 기초를 언급

---

* emergent property. 하위 계층에는 없는 특성이나 행동이 상위 계층에서 자발적으로 돌연히 출현하는 현상을 일컫는다. 복잡계 과학에서 자기조직화 현상을 설명하기 위해 자주 사용하는 개념이다.

했으리라는 것은 거의 분명하다. 아마도 볼츠만은 인간 존재가 확률적으로는 불가능한 현상임을 강조했을 것이다. 복잡한 인간 감정 역시 엔트로피가 주를 이루는 세계에서 있을 법하지 않은 질서가 축적된 결과임을 힘주어 말했을지도 모른다. 이러한 인간이 이룬 진보란 기껏해야 혼돈의 대양에 웅크린 질서의 작은 섬일 뿐이다.

볼츠만은 있을 법하지 않고 어렵게 쟁취한 그 성취조차 기껏해야 일시적인 성취일 뿐이라고 지적했을 것이다. 셰익스피어가 〈폭풍 The Tempest〉에서 극중 인물 프로스페로Prospero의 입을 통해 지적했듯, 인간이 이룬 성취 중 그 무엇도 영원히 존속하지는 못한다.

구름 속에 솟은 탑
화려한 궁전, 거룩한 신전, 이 커다란 지구,
그것이 물려받은 모든 것들
전부 사라지고 말지니,
조금 전에 사라진 허깨비 놀음처럼
구름 조각 하나도 안 남긴 채.
우리는 꿈을 만드는 것과 똑같은 재료라네.
짧은 우리의 인생은
잠으로 둘러싸여 있다네. [25]

게임에서 떠나기

볼츠만은 1844년 2월 20일에 태어났다. 참회 화요일*에서 성회聖灰 수요일**로 넘어가던 그날 밤에 마르디 그라Mardi Gras*** 가장무도회의 여흥이 사라지며 참회에 자리를 내주고 축제의 광휘는 삼베옷과 재로 바뀌었다. 볼츠만은 환희와 절망을 왔다 갔다 하는 자신의 불안정한 성격을 생일 탓으로 돌리곤 했다. 현대 의학이라면 십중팔구 쌍극성 장애****라 진단했을 것이다. 때로 극도로 사교적이 되면 볼츠만은 자택에서 떠들썩한 야회를 열었고, 학생들과 동료들 앞에서 피아노를 연주했다. 그러나 부인 헨리에테Henriette는 볼츠만이 새벽 5시까지 깨어 책상에 웅크리고 앉은 채 자신이 뛰어든 수많은 지적 전투 중 하나에 내놓을 주장을 정리하느라 전전긍긍하는 모습을 자주 목격했다.

'사랑과 엔트로피' 강연을 하기 불과 9개월 전인 1906년 중순 경, 이 전투가 볼츠만에게 타격을 가했다. 볼츠만은 천식과 협심증에 시달렸다. 시력도 떨어지기 시작했다. 가족이 보기에는 탈진 상태임이 분명했다. 그해 여름, 평생 처음으로 볼츠만은 빈 대학 강의를 취소하

---

* 기독교 교회 전례에서 예수 그리스도의 고통과 죽음을 묵상하는 사순절이 시작되기 전날. 본래는 엄숙하게 보내야 하지만, 사순절 시작 전에 오히려 떠들썩하게 축제를 즐기는 날로 바뀌었다. 대개 2월 말 경에 돌아온다.
** 기독교 교회 전례에서 사순절 첫 날. 앞에 붙은 '성회(재)'라는 말은 참회하는 뜻으로 머리에 재를 뿌리던 전통에서 비롯됐다.
*** 참회 화요일과 같은 말인데, 특히 이날 열리는 축제를 일컫는다.
**** 과거에 조울증이라 불린 정신 질환.

지 않을 수 없었고, 삶은 산산조각 났다. 휴식을 위해 볼츠만과 부인은 당시 열다섯 살이던 딸 엘자와 함께 이탈리아 트리에스테 인근에 있는 마을 두이노로 여행을 떠난다. 아드리아해를 굽어보는 바위 절벽 위에 우뚝 선 두이노 성에 가보기를 오래전부터 고대하던 헨리에테는 이 여행으로 마침내 소원을 성취했다. 이곳은 인상적인 전망 덕분에 관광객과 몽상가를 끌어들이던 명소였다. 독일 시인 라이너 마리아 릴케Rainer Maria Rilke는 1912년에 그 성에 머무르며 자신의 가장 유명한 작품 〈두이노의 비가Duino Elegies〉를 쓸 영감을 얻게 된다. 이 시는 인생무상과 이를 넘어선 무한한 초월적 아름다움을 노래한다.

빈으로 돌아가기 이틀 전인 1906년 9월 5일 화요일, 헨리에테와 엘자는 루트비히를 집에 홀로 남겨둔 채 새 학기를 준비하기 위해 세탁 맡긴 교수의 옷가지를 찾으러 나갔다. 잠시 후 엘자는 집에 돌아와, 짧은 노끈으로 창틀에 목을 맨 아버지를 발견한다. 몸에는 온기가 남아 있었으나 전투는 이미 끝난 상태였다. 향년 62세였다.

볼츠만은 생전에 자기 생각이 승리하는 것을 보지 못했다. 자신이 남긴 작업이 얼마나 중요한지도 깨닫지 못했다. 자신이 박사학위 논문을 지도한 학생, 루트비히 플람Ludwig Flamm이 딸 엘자와 사랑에 빠지게 된 것도 지켜보지 못했고, 둘의 결혼식에도 참석하지 못했다. 딸 부부가 낳은 네 명의 손주도 안아보지 못했다.

빈 중앙묘지에 있는 볼츠만 묘비에는 다음 같은 수학 방정식이 새겨졌다.

$$S = k \log W\,^{26}$$

사랑과 엔트로피에 대하여

이 공식은 훗날 알베르트 아인슈타인Albert Einstein이 볼츠만 원리라 부르게 되는 것, 즉 엔트로피가 항상 증가하는 경향이 있다는 법칙을 의미한다. 세계에서 가장 있음직한 상태는 혼돈이다. 그러나 이 혼돈에서 가장 있을 법하지 않고 가장 예외적이며 가장 심오하게 아름다운 질서가 출현한다. 인간 종이 지닌 복잡성이 그러한 질서이고, 건강을 좌우하는 미묘한 균형 역시 그런 질서다. 우리 안에 잠재하는 엄청난 창의력도 그러하고, 가장 강렬하고 아름다운 인간 정서와 조우하려는 우리 성향 또한 그러하다.

6

경제학은 스토리텔링이다

린 마굴리스, 미하이 칙센트미하이

많은 상황이 과학적 발견들을,
특히 우리 문화의 신성한 규범들을
불편하게 하는 발견들을 말살하려고 공모한다.

린 마굴리스Lynn Margulis, 1999년[1]

때로 새로운 아이디어는 정확하고,
유효하고, 훌륭한 것으로 드러난다.

칼 세이건Carl Sagan, 1996년[2]

생물학자 린 알렉산더(나중엔 린 마굴리스)는 1954년 시카고 대학에 조기 입학했는데, 입학 당시 그녀의 나이는 고작 15세였다. 시카고 대학에 입학한 지 얼마 되지 않아, 린은 천문학자 칼 세이건과 우연히 부딪힌다. (말 그대로다.) 린은 에크하트 홀 계단을 올라가고 있었고, 칼은 계단을 내려오고 있었던 것이다. 당시 칼은 19세의 물리학과 대학원생이었는데, "천문학 경력을 쌓으려던 참이었다." 린은 "잽싸고, 열정 넘치며, 아는 게 없는 소녀"였다. 그 무렵의 두 사람 모습을 보여주는, 캠퍼스에서 촬영한 사진이 있다. 칼은 잔디밭에 앉아 있는 학생들 한가운데에서 열변을 토하고 있고, 린은 감탄하며 그 모습을 바라

보고 있다. 3년 후, 둘은 결혼한다.[3]

실력파 커플로서 린 세이건과 칼 세이건은 뭔가 다른 존재감을 드러냈다. 둘이 만났을 때, 칼은 이미 미국에서 가장 저명한 천문학자가 되는 길을 걷고 있었다. 수년 내에 그는 왕성한 과학 저술가이자 유명한 과학 논평가가 될 것이었다. 그의 시선은 한결같이 바깥으로 향했다—우주라는 바깥으로. 아주 어릴 적부터 칼은 우주 어딘가에 있을 생명체를 발견할 가능성에 흥미를 느꼈다. 린은 일의 성격상 완전히 다른 방향으로 이끌렸는데, 미소세계 쪽이라는 방향이었다. 그녀는 다른 종류의 이질적인 생명체에 매료되었다. 인류가 이곳에 도착하기도 전에 30억 년간 지구라는 행성에 살았던 박테리아가 바로 그들이었다.

결혼하고 나서 얼마 되지 않아 린은 위스콘신 대학교 석사 과정에 등록한다. 둘 사이의 첫 아이를 이미 임신한 상태였던 그녀는 수업 시간에 종종 졸음에 빠져들곤 했다. 그러나 세월이 한참 지난 후에도 그녀는, 당시 자신의 교수가 무시되고 있던 어떤 개념을 논한 초기 생물학자들의 작업에 관한 짤막한 구절을 읽었던 역사적인 날을 선명하게 기억해냈다. 그 개념은 오랜 세월에 걸쳐 같은 장소에서 다른 생물 종의 유기체들이 함께 살아가는 것, 즉 공생이라는 개념이었다. 그녀의 기억에 따르면, "내 직업적인 삶의 여정이 영원히 고정된 순간"은 바로 이 날, 이 순간이었다.[4]

꽤 이른 시절에 있었던 이 매혹됨으로 말미암아 마굴리스는 지구 안의 생명에 대한 우리의 이해를, 자연에 대한 우리의 개념을 완전히 뒤바꾼 이론으로 이끌려갔다. 이 이론의 탄생은 쉽지 않았는데, 그건 정확히 이 장 첫머리 인용구에서 마굴리스가 언급한 "우리 문화의 신성한 규범들을 불편하게 함" 때문이었다. 그러나 이 이론이 지금 우리의 탐구와 맺는 연관성은 지극히 크고도 깊다. 무엇보다도 이 이론이 자본주의의 가장 소중한 신념 중 하나를 전복하기 때문이다. 경쟁이 자연에서 가장 근본적인 (유기체를 움직이는) 동력이라는 신념, 따라서 어떤 경제든, 경쟁이 가장 효과적인 경제의 기초라는 신념 말이다.

그렇다, 경쟁은 존재한다. 앞 장에서 보았듯, 열역학 제2법칙은 어디에서나 작동하고 있다. 그러나 어디에나 있는 생존 투쟁에 대한 (유기체의) 반응이 경쟁만은 아니라는 것이 마굴리스의 주장이었다. 동물과 식물은 다름 아닌 공생을 통해서 박테리아로부터 진화했다. 진화는 경쟁을 통해서 일어나는 만큼이나 협동을 통해서도 일어난다는 것이 그녀의 한결같은 주장이었다.

은유의 힘

노벨경제학상 수상 경제학자 로버트 실러Robert Shiller는 저서《내러티브 경제학Narrative Economics》에서 경제에 영향을 미치는 문화적인 믿음의 힘을 강조한다. 실러는 이성의 영역과 감성의 세계 사이에는 불안정한 삼투가 이루어진다고 말한다. 유럽중앙은행은 금융위기의 여파 속에서 유로화를 안정시키기 위해 "그것이 무엇이든" 할 것이라는, 2012년 마리오 드라기Mario Draghi의 유명한 발언보다 이 현상을 더 잘 드러내는 발언도 없을 것이다. 2조 6,000억 유로라는 대규모 자산의 매입 계획과 더불어, "그것이 무엇이든"이라는 표현은 영웅주의, 희생, 불굴의 힘이라는 정신을 현실 세계에 불러냈다. 그 말은 병든 유럽 통화를 구제하고 유럽의 재정 재앙을 예방했다고 인정받고 있다. 이와 매우 유사한 언어가 이번 코로나바이러스 위기의 첫 몇 개월 간 "시장을 진정시키기" 위해 사용되었다.[5]

경제 성과란 그저 신용 사기에 불과하다는 점을, 이러한 현상이 말해준다고 한다면 어떨까? 이 생각은 어느 정도 진리인지도 모른다. 매년 다보스 포럼이라는 의식이 열리는 건 이성에 호소하기 위함보다는 서사를 통제하기 위함이다. 하지만 여기에는 더 깊고 어려운 지점이 있다. 경제학의 권위는, 아니 어떤 과학의 권위라도, 그것을 이해하고 소통할 줄 아는 우리의 능력에 의해 좌우된다. 개념적인 모델과 은유는 이 작업에 필수 요소다. 엄정한 사실과 흠결 없는 논리도 언설의 틀, 즉 우리 자신에게는 의미를, 다른 사람들에게는 일관성을 전달하는 장치인 개념 언어가 없다면, 우리에게 아무런 쓸모가 없다.

서사는 과학에서 바로 이러한 역할을 수행한다. 경제학자 디어드리 맥클로스키Deirdre McCloskey는 경제학자들이란 "이야기를 하는 사람이고 시를 짓는 사람"이라고 표명한 바 있다. 철학자 리처드 로티Richard Rorty는 "우리의 철학적 신념의 대부분을 좌우하는 것은 주장보다는 그림이고, 진술보다는 은유"라고 주장했다. 신학자 사라 맥페그Sarah McFague는 세계에 관한 우리의 모델들은 모두 "지속력을 지닌 은유들"일 뿐이라고, 그 은유들은 그저 의사소통하는 방법이 아니라 "알아가는 방법"이라고 주장했다. 지속력을 얻으려면, 그 은유들은 그 자체가 울려 퍼져야 한다. 그 은유들은 우리의 사회 세계 경험을 강화하거나, 그 경험에 의해 강화되어야 한다. 하지만 바로 이 지점이 교묘한 지점이다. 사회적 울림은 일종의 필터로 작동한다. 그것은 우리의 사회 세계와 결이 맞는 아이디어들은 채택하고, 그렇지 않은 아이디어들은 배제한다. 과학적 진리를 사회적 맥락에서 분리시킨다는 것은 거의 불가능해진다. 과학의 냉철한 객관성이란 사라지고 만다.[6]

다윈의 진화론은 이 모든 것을 말해주는 최고의 사례일 것이다. 그 중심적인 은유는 주장한다. 삶[생명]이란 언제 어디서나 가차 없는 '생존 투쟁'이라고. 이 투쟁의 열역학적인 면모(볼츠만과 관련되는 면모)는 물질 과정 중에서 다소간 정량화할 수 있는 특징일 것이다. 하지만 이 '투쟁' 자체는 어떤 객관적인 실재가 아니다. 그것은 그저 은유에 불과하다. 물론 강력한 하나의 은유. 이 은유는 믿을 만한 가치가 있어 보이는 몇몇 이미지를 자아내는데, 삶은 희소성의 세계라는 이미지, 화해 불가능한 투쟁, 끝없는 경쟁, 성공과 패배라는 불가피한 이분법이라는 이미지들이다. 하지만 그것은 여전히 하나의 은유일 뿐이다.[7]

사회적 다윈주의자들의 손에서, 이 이야기는 위험천만해진다. 또 다른 은유인 '적자 생존'을 주조한 이는 정치 이론가 허버트 스펜서Herbert Spencer였다. 삶[생명]을 투쟁으로 묘사하고 생존자에게 '자연적' 우월성을 부여함으로써, 스펜서의 이 은유는 '힘이 옳다'는 의심스러운 원칙을 진흥한다. 그것은 우생학을 위한 씨앗을 뿌렸다—20세기 내내 (물론 홀로코스트 기간에 가장 도드라졌던) 깊은 비극적 결과로 이어졌고, 오늘까지도 사회를 괴롭히는 인종주의와 외국인 혐오에서 발

견되는, 인종적 순수함을 추구한다는 원칙 말이다.[8]

다윈 그 자신도 투쟁이라는 은유에 깊이 빠졌다. 다윈은 그 이유를 토마스 맬서스Thomas R. Malthus의 유명한 저서《인구론Essay on Population》을 읽었기 때문이라고 했는데, 이 책은 인구가 그 자신을 먹여 살릴 수단을 언제나 초월해버리며, 따라서 피할 수도 줄일 수도 없는 고통을 초래할 것이라고 주장했다. 이 에세이는 19세기 초 지식사회 전반에 지대한 영향을 미치고 있었다. 이와 관련하여 다윈은 자신의 《자서전Autobiography》에서 솔직하게 쓰고 있다.

> 1838년 10월, 즉, 체계적인 연구를 시작한 지 15개월이 지난 시점에, '맬서스의 인구론'을 재미 삼아 우연찮게 읽게 되었다. 동식물의 습성에 대한 나의 오랜 관찰 덕에 생존 투쟁은 어디에나 있다는 점을 인정할 준비가 충분히 된 상태였는데, 불현듯 그러한 상황에서는 바람직한 변형은 보존되지만, 바람직하지 않은 변형은 파괴되는 경향이 있다는 생각이 떠올랐다. 그러한 경향의 결과는 새로운 종의 형성일 것이었다. 바로 여기에서 나는 마침내 하나의 이론을 얻었던 것이다.[9]

진화론의 핵심에 있는 중심적인 은유가 어느 경제학자로부터 나온 셈이다. 그냥 어느 경제학자가 아니라, 매우 구체적인 정치적 견해를, 예컨대 사회 최빈층을 굳이 도와줄 이유는 없으므로 그들에 대한 지원을 철회하자는 견해를 가졌던 한 경제학자로부터 말이다. 고통은 결코 제거할 수 없으며, 그렇다면 그러려고 노력할 필요가 있느냐는 것이 맬서스의 결론이었다. 경제학이 '음울한 학문'이라는 호칭을 얻은 것은 놀랄 일도 아니었다. 모든 면에서 맬서스가 얼마나 잘못되었는지에 관해서는 널리 지적돼왔다. 하지만 경제를 투쟁의 불가피성과 동궤의 것으로 본 그의 생각은 빅토리아 시대의 매우 보편적인 밈으로 발전하게 된다.[10]

작가들은 자연에서 제 힘을 발휘하는 학살을 묘사하기 위해 고군분투했다. 앨프리드 테니슨 경Alfred Lord Tennyson은 '빅토리아 시대의 결정적인 시'로도 묘사되었던 한 작품에서 '이와 발톱에 피가 선연한 자연'의 무참한 야만성을 탄식했다. 본디 〈사회의 기원The Origin of Society〉이라고 불렸고, 저자 사후에는 〈자연의 사원The Temple of Nature〉이라는 제목으로 출간된 또 다른 긴 '과학적인 시'는 이렇게 공언했다.

대기, 대지, 그리고 바다, 놀라운 날에
피가 튀는 한 장면, 어느 대단한 무덤의 전시!
기아의 팔에서 죽음의 장대들이 던져진다
그리고 하나의 거대한 도살장인 전쟁하는 세계![11]

이 시를 쓴 사람은 찰스 다윈의 친할아버지 에라스무스 다윈Erasmus Darwin이었다.

삶 자체가 '더럽고 흉포하고 짧다'는 생각은 새로운 것이 아니다. 150년 전, 토마스 홉스Thomas Hobbes는 '자연 상태'에 남겨졌을 때 사회는 '만인에 대한 만인의 전쟁'에 불과하다고 주장했었다. 홉스의 《리바이어던Leviathan》은 정치 사상의 발전에 지대한 영향을 미쳤는

데, 9장에서 다시 이것을 논하려 한다. 그런데 현실은 1600년대 중반 이 책이 쓰였을 때, 국가의 절반이 나머지 절반과 문자 그대로 전쟁 중이었고 이렇게 된 것은 어느 한쪽 잘못 탓은 아니었다는 것이다. 영국 내전은 군주제와 의회 권력 간의 보기 흉한 권력 투쟁이었을 뿐이다. 홉스의 저 은유는 그 자신이 속했던 사회 세계에서 파생되었던 것이다. 1790년 스웨덴 식물학자 린네Linnaeus는 자신이 쓴 팸플릿에서 토씨 하나 안 바꾸고 이 은유를 똑같이 써먹었는데, 맬서스와 다윈 모두 이 팸플릿을 읽었음이 분명하다.[12]

은유는 과학과 공범 관계다. 철학자 토마스 쿤Thomas Kuhn이 지적한 바 있듯, '육안'이란 것은 없다. 우리는 우리 고유의 특정한 문화적 렌즈를 통해서 이 세계를 바라본다. 19세기에 자연을 볼 때 과학자들이 착용했던 렌즈는, 빠르게 성장하는, 잔인할 만큼 파괴적인 형태의 자본주의에 의해 회복 불능 수준으로 염색된 렌즈였다. 그 당시 자본주의는 거대한 사회적 불평등과 끔찍한 노동 조건을 그리고 광대한 인간 집단이 땅과 정치 권력과 경제적 자급 상태라는 권리를 박탈당하는 사태를 야기하고 있었다.[13]

역사학자 테오도어 로작Theodore Roszak은 "다윈은 정글의 정신을 문명화된 사회에 적용하려 하지 않았다"고 썼다. "반대로 다윈은 산업 자본주의의 정신을 정글에 적용하며, 모든 삶을 초기 공장 지대에서 일어났던 상태, 즉 악독한 '생존 투쟁'으로 봐야만 한다고 결론지었다."[14]

자본주의는 우리의 자연관에 색을 입혔다. 그러나 일단 다윈이 자기 편의대로 사용하자, 저 '투쟁' 은유는 자본주의에 새로운 권위를 입혔다. 보라! 바로 이것이 자연에서 사건이 일어나는 방식이다. 희소성은 투쟁을 낳는다. 틀림없다! 투쟁은 경쟁을 정당화한다. 경쟁은 약자를 제거하고 적자가 생존하도록 한다. 이것은 불가피할 뿐 아니라 이익을 창출한다. 이기적인 행태는 적응력이 있다. 그 행태를 한층 더 북돋아주자. 돈 무더기의 꼭대기에 이르려는 끝없고 꼴사나운 돌진은 성장을 위한 욕망이 정당화해준다. 자연은 (다시 말하지만) 자본주의의 변호사가 되는 것이다.

물질적 부족함이 있을 때는 성장이 중요하다. 우리는 이것을 분명히 확인했다. 그렇다면 어느 지점까지는, 이 원칙은 부분적으로 효과를 낼 수 있을 것이다. 골칫거리는 그 지점이 어딘지를 알아내는 것 그리고 그곳에 도착했을 때 어떻게 멈출지를 알아내는 것이다. 자본주의는 이 두 가지 점에서 모두 실패했다. 자본주의는 자연에 대한 선입관에서 빌려온 게임의 규칙들을 수립했고, 그것들을 시장에 폭압적으로 적용시켰다.

동시에, 자본주의는 자연환경을 보호하는 데 실패했다. 자본주의는 사회를 보호하는 데 실패했다. 자본주의는 자신의 금융 시스템에 빈틈을 남겼다. 그리고 자본주의는 지난 100년간 적어도 두 차례 휘청거리며 거대하고 파괴적인 경제 위기 상태로 빠져들었다. 아직 우리는 2차 위기에서 회복되지 못했고, 이미 3차 위기를 마주하고 있다. 하지만 사실은, 1차 위기로부터의 가르침도 아직 우리는 얻지 못했다. 이 가르침 역시 현재 우리가 다윈주의적 은유에 지나치게 의존해 있다는 사실을 말해준다.

반짝이는 상賞

1929년의 주식 시장 붕괴로 촉발된 대공황은 어느 정도는 정확하게 '과잉 생산의 위기'라고 지칭되어왔다. 석유와 석탄을 동력으로 한 기술 혁신은 엄청난 생산량 증대를 야기했는데, 우리의 생산 능력이 상품에 대한 욕망을 앞지를 정도로 그러했다. 공급은 넘쳐났지만 수요가 부족했다. 가격이 하락했고 신용이 곤두박질쳤다. 투자가 둔화되었고 실업률이 치솟았다. 그리고 세계 경제를 원래 궤도에 올려놓기까지는 15년이 (그리고 제2차 세계대전의 군사 지출이) 소요되었다.[15]

그 당시 우리는 인간에게 정말로 필요한 것이 무엇인지에 관해, 또 생산을 가장 잘 조직하는 방법에 관해 더 깊이 성찰했을 수도 있었을 것이다. 편협하게 정의된 생산성에 대한 우리의 집착을 좀 더 비판적으로 바라봤을 수도 있었을 것이다. 그러나 반대로 자본주의의 대응법은 욕망을 자극하는 것이었다. 다시는 부족한 수요로 고통받지 말아야 한다. 그리하여 상품이 아닌 욕망을 제조하기 위해 설계된 완전히 새로운 산업이 등장하게 된다. 자본주의가 성장 동력을 유지하려면 필요한 수요를 자극하기 위해서였다. 자신의 명분을 강화하려고 자본주의는 또 하나의 은유를 끌어왔는데, 그것은 당시 부상하던 '진화 심리학'에서 차용한 것으로, 다름 아닌 인간 욕망의 만족 불가능성이었다.[16]

이 반전의 사건에서 가장 경이로운 것은, 이 사건이 밀Mill의 공리주의를 완전히 뒤집어 놓은 방식이었다. 전후 소비 자본주의는 행복이 아니라 불만족을 기회로 삼았다. 구매 후의 부조화는, 최근의 구매가 애초 약속된 것을 채우지 못함을 알아차릴 때 우리가 때로 느끼는 실망감을 묘사할 경우에 사용되는, 심리학자들의 한 표현이다. 첫눈에, 이것은 단지 흥미로운 비정상 상태일 뿐이다. 하지만 더 깊이 생각해보면, 이것의 실체가 소비주의의 성공을 위한 구조적 기반이라는 사실이 드러난다. 소비 사회의 동력은 불만족인 것이다.[17]

이러한 주장은 단순히 수사적인 주장이 아니다. 소비주의의 좀 더 과시적인 매력을 생각해보자. 우리를 계속해서 쇼핑하게 만드는 새롭고 신나는 상품의 끝없는 행렬, 그 반짝임과 화려함을. 자본주의의 고동치는 심장에는 새로움이 또아리를 틀고 있다. 혁신은 기업에게 생명과도 같다. 조지프 슘페터Joseph Schumpeter는 혁신을 창조적 파괴라고 불렀다. 즉, 새것을 선호하며 옛것을 계속해서 폐기하는 것. 새 시장을, 그 시장을 채울 신상품을 위한 사업을 끊임없이 추구하는 것. 바로 이것이 혁신과 생산성이 가져다줄 보상들이다.

이것이 효과를 보려면, 새로움이 인간의 마음에서 중추적인 위치를 점해야만 했다. 마케터들은 우리가 얼마나 새로운 것들을 사랑하는지만을 우리에게 설득해야 했다. 분명, 그들은 열린 문을 밀고 있었다. 물론 인간의 심리에는 새로움에 대한 실제적인 욕망이 존재한다. 눈에 띄는 소비는 지위와 권력을 의미한다. 하지만 새로움은 희망의 신호이기도 하다. 새로움은 우리 자신과 우리의 아이들을 위한 더 밝고 빛나는 세상을 약속해준다. 소비주의는 바로 이 약속의 땅에서 번성한다. 광고인의 일은 우리가 이 점을 절대 잊지 않도록 하는 것이다.[18]

소비주의가 우리에게 내놓을 수 있는 가장 빛나는 상賞은 불멸 그 자체에 대한 약속이다. 즉, 상상할 수 있는 그 어떤 것에서도 부족함이나 모자람이나 결핍이 전혀 없는 지상 낙원에 대한 약속. "인간이란 죽음에 이르는 하나의 짐승이지. 만일 그에게 돈이 있다면, 그는 사고, 사고, 또 살 거야." 테네시 윌리엄스Tennessee Williams의 희곡《뜨거운 양철지붕 위의 고양이Cat on a Hot Tin Roof》의 빅 대디는 이렇게 말한다. "그리고 내 생각에는, 살 수 있는 모든 것을 그가 사는 이유는 그의 마음 한구석에 자신의 구매품 중 하나가 영원불멸의 삶일 거라는 광적인 희망이 있기 때문이야." 문득 우리는 강력한 사회적 논리의 손아귀 안에 있는 우리 자신을 발견하게 된다. 한편에서는 경제 체제가, 다른 한편에서는 인간 심리가 소비주의라는 '철창' 안으로 우리를 구속한다.[19]

반짝반짝 빛나는 표면상의 첫 균열은 이 시스템 자체가 불안과 걱정에 뿌리를 두고 있다는 자각과 더불어 나타난다. 애덤 스미스는 이 불안과 걱정을 "수치로부터 자유로운 삶"을 위한 욕망이라고 불렀다. 소비자의 필요를 크게 늘리는 것은 수치심이다. 광고인들은 오직 이 점만을 너무도 잘 알고 있다. 이들은 잘못 이해된 수치스러움이라는 힘을 가지고 논다. "당신의 차(집, 휴일, 노트북, 화장실 휴지…)가 당신에 대해 말해주는 것은 무엇인가?"라고 이들은 묻는다. 하지만 훨씬 더 유혹적인 방식으로 묻는다. 스미스 시대에는, 지금보다 훨씬 덜 비싼 상품 세트로도 수치심을 피할 수 있었다. 스미스는 소박한 린넨 셔츠를 언급하며 자신의 주장을 펼친다. "이런 셔츠가 없다는 것은, 극악한 행실을 범하지 않았다면 그 누구도 빠질 수 없다고 생각될 정도의 수치스러운 가난을 나타내는 것이 될 것이다." 오늘날 장바구니는 엄청난 크기로 커졌고, 패스트카, 패스트푸드, 패스트섹스, 패스트

패션 같은 현 시스템이 작동하려면 실제로 그래야만 한다. 혁신이 만든 이러한 결실에 대한 탐욕을 우리가 멈추는 일이 만에 하나 벌어진다면, 경제는 망가지기 시작할 것이다. 실업률은 증가하고 불안정이 손짓할 것이다.[20]

자본주의가 살아남으려면 불안과 걱정이 노골적 불만족으로 뒤바뀌어야 하는 이유가 바로 이것이다. 불만족이야말로 우리의 끊임없는 소비 욕구를 자극하는 동기다. 소비자를 위한 상품들은 천국을 약속해야만 한다. 그러나 그 상품들은 체계적으로 그 약속의 실현에 실패해야 한다. 그것들은, 심리학자들이 말하듯 가끔 그런 것이 아니라, 반복해서 우리에게 실망감을 주어야만 한다. 소비 사회의 성공은 우리 소비자들의 필요를 만족시키는 것이 아니라 지속적으로 우리를 실망시키는 그 멋진 능력에 있는 것이다.[21]

처음 들으면, 이러한 생각은 어둡고 절망적인 결론처럼 들릴지도 모르겠지만 나는 그렇게 생각하지 않는다. 이러한 생각은 소비주의가 하나의 구성물일 뿐이고 언제나 구성물이었다는 핵심적인 인식일 뿐이다. 소비주의란 이빨 요정*보다 실감 나는 것은 아닌, 어떤 이야기의 필수 요소일 뿐이다. 또한 사회적으로 건축된 어떤 신화를 영속시키기 위해 성장의 설계자들이 우리에게 판매한, 별나지만 실현은 불가능한 꿈일 뿐이다. "우리의 거대한 생산 경제는, 소비를 우리의 삶의 방식으로 만들 것을 요구한다." 소비시장 분석가 빅터 르보우

---

* tooth fairy. 영미권의 설화에 나오는 요정으로, 아이들의 빠진 이빨을 가져가는 대신 새로운 이빨이나 돈을 가져다주는 요정이다.

Victor Lebow는 1950년대에 이렇게 썼다. 왜냐하면 "우리에게는 끝없이 빨라지는 속도로 소비되고, 불태워지고, 낡아지고, 교체되고, 폐기되는 것들이 필요하기 때문이다." [22]

투쟁인 자연, 경쟁인 이윤, 만족할 수 없는 것인 소비—바로 이것이 다윈주의 자본주의의 불경한 삼위일체다. 이것은 실재하는 삶일까? 아니면 그저 경제 교리가 횡행하는 사막 안의 신기루일 뿐일까? 기껏해야 이것은 역사적 우연의 산물일 뿐이다. 또한 이것은 자연에 대한 우리의 은유에 영향을 미쳤고 우리의 자연관을 빚어냈던 사회적 맥락, 딱 그만큼만 실재적이다. 이러한 상대적 차이를 인식하는 것이야말로 우리 자신이 만들어낸 역기능적인 감옥에서 우리를 구속하고 있는 사슬을 느슨하게 하는 것이다. 바로 이 지점에서 우리는 왜 소비주의가 결국엔 무너져야 하는지, 어떻게 소비주의를 대체할지 알아가는 일을 시작할 수 있다. 그리고 그 알아가는 과정의 출발점 역시 은유일 것이다.

경쟁의 한계

경쟁적 투쟁은 희소성에 대해 유일하게 가능한 대책은 아니다. 그것은 그저 우연히 자본주의 내부에 구축된 하나의 대응책일 뿐이다. 경쟁적 투쟁은 자연에 대한 하나의 은유가 정당화해주는데, 그 은유라는 것 역시 자본주의적 렌즈를 통해 파생된 것이다. 하지만 이러한 것은 전부 이야기 짜기일 뿐이다. 말해져야만 하는 또 다른, 더 풍요로운 이야기는 따로 있다. 린 마굴리스는 바로 이 이야기를 하는 데 자신의 인생을 바쳤다.

그녀가 젊은 연구 학생이었을 당시, 진화론 학계는 신다윈주의가 지배하고 있었다. 신다윈주의는 다윈의 연구와, 모라바Moravia* 출신 과학자 그레고어 멘델Gregor Mendel의 유전학을 불안하게 합성한 산물이다. 다윈은 진화를 점진적 변화의 과정으로 봤다. 멘델은 유전을 고정된 특성들의 이전으로 봤다. 어떻게 고정된 특성들의 지속적 이전이 오늘날 우리가 일어났다고 알고 있는 거대한 진화적 변화를 야기했던 걸까? 젊은 마굴리스가 자신에게 던졌던 질문이었다. 신다윈주의라는 합성물의 주장에 의하면, 자연선택 과정을 통해 새로운 종이 출현하도록 한 동력은 유전자 코드상의 우연한 돌연변이 즉, '이기적' 유전자들의 생존 투쟁이었다. 전적인 우연, 가차 없는 경쟁이 진보에 대한 지배적인 은유였다.[23]

마굴리스에게 이 모든 이야기는 만족스럽지 못했다. 그녀는 계속 묻곤 했다. 그러한 주장의 경험적인 증거가 어디에 있는지를. 예를 들어, 초파리의 유전자 코드에서 돌연변이를 유도하는 행위는 실험실이라는 여건에서는 가능했다. 문제는 이러한 돌연변이가, 그 종의 진화적인 향상이 아니라 초파리들의 질병이나 죽음으로만 귀결되었다는 것이다. 완전히 새로운 종으로 귀결되는 경우도 적었다. 젊은 날 위스콘신에서 공생이라는 비주류적 생각을 만난 이후, 마굴리스는 완전히 다른 방향으로 이끌려갔다.

---

* 영어로는 Moravia라고 하고 체코어로는 Morava라고 한다. 현재는 체코 동부 지역의 명칭이지만, 체코 영토 넘어 슬로바키아, 헝가리, 폴란드, 우크라이나 등지에 걸쳐 있었던 적도 있다. 후설, 프로이트, 괴델, 슘페터, 밀란 쿤데라 등이 모라바 출신이다.

새포내공생endosymbiosis에 관한 획기적인 논문을 발표했을 때, 마굴리스는 아직 20대였다. 새포내공생이란 한 종류의 박테리아가 다른 종류의 박테리아 내부에 거주하면서 제3의, 더 복잡한 진핵 세포를 형성하는 생물학적 과정이다. 마굴리스가 이어서 보여주었듯, 이 공생적 협력이야말로 지구상의 다른 모든 생물의 진화를 위한 출발점이었다. 식물과 동물과 인간, 우리는 모두 박테리아 간의 진화적 결합으로 인해 생겨난 뜻밖의 결과물들이다. 이와 같은 전승의 내용물이 우리 몸의 세포 하나하나에 암호처럼 각인되어 있다. 우리는 이 내용물을 사용하여 신진대사를 하고, 성장하고, 생식한다. "우리는 걸어 다니는 공동체들이지요." 마굴리스는 이렇게 말했다. "우리 신체 무게의 10% 이상이 박테리아인데, 이들을 무시한다는 것은 어리석은 짓일 뿐이지요."[24]

진화는 신다윈주의자들이 말하는 것처럼 가차 없는 생존 투쟁이 아니라고 마굴리스는 주장했다. 단세포 박테리아가 모여 진핵 세포를 만들어냈을 때, 이들은 그저 함께 생존하는 법을 찾아낸 것이 아니었다. 이들은 지구상 모든 생물을 위한 기초를 제공했다. 공생이 없었다면, 우리는 지금 이곳에 있지도 않을 것이다. 새로운 종이란 일종의 콜라보 작업이다. 진화는, 변해가는 삶의 환경에 대한 협동적 대응 과정에서 발생한다. 협력은 우리의 생존에 절대적으로 긴요한 역할을 수행했다.

자연에는 투쟁이 있다. 죽음이, 약탈이, 희소성이 있다. 어떤 경우, 생존 투쟁은 생사를 건 극한의 싸움이다. 포식자와 피식자 간 경쟁은 실제적인 것이다. 하지만 경쟁만이 유일한 대응인 것은 아니다.

그리고 경쟁만이 유일한 대응이라는 믿음으로 인해 우리는 처참하게 길을 잃고 말았다.

우리의 경제·사회 제도 내부에 경쟁을 절대 가치로 박아넣는 것은 은유를 현실로 착각하는 것이다. 이것은 위험천만한 착각이다. 이 착각은 "자본주의 교리 내부에 조사되지 않은 상태로 남아있는 핵심적 사각지대이다." (경쟁법[반독점법] 전문) 변호사 미셸 미거Michelle Meagher는 자유 시장 신화를 멋지게 폭로한《경쟁이 우리를 죽이고 있다Competition Is Killing Us》에서 이렇게 쓰고 있다. "우리는, 지금 우리가 우리를 절벽 끝으로 몰아대고 있는 망가진 신념 체계의 지배하에 있다는 인식에 따라 행동해야 한다"고 그녀는 주장한다.[25]

만일 우리가 협동보다는 경쟁을, 임금보다는 이윤을, 질보다는 양을, 내일의 안전보다는 오늘의 소비를 체계적으로 우선시하는 일련의 규칙과 제도를 확정적인 것으로 만들어버리게 되면, 언제 멈춰야 할지를 알아냈을 때는 이미 늦은 시점이 되고, 멈추는 것 역시 너무나도 어려워진다. 그때 우리는 탐욕과 필요 간의 말끔한 구별을 허용하지 않는, 경제가 통제 불능 상태일 때 가장 조잡한 지렛대만을 제공할 뿐인 어떤 경제 시스템에 갇혀버리게 된다.[26]

가이아는 거친 암캐

만일 경쟁 전체를 모두 없애버린다면, 우리는 더 나은 삶을 살아가게 될까? 아니라면, 개척 정신이 해야 할 역할이 아직 남아있는 걸까? 물론, 경쟁은 때로 우리 안의 최고를 끌어낼 수 있다. 경쟁은 우리에게 타자에 대한 존중을 가르쳐 줄 수 있고, 성취감을 제공할 수 있다. 스포츠인들의 기량, 예술적인 노력, 무예의 엄정함—이 모든 것이 경쟁이 제공해주는 혜택을 방증한다. 때로 예상 밖의 사건에 대처하는 우리의 능력 역시 그러하다. 엘렌 맥아더가 남극해에서 그랬던 것처럼. 또는 린 마굴리스가 진화에 대한 우리의 이해를 전복했던 것처럼.

인생 경력 초반기에 마굴리스는 영국 과학자 제임스 러브록 James Loverock과 팀을 이루어 가이아 이론의 확장과 해명을 도왔다. 러브록의 가이아 이론은, 지구상의 역동적 생명 환경이 모든 살아 있는 거주자들의 총합에 의해 조절된다는 가설이었다. 가이아(Gaia, 어머니 지구를 지칭하는 고대 그리스어)라는 이름은 《파리 대왕Lord of the Flies》을 쓴 소설가 윌리엄 골딩William Golding이 러브록에게 제안한 것이었다. 복잡한 이론을 보다 많은 청중에게 전달하기 위한 은유로서 의도된 이름이었다. 그리고 그 목표에서는 확실히 성공적인 이름이었다.

러브록은 하나의 행성 유기체로서 존재하는 가이아를 생각해냈다. 이러한 생각은 만사가 평안하도록 보장하는 자비의 여신 같은 존재에 의해 지구가 조절되고 있다는 대중의 생각을 부추겼다. 마굴리스는 이러한 이미지가 잘못됐다고 생각했다. 가이아는 하나의 유기체가 아니라고 그녀는 말했다. 유기체는 자신의 배설물을 먹지는 않는다고 그녀는 지적했다. 또한 가이아는 자비롭지도 않다. "가이아가 귀엽고 잔털로 뒤덮인 인간들의 세계를 위한 지구의 여신이기를 원하는 이들이라면, 그런 생각에서 위안을 찾지 말아야 한다"고 그녀는 주장했다. "가이아는 거친 암캐이지요— 30억 년이 넘는 세월 동안 인류 없이 작동해 온 시스템이지요."[27]

　마굴리스는 보송보송한 느낌의, 장미빛 낙관주의자가 아니었다. 협동이 진화에 필수 요소임을 그녀가 밝힌 것은 사실이나 그것이 곧, 이 세계가 따뜻하고, 아늑하고, 언제까지나 협력이 통하는 장소라는 의미인 것은 아니다. 마굴리스 자신은 이에 관해 확고한 입장이었다. 지구의 균형에 대한 가이아의 관심은 인간들의 문제에 대한 가이아의 자비로운 감독과는 거의 또는 전혀 무관하다. 잘못 만들어진 은유는 또 다른 은유를 만들어 바로잡힐 수 있는 것이 아니다.

　지금 우리가 처한 곳 역시 이와 유사하다. 좋은 삶은 극단적인 것과는 관련이 없다. 좋은 삶은 덕virtue과 관련된 것이다. 덕은 과잉이 아니라 균형과 관련 있다. 가장 적응력 높은 우리의 전략은, 협동이라는 가치를 희생하지 않으면서도 경쟁을 위한 자리를 유지하는 전략일 것이다. 또한 위험에 대한 모든 대응에서 전투나 도주만을 선택하지는 않으면서도, 투쟁을 인정하는 전략일 것이다. 서로를 돌보는 우리에게 긴요한 친밀성을 잃지 않으면서도, 개척 정신을 명예롭게 생각하는 전략일 것이다. 한계와 마주치는 상황 속에서 무력과 무지를 붙든 채 힘으로 한계를 제압하려고 하기보다는, 용기와 창의력과 기술에 의지해 한계에 적응할 가능성은 우리에게 언제나 열려 있다.

　이제 우리는 포터 헤이검에 있는 다리로 돌아왔다. 지금 우리는 선택해야만 하는 상황에 직면해 있다. 적응하고 번성할 것인가, 몸부림치다 실패할 것인가. 포스트 성장이라는 선택지는 명백하다. 만일 한계를 우리의 스승으로 모신다면, 우리는 그 스승의 지혜를 따라 인간으로서 우리가 지닌 잠재능력의 완전한 개화를 향해 나아갈 기회를 얻게 될 것이다.

탁월한 은유

이러한 선택지에 어떻게 접근할 것인가? 이 문제는 우리의 마음을 움직이는 가치가 무엇이냐에 달려 있다. 우리는 변화에 우리의 마음을 열어두고 있나? 우리는 전통을 소중히 생각하는가? 우리를 움직이게 하는 것은 성취인가? 우리의 마음을 움직이는 것은 타자들에 대한 관심인가? 이 모든 주제는 인간 영혼이 무엇인지를 알려준다. 또한 이 주제들은 서로 흥미진진한 관계를 맺고 있는데, 심리학자 샬롬 슈워츠Shalom Schwartz의 연구는 이 점을 밝혀준다. 수십 년에 걸친 연구에서 슈워츠는 인간 심리상의 뚜렷한 두 가지 긴장으로써 인간이 중시하는 가치를 규정할 수 있음을 보여주었다. (그림 2)

첫 번째 긴장은 자아와 타자 간의 긴장이다. 우리는 이기적 행태와 이타적 행태 사이에서 고민을 거듭한다. 두 가지 모두 오랜 세월에 걸쳐 인간 안에서 진화했다. 자기 보존 행위는 전투하거나 도주하는 상황에서 우리를 잘 살렸다. 하지만 타자에 대한 관심은 사회적 존재로서의 우리의 진화에 근본적으로 중요했다. 이 가치는 여전히 우리의 육아관, 돌봄관에 핵심적으로 중요하다. 이 가치가 공동체와 연대의 토대다.

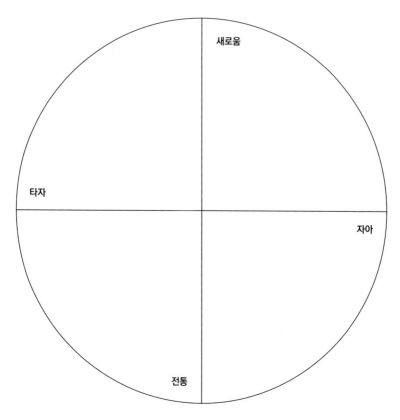

그림 2 인간이 중시하는 가치에 관한 슈워츠의 '원형종합'을 단순하게 재현한 형태

　동일한 긴장은 발달 심리학 안에서도 잘 알려진 것이다. 차별화와 귀속이 인간의 어린 시절의 경험을 빚어낸다. 아이였을 때 우리는 자기 아닌 다른 사람들에게 완전히 의존하며 삶을 시작한다. 얼마 지나지 않아 우리는 우리 자신을 부모로부터 분리하고, 형제자매로부터 구별하기를 원하기 시작한다. 하지만 성인이 되어서도 우리는 계속해서, 어딘가에 소속될 필요를, 안전에 대한 열망을, 존경받을 만한 사회적 위치에 대한 갈망을 경험한다.[28]

두 번째 긴장은 새로움과 전통 간의 긴장이다. 앞서 우리는 새로 움에 대한 욕망이 소비 자본주의에 어떤 식으로 결정적인 역할을 수 행하는지 살펴봤다. 마케터들은 소비자 수요를 유지하고 자극하려는 목적에서 인간 행태의 이러한 면모를 끊임없이 부당하게 이용한다. 기업가들이 혁신을 거듭하고 소비자들이 새로움을 갈망하는 한, 어떤 '선순환 회로'가 확장적 발전의 힘을 만들어내고, 이 힘이 성장을 촉진 한다. 새로움을 추구하는 행동은 정확히 이런 이유에서 계속해서 보 상되고 장려된다.

새로움의 추구, 그 자체가 잘못된 행동인 것은 아니다. 진화론적 의미에서, 새로움의 추구는 분명 적응에 도움이 된다. 그러한 추구 덕 분에 우리는 희소성이라는 문제를 해결했고, 삶에 우호적인 환경을 조성했다. 또한 급변하는 여건에 신속하게 대응할 수 있는 사회 시스 템을 발전시킬 수 있었다. 하지만 어떤 상황에서도 새로움만을 추구 하는 것은 언제나 적응에 도움이 되는 것은 아니다. 에너지·물질 소 비의 속도를 높이는 그 역할과는 별개로, 새로움은 위험을 수반한다. 혁신은 언제나 성공적인 것은 아니며, 종종 교란 작용을 하기도 한다. 지속적인 교란 작용은, 가족을 부양하고 결속력 있는 사회 집단을 형 성하는 데 필요한 안정성을 훼손한다. 반대편에 있는 가치들인 보존 과 전통은 인간 사회의 성공에 필수 요소다.

달리 말해, 인간 심리에 있는 이 두 가지의 뚜렷한 긴장이 진화한 데는 심오한, 생물학적 이유들이 있다. 그렇다면, 상반된 가치들 사이 의 건강한 균형과 인간 번영이 서로 관련돼 있다고 생각하는 것이 합 리적이다. 아리스토텔레스가 말한 '덕이 있는' 가치 지향, 즉 각 심리적 긴장의 두 극단 사이에서 훌륭한 균형을 이루어내는 가치 지향을 이야기해본다는 것은 충분히 의미 있다. 아니면 상황이 요구한다면, 저 '원형종합'의 선 안에서 원활하게, 때에 따라 반응하며 움직이는 가치 지향을.

이상적인 세계를 가정한다면, 이것이 바로 변모하는 상황들에 적응해내는 진정으로 회복력 있는 사회를 빚어낼 유연성일 것이다. 하지만 이것은 오늘날 우리의 경제가 작동하는 방식은 결코 아니다. 사실, 슈워츠의 '인간 심리 지도'는 너무나도 분명하게 자본주의의 핵심적 기능 장애를 이해하게 해준다. 다원주의적 은유를 맹목적으로 따르면서 우리는 인간의 마음 안에 있는 하나의 사분원에만 체계적으로 특권을 부여하는 경제 모델을 조형해냈다. 이기적이고, 새로움을 추구하는 쾌락주의자(그림 2의 오른쪽 상단 사분원)야말로 가차 없이 경쟁적인 기업에 완벽한 동반자인 것이다. 이 시스템은 물질적 성장을 가속화하기에는 훌륭한 시스템이지만, 장기간 지속되는 진정한 번영과 함께하기에는 형편없는 시스템이다.

같은 이유로, 지금 우리가 나아가야 할 길은 훨씬 더 분명한 것처럼 보인다. 그 길은 인간의 본성을 바꾸자는 어떤 영웅적인 요구가 아니다. 또한 인간의 가능성을 축소하자는 요구도 아니다. 그 길은 들어야 할 다른 색채의 이야기가 있다는 사실을 깨닫는 것과 관련이 있다. 인간 영혼의 넓이와 깊이를 인정하는 어떤 이야기, 새로움을 향한 우리의 욕망만이 아니라 우리가 전통과 친화하는 이유도 말해주는 어떤 이야기, 진화한 생물로서 우리의 뿌리가 생존 투쟁 시의 태생적인 협력에 있음을 인정하는 어떤 이야기, 덜 인간적인 인간이 아니라 더 온전한 인간이 될 아찔한 자유를 우리에게 주는 어떤 이야기가.

곰 대처법

물론 경쟁이라는 대응 행동은 우리 안에 깊이 각인되어 있다. 단지 유전에 의해서 그런 것만도 아니다. 산을 걷고 있는 어느 두 사람이 곰과 마주치는 상황이 있다. 한 명은 즉시 배낭을 뒤져 운동화를 꺼내어 신었다. "뭐 하려고 그렇게 하는 거지? 넌 절대로 곰보다 빨리 달릴 수는 없어." 운동화를 신은 쪽은 이렇게 대답한다. "내가 곰을 앞지를 필요는 없어. 난 그저 너를 앞지르기만 하면 돼." 이 농담은 당신이 이와 같은 상황에 처할 때 취할 수 있는 최악의 대응 행동법의 일부를 보여준다. 훨씬 더 나은 행동법도 나와 있다. 그 목록 상단에는 이렇게 써 있다―도망가지 말라, 먹잇감처럼 굴고 있는 거다. 근처로 다가오면 당황하지 말고 침착함을 유지하라.[29]

물론 행동하기보다는 말하기가 훨씬 더 쉬운 법이다. '전투 아니면 도주'는 우리의 신경화학 체계에 암호화되어 있다. 인지된 위협에 대한 대응으로, 우리의 '교감 신경계'는 빠르고 공격적인 행동을 하도록 우리의 몸을 준비시키는 신속하고 무의식적인 대응을 만들어낸다. 호르몬이 홍수처럼 방출되어 우리의 에너지 레벨을 조절하는 모든 장기에 신호를 보낸다. 인슐린 분비는 억제되고 글리코겐 분비는 증가하여, 다량의 포도당을 혈관으로 방출한다. 심박수가 증가하고, 여분의 피가 근육으로 이동한다. 더 많은 산소를 뇌로 보내면서, 우리는 더 빨리 호흡하기 시작한다. 긴급하지 않은 신체 기능은 잠시 중단

되고, 그리하여 우리가 가진 모든 자원은 당면 위협에 맞서는 데 전념할 수 있게 된다.[30]

이 각성 반응은 너무도 신속히 일어나서, 흔히 우리는 그것을 거의 알아차리지 못한다. 우리는 그 어떤 의도도 의식적으로 조형하지 않은 채로, 자동적으로 뭔가를 피하려고 몸을 숙이고, 뭔가를 잡으려고 손을 뻗고, 위험 상황에 있는 아이에게 경고하려고 소리 지르게 되는 것이다. 교감 신경계의 이러한 반응은 우리가 소중히 여기는 가치들 그리고 우리의 식욕이 그랬던 것처럼 진화된 것이다. 인간의 신경계는 물리적 위험의 성격이 꽤 분명했던 시기에, 즉 그 위험이 긴박하고 치명적이었던 시기에 형성되었다.

일단 위험이 지나가고 나면, '부교감 신경계'가 작동한다. 심장 박동을 줄이고, 호흡을 진정시키며, 인슐린을 혈관으로 방출하는 것이다. 이 냉각 메커니즘은 각성 메커니즘만큼이나 중요하다. 장시간 각성 상태를 유지하는 행동은 인체에 엄청난 육체적 피로를 자아낸다. 핵심 장기에 커다란 스트레스를 주고, 긴장 없이 휴식하는 능력을 감손시키며, 장기적으로는 만성 스트레스, 병적 상태, 우울증이 발생할 여건을 조성한다. 이러한 경향이 오늘날 우리 앞에 있는 신체적 · 정신적 건강의 위기를 일부나마 설명해줄 수 있을까?

현대 사회는 스트레스라는 기반 위에 서 있다. 고용 불안, 기업 간 경쟁, 시도 때도 없는 사회적 비교라는 기반 위에. 잠시 쇼핑에 나서 보자. 나는 최고의 의도를 품고 출발한다. 다음 주에 여동생이 결혼을 하고, 결혼식장에서 나는 최상의 외모를 선보이고 싶다. 백화점 문을 통해 나는 밝은 조명, 신나는 음악에 부딪힌다. 곧이어 첫 번째 거울과 마주친다. 근처에 서 있는 것은 그렇게 보이기 위해 스스로 미친 짓을 한, 불가능하다 싶을 정도로 완벽한 실물 크기 모델이다. 하지만 나는 알아서는 안 되고, 알라는 요청을 받지도 않는다. 나는 그저 나 자신과 비교해보라는 요청을 받을 뿐이다. 가능한 한 자학적인 시각에서.

나도 모르는 사이에, 내 스트레스 레벨은 상승한다. 코티솔이 신경계를 통해 퍼진다. 합리적 의사 결정 능력은 낮아지고, 다급하다는 느낌은 점점 더 빨라진다. 만일 한창 세일 중이라면, 나는 가장 좋은 상품을 찾느라 허둥대고 있을 것이다. 설혹 더 조용하고 편안한 환경일지라도, 명민한 상품 배치와 잠재의식을 건드리는 메시지 전달이 끈질기게 나를 구매 행위로 인도할 것이다. 온라인 쇼핑은 이에 못지않게 극도의 흥분을 위해 설계되어 있다.

불안에 차 있고 지나치게 활동적인 소비자는 우리의 성장 집착이 초래한 필연의 결과물이다. 쇼핑이 사람들을 직장에서 계속 일하게 한다고, 우리는 듣는다. 또한 쇼핑이 주주들의 주머니를 채울 것이고, 당연히 정부가 세금을 거머쥐도록 해줄 것이라고. 쇼핑이 경제를 계속해서 성장하게 한다고.

하지만 나 자신이 아닌 다른 사람인 척은 이제 그만두자. 가족의 결혼식을 위해 최상의 외모를 갖추려는 단순한 행동으로 빚어진 스트레스는 삶에서 계속 지속되는 행복과는 거의 무관하다. 그것은 이윤을 극대화하기 위해 우리의 신경계를 조작하려는 결정적인 전략일 뿐이다. 또한 그것은 장기적인 만족감으로 이어지도록 설계되지도 않았다. 이미 우리가 살펴봤지만, 그렇게 설계되지 않은 것이 경제에는 훨씬 더 좋다.

이런 식의 경쟁은 훨씬 더 치명적인 결과로 이어지고 있다. 소득이나 심지어 행복에만 국한되지는 않는 사회적 불평등을 자아내고 있는 것이다. 신경화학적 수준에서 손상이 일어나고 있다. "덜 (잘 사는), 덜 교육받은, 더 스트레스 받는 인구 집단과 잘 사는 사람들은, 동일한 신경 보상 체계에 의존하며 산다." 신경과학자 피터 스털링Peter Sterling은 그의 매력적인 책 《건강이란 무엇인가?What Is Health?》에서 이렇게 썼다. 하지만 이 인구 집단에게 이러한 보상을 경험할 기회는 훨씬 더 적다. 또한 공동체 생활에 들일 여유가 줄어들수록, 소비주의에 더 많은 시간을 뺏길수록, 보상 경험 기회는 더 줄어든다. 사회의 극빈층은 "온갖 종류의 중독에 빠질 더 큰 위험에 처해 있다"고 스털링은 주장한다. 왜냐하면 이들은 만족을 위해 뭔가 다른 것을 찾아봐야만 하기 때문이다. 불평등은 (4장에서 탐구했던 주제인) 비만의 급격한 증가에 핵심적 역할을 한다고 스털링은 주장한다.[31]

중독, 절망, 자살, 폭력—이기적인 경쟁만이 생존 투쟁에 대한 유일한 실현 가능한 대응책이라는 주장의 귀결점이다. 설혹 가장 극단적인 상황 속에서도, 전투 아니면 도주라는 본능은 우리가 생각하는 것만큼 유용한 것은 아니다. '곰을 만날 때 도움이 되는 행동' 웹사이트의 대처법 목록에 있는 '당황하지 마세요' 모티브 바로 옆에는 '함께 있기'에 관한 유용한 조언이 있다. 흑곰을 만난다면 우뚝 서 있어라, 회색곰이라면 가능한 한 움직이지 말고 그대로 있어라. 심장이 두근거리고, 맥박이 고동치고, 신경 화학작용은 과잉 상태일 것이다. 하지만 그처럼 생사가 걸린 일촉즉발의 위험 상황 속에서도, 최고의 생존

가능성은 냉정하게 행동하고 협력하는 것이다.

　현대 사회에서 우리가 마주하는 어려움 중 많은 것은 사실 전혀 이러한 종류가 아니다. 희소성이 있으리라는 전망은 보통은 삶을 즉각 위협하는 위험 요소를 의미하지는 않는다. 도리어 그것은 번영을 추구하며 우리가 계속해서 헤쳐나가야 하는 일련의 조건일 뿐이다. 물질적 한계는 실재한다. 하지만 한계 하나 하나를 전부 폭력적 생존 투쟁으로 규정한다면, 그것은 반생산적이다. 사실, 그런 규정은 자기 모순적인 것으로 보일 수 있다. 그러나 극도의 위협 속에 있다 해도, 안절부절못하는 공격적 행동은 우리에게 유리한 결과를 안겨주지는 않는다.

내면의 게임

　이러한 자기모순은 스포츠 심리학에서는 잘 알려진 것이다. 경쟁 스포츠는 분쟁의 의례화된 형태다. 예컨대, 테니스를 치며 우리는 몇 시간에 걸쳐 계속해서 네트 이쪽으로 우리에게 미사일을 발사하는 상대와 마주한다. 성공적인 타격은 집계되어 우리의 전진에 대한 점수로 이어지고, 최종 점수가 대회의 승패를 가른다. 이 경기의 의도는 확정적 결과가 있는 어떤 폭력적 분쟁을 모방하는 것이다. 그렇긴 하나, 매 순간을 일촉즉발의 생존 위협으로만 여기는 것은 실패의 지름길이라는 것도 하나의 상식이다. '전투 아니면 도주' 반응은 테니스의 정수를 보여주는 경이로운 발리나 우아한 패싱샷* 같은 것을 해낼 가능성을 줄인다.

훌륭한 테니스 선수들은 이 점을 알고 있다. 테니스의 '내면의 게임'은 최적의 퍼포먼스를 끌어낼 특정 마음 상태에 도달하는 테크닉에 관한 게임이다. 선수들은 호흡, 시각화, 휴식, 서브 넣기 전 정해진 횟수만큼 공 튀기기 등 온갖 종류의 루틴과 의례에 의존하며 그 마음 상태를 만들어내고 보호한다. 이런 행동의 목표는 어렵게 획득한 기술과 신체의 본능적인 코디네이션이 원활하게 어울려 완벽한 테니스 게임을 만들어내게 함이다. 최고의 퍼포먼스를 끌어내려면, 심지어는 이기고 지는 것조차도 잠시간 머릿속에서 지워버려야 한다.[32]

헝가리 태생 심리학자 미하이 칙센트미하이Mihalyi Csikszentmihalyi는 이러한 최적의 마음 상태를 '몰입flow'이라고 불렀다. 몰입 상태에 있는 사람들은 이례적으로 명료한 마음, 정밀한 동작을 이야기한다. 이들은 과제에 대한 자신감과 통제력을 경험한다. 하지만 어느 순간에 길을 잃는 느낌 역시 있고, 개인 바깥에 있는 어떤 힘에 그저 끌려가기만 하는 순간조차 있다. 이들은 쾌락의 희열이나 행복을 넘어서는 만족감, 세계와 연결되어 있다는 느낌, 경이롭다는 느낌을 이야기한다. 심지어는 이런 경험을 하는 동안 행복하냐는 질문조차도 무의미하다. 칙센트미하이의 한 연구에 나오는 어떤 뮤지션은 이렇게 고백한다.

---

* 발리volley는 공이 땅에 바운드 되기 전에 쳐서 상대 쪽으로 넘기는 기술이다. 패싱샷passing shot은 네트 가까이 있거나 네트 쪽으로 다가오는 상대편 선수가 미치지 못할 방향으로 (즉 상대를 패싱하기 위해) 공을 쳐서 넘기는 기술이다.

마치 거의 내가 존재하지 않는 것처럼 느껴질 정도로, 황홀경에 있게 돼요. 이런 경험을 여러 번 했어요. 내 손에는 나 자신이 없는 것만 같고, 일어나는 사건과 나 자신은 아무런 관련도 없어요. 그저 나는 거기에 앉아서, 경외와 경이 속에서 그 손을 관찰할 뿐이랍니다. 그리고 음악은 그저 그 손에서 흘러나올 뿐이지요.[33]

확인된 바에 의하면, 몰입이 가장 잘 일어날 수 있는 때는 보유한 기술의 수준과 직면한 과제의 수준 사이에 적절한 균형이 있을 때다. 보유한 기술이 과제에 미치지 못하는 경우, 우리는 당황하거나 두려움에 젖기 쉽다. 보유한 기술의 수준이 과제보다 높은 경우, 집중력이 떨어지거나 지루함을 느끼기 일쑤다. 기술과 과제의 수준이 다 높은 경우, 조건은 완벽하다. 잘 어울리는 두 상대방이 우리가 관람할 수 있는 최고의 테니스를 만들어낸다. 경기가 최고조일 때, 선수 각자는 경쟁자라기보다는 몰입 상태에 젖어 든 협력자들이다.

기술과 훈련은 몰입을 찾아내는 우리의 능력을 향상시킨다. 하지만 몰입 경험은 스포츠나 예술을 통해서만 경험 가능한 것은 아니다. 심지어 가장 간단한 일상적 활동도 몰입을 창출할 수 있다. 훈련을 한다면, 온갖 종류의 상황 속에서도 몰입을 유지하는 마음 상태에 도달하는 것이 가능하다. 몰입에 도달하는 것, 그 자체가 목표가 되는 것이다. 이것은 쾌락이나 만족과는 매우 다른 목표이긴 하다. 하지만 몰입에 도달함은, 인간이 경험할 수 있는 가장 높은 수준의 충족감을 선사한다.

더 적은 물건으로 더 많은 재미를

어쩌면 여기에는 경고가 필요할지도 모르겠다. '몰입과 함께하는 경험'을 이야기하는 다소 단순화된 대중 화법이 있다. 평온을 유지하세요, 마음 편히 받아들이세요, 침착하세요, 긴장을 푸세요—이 모든 명령의 힘들은 교감 신경계의 자동 활성화에 대항하기 위한 것이다. 곰이 사는 곳에서는 유용할 것이다. 또한 과잉 자극이 판치는 오늘의 사회에서는 얼마간 반복되어도 괜찮을 것이다. 하지만 지나친 긴장 해제는, 사실상 필요한 것이 행동일 때 행동에 나설 우리의 동기를 줄일 수 있다. '투쟁이라고 하는 것은 전무하다'는 현실 부정이 되고 마는 것이다. 그리고 그럴 때 분명 우리는 그릇된 곳으로 인도된다.

예컨대, 마굴리스의 삶은 투쟁이 빠져 있는 삶은 아니었다. 마굴리스는 끈질기게 진리를 추구하는 헌신적 과학자라는 이상을 구현했다. 코트에서 완전히 긴장을 푸는 전술로 윔블던 대회 우승을 차지한 테니스 선수는 단 한 명도 없었다. 완전히 긴장의 끈을 놓은 테니스 선수라면 스트레치 발리를 놓칠 것이다. 또한 서브를 약하게 넣을 것이고, 오버헤드 로브*를 만회하려고 뒤로 뛰어가려 하지도 않을 것이다. 물론 몰입에는 긴장의 끈을 놓아버리는 편안함이 일정하게 수반된다. 하지만 몰입은 매우 역동적인 이완감이다. 또한 몰입은 격렬한, 집중을 요하는 활동을 꽤 잘 포용할 수 있다. 그렇다면 이상적인

---

* 오버헤드 로브overhead lob는 공을 상대편 코트로 높게 쳐서 상대방 머리를 넘어가게 하는 기술이다.

몰입은 순간 속에서 매우 집중하는 상태와 완전히 이완된 상태 사이의 완벽한 균형일 것이다.[34]

탁월한 심리적 활동은, 신체적 건강과 다르지 않게, 균형을 성취하는 것과 관련된다. 특히 이는 몰입의 경우, 진실이다. 몰입의 최고봉은 특별한 충족 상태다. 몰입은 성장이 끝난 세상에서도 우리에게 허락될 배당이 어떤 종류일지를 극히 선명하게 예시해준다. 흔히 자본주의에 의해 가려져 잘 보이지 않는 배당 말이다. (자본주의의) 끊임없는 축적 강조와 가차 없는 더 많음의 추구는 균형을 거의 성취 불가능한 것으로 환원해버린다. 몰입은 소비주의보다 더 나은, 더 오래 지속되는 만족을 우리에게 제공한다.

더욱 놀라운 건, 이러한 만족이 생태적인 의미에서 더욱더 지속 가능하다는 것이다. 몰입 활동은 우리에게 더 적은 것으로도 더 잘 살 수 있는, 더 적은 물건으로 더 많은 재미를 누릴 가능성을 제공할 수 있다. 물론 이것이 늘 통하는 것은 아니다. 고난도의, 최고 수준의 기술을 요하는 활동도 있을 것이다. 어쩌면 폭발 그 자체일 그리고 어마어마한 환경 발자국을 남길 활동. 예컨대, 다보스의 헬리 스키가 *언뜻 생각난다. 그렇긴 하나, 그 환경 영향은 미미하되, 내면은 만족시키는 어떤 '절정' 경험으로 이어질 수도 있는 일련의 활동이 실재하는지 궁금해하고 거기에 관심을 기울인다는 것은, 그 자체가 매혹적인 일이다.[35]

칙센트미하이가 제안한 것이 바로 이것이다. 그의 주장은 인간

---

* 헬리콥터를 타고 산 정상에 올라 스키로 하강하는, 슈퍼리치만 즐길 수 있는 스포츠.

에게는 두 종류의 목표가 있다는 생각에서 출발한다. 물질적인 목표는 "현재 상태로 유기체를 보전함을 겨냥하는" 것들이다. 물질초월적인 목표는 우리의 물질적 필요를 넘어서 "이전에 존재하지 않았던 생각, 느낌, 관계, 사물을 창조하는 것"이다. 이 두 목표 중 어느 하나에만 우리의 관심을 쏟는다면, 다른 목표에 관심을 쏟을 가능성은 훼손되고 감손된다. 반면에 몰입에 관심을 집중하면 우리는 더 지구 친화적으로 살 수 있다고, 그는 말한다.[36]

동료 에이미 아이셤Amy Isham, 비르기타 가터슬레벤Birgitta Gater-sleben과 함께 나는 그의 가설을 검증해보고 싶었다. 우리는 미국에서 사람들의 레저 경험을 살펴보며 몰입 경험과 환경 영향 간 관계를 조사했다. 우리는 표본 전체에서 몰입도는 높고 환경 영향은 낮은 일련의 도드라진 활동들을 찾아냈다. 이 활동들은 몰입에 관한 문헌들에서 이미 익숙하게 등장하는 것이었다. 그것들은 다음 5가지 핵심 주제에 집중하고 있었다—스포츠, 공예/창작 활동, 사회적 교류, 연애, 명상 같은 사색적 실천. 이 활동들은 전부 환경에 부담을 적게 주는 것들이지만, 이 활동에 참여한 이들은 높은 수준의 몰입과 행복을 고백한다.[37]

물론, 이러한 몰입과 행복은 언제나 쉽게 성취 가능한 것들은 아니다. 지나치게 물질주의적인 현대 사회에서는 특히나 그렇다. 또 다른 한 연구에서 우리는, 물질주의적 가치들을 선호하는 것 자체가 몰입 경험 가능성을 갉아먹기에 충분하다는 것을 알아냈다. 소비 자본주의가 야기하는 해로움은 그것이 지구에 가하는 부담에 한정되는 것만은 아닌 듯하다. 물질적 부가 곧 진보를 의미한다고 우리는 믿고 싶어 한다. 하지만 매우 구체적인 방식으로, 물질적인 것들에 대한 집중은 잠재적으로 가능한 상태에 도달할 우리 자신의 능력을 적극적으로 방해한다.

몰입은 슈퍼마켓에 진열된 상품이 아니다. 우리의 연구에서 인지된 활동 가운데 그 어느 것도 시장에서 쉽게 판매 가능한 상품들은 아니다. 비록 광고업체들은 그것들이 그러하다고 우리를 설득하려고 고심하지만 말이다. 그 활동 하나하나는 시간과 기술에 대한 투자를 필요로 한다. (뒤쪽에서 다시 이 주제로 돌아오겠다.) 그런데 이러한 투자로의 복귀는 막대한 사건이 아닐 수 없다. 그러한 복귀는 소비주의로 인한 환경 부담을 최소화하면서 절정의 인간적인 충족에 도달하는 길로 우리를 인도한다. 게다가 그것은 그것을 추구하는 이가 누구이든, 모두에게 가능한 것으로 보인다. 이 내면의 게임에는 출입을 통제하는 이가 없는 것이다. 몰입은 자본주의만큼 좋은 것만이 아니라, 자본주의의 망가진 약속보다 훨씬 더 나은 포스트 성장 세계를 위한 기초를 우리에게 제공한다.

시를 짓는 사람들

린 마굴리스의 획기적 논문 「분열하는 세포들의 기원에 대하여」가 발표된 것은 1967년이었다. 이 논문은 초기 자본주의의 사회적 환경에서 도출되었고 또 무분별하게 경제와 동일시되었던, 자연에 대한 지배적 은유가 근원적으로 오류였음을 밝혀냈다. 투쟁은 불가피한 것인지도 모른다. 하지만 투쟁에 대한 우리의 대응이 그러한 것은 아니다. 가차 없는 생존 경쟁이라는 꽉 막히고 고통스러운 감옥에 우리가 갇혀 있는 것이 아니다. 진화 자체가 서사시적 규모의 역사적 협업의 결과물이다.

발표 당시 이러한 생각이 얼마나 과격한 것이었는지는 가늠하기 어렵다. 마굴리스의 논문은 15회나 거절당한 이후에야 비로소 〈이론 생물학 저널The Journal of Theoretical Biology〉에 발표된다. 10년이 넘도록 이 연구는 주류 생물학계에서 일정하게 무시되었다. 그녀의 이론을 책으로 확장한 원고의 초안은 그걸 의뢰했던 출판사에 의해 거절당한다. 그러나 《세포 진화과정의 공생Symbiosis in Cell Evolution》은 오늘날 20세기 생물학의 고전 중 하나로 평가되고 있다. 이 책은 진화론적 사고에서의 '조용한 혁명'을 예고하고 있었다.[38]

1967년의 이 논문은 린이 결혼으로 얻은 이름인 린 세이건이라는 이름으로 나왔다. 그런데 린과 칼은 이미 이혼한 상태였다. 아마도 그런 결정은 과학에 대한 자신의 사랑에 영감을 주었던 그 남자와 함께한 시간에 바치는 적절한 헌사였을 것이다. "때로 새로운 아이디어는 정확하고, 유효하고, 훌륭한 것으로 드러난다"(이 장 앞머리에서 인용한 칼 세이건의 말)고 발언했을 때, 칼이 염두에 두었던 작품은 아마도 부분적으로는 린의 작품이었을 것이다. 마굴리스 자신은 결혼에 대해 낙관적이었다. "사랑의 땅을 향한" 자신들의 "열정에 찬 진출"은 "시작도 거칠었지만 그와 똑같이 끝도 매정한 것이었다"고 그녀는 썼다. 결혼식을 치르기 전, 그녀는 그와 결혼하는 것이 왜 "멍청하고 자멸적인 행동"인지 그 이유 전부를 자신에게 상기시키기 위해 녹음을 했다.[39]

그 이유 가운데 일부는 확실한 것이었다. 그들은 둘 다 성격이 불같았고, 탐구심이 풍부했고, 열정 넘치는 인간들이었다. 둘 다 자신의 직업에 대한 야망이 컸다. 페미니즘이 등장하긴 했지만, 여성이 집에서 아이들을 돌보는 것이 여전히 당연시되던 시대였다. "좋은 아내이자 좋은 엄마이자 일류 과학자가 되는 건 인간적으로 가능하지 않다." 두 번째 결혼에 실패한 후, 그녀는 이렇게 썼다. "그런 일을 할 수 있는 이는 없어. 뭔가 달라져야 해." 또한 처음부터 칼 세이건과 린 마굴리스는 다른 방향을 바라보고 있었다는 인식도 있다.[40]

우리는 모두 공생체들이다. 최초의 다세포 유기체는 공생의 산물이었다. 포터 헤이검에 있는 다리 밑 지의류들은 공생체들이다. 인간이라는 존재자 역시 살아 숨 쉬는 협업 구현물이다. 우리는 새롭고 멋지고 색다른 것들을 창조할 수 있을 만큼 충분히 오랫동안, 누군가를 만나고 누군가와 함께할 수 있는 능력을 타고났다. 1959년, 둘 사이의 첫 아이가 태어난 다음 날, 칼 세이건은 일기에 이렇게 썼다. "저 붉은 실에 우리 자신의 실을 더하는 것 같은 기이한 느낌이다. 내가 시원의 진흙과 별 사이, 애매한 중간지대에 있는, 한 곳에서 다른 곳으로 이행하는 생물이라는 느낌을 그토록 강하게 가져본 적은 없었다."[41]

약 10년 후, 세이건은 지구에서 우주로 내보낸 최초의 '타임캡슐'을 제조할 예정이었는데, 이 '병 속 메시지'는 이 캡슐을 우연히 만날지도 모르는 지적 생명체를 위한 것이었다. 이 보이저 골든 레코드는 12인치 크기의 금도금 구리 디스크였고, 지구에 사는 생명체를 대표하기 위해 엄선된 이미지와 소리를 담고 있었다. 이 두 디스크는

1977년 지구 궤도를 이탈한 두 대의 보이저 우주선에서 우주로 발사되었다. 그 디스크들은 아직도 저 밖에 있다. 은하계 안의 자신들만의 외로운 궤적을 따라 떠돌고 있는 것이다.[42]

한편 마굴리스는 열정적으로 지구에 얽매였다. 1990년대 후반까지도 언론에서는 그녀를 "과학계의 제멋대로인 지구 어머니"로 묘사하고 있었다. 그녀가 그러한 명성을 달가워했을 것 같지는 않다. 그녀는 종종, 그녀를 비판하는 이들이 다윈의 의도를 오해하고 있고, 진화에 대한 "그들만의 동물학적이고 자본주의적이고 경쟁적이고 비용-편익적인 해석에 빠져 있다"며 그들을 비난하곤 했다. 생애 막바지, 한 인터뷰에서 마굴리스는 논란이 분분한 인물로 여겨지는 사태에 지친 적은 없냐는 질문을 받게 된다. 그녀의 답변은 이러했다. "제 생각이 논란이 분분하다고 생각하지는 않아요. 저는 그것이 옳다고 생각한답니다!"[43]

우리는 모두 '이야기를 하는 사람들, 시를 짓는 사람들'이다. 경제학은 스토리텔링의 한 형식이다. 성장 신화가 1세기 이상 우리의 문화적 이야기를 지배해왔다. 과학은 은유를 통해서 전진해가고, 그건 불가피하다. 이러한 불가피성을 옹호하기 위해 마굴리스는 종종 자신이 가장 좋아하던 시인인 에밀리 디킨슨Emily Dickinson을 인용하곤 했다. 마굴리스는 디킨슨이 자신의 동네 이웃이라며 (두 여성 모두 매사추세츠주 애머스트에 살았다) 그녀에 대해 애정 어린 언급을 하곤 했다. "모든 진리를 말하라 그러나 그것을 에둘러 말하라—" 디킨슨은 썼다.

성공은 에워 둚에 있으니

우리의 허약한 기쁨에 비해서는 지나치게 밝은

진리의 어마어마한 경이여

친절한 설명으로 아이들이 편안해하는

번개와 같은 것이여

진리는 천천히 눈부신 빛을 발해야 한다네

그렇지 않으면 모든 이가 눈이 멀 테니 [44]

그러나 서사의 괴력에 과도하게 유혹당하도록 허락해서는 절대로 안 된다는 것을 마굴리스도 알고 있었다. 그렇게 된다는 건, 곧 동화를 믿는 결과를 초래하는 것이다. 이 점 역시 "잽싸고, 열정 넘치며, 아는 게 없는 소녀"가 이 세상에 주었던 한 가지 가르침이었다.

7

노동에서 작업으로
한나 아렌트, 윌리엄 모리스

작업과 그 산물인 인공물은, 죽음이 예정된 삶의 무의미함,
인간이 누리는 시간의 무상함에
영원성과 지속성이라는 대책을 부여한다.

한나 아렌트, 1958년[1]

노동에 대한 보상은 삶[생명]이지요.
그것으로 충분하지 않나요?

윌리엄 모리스William Morris, 1890년[2]

1957년 10월, 린 마굴리스와 칼 세이건이 결혼한 지 불과 몇 달
후, 소련은 세계 최초의 궤도 위성을 우주로 내보냈다. 이 사건은 사
회적 세계를 극적으로 바꾼 별난 역사적 사건에 속했다. 스푸트니크
발사는 우주 경쟁을 촉발했고, 군비 경쟁을 심화시켰고, 냉전을 고조
시켰다. 그것은 또한 (우주에 나간 최초의 국가가 아니게 된) 미국의 자
긍심에 대한 거대한 타격이기도 했다. 그러나 그것은 존 F. 케네디에
게는 자극제였다. 그는 1961년 아폴로 '문 샷' 프로그램을 공표했는
데, 1960년대가 끝나기 전에 인간을 달에 착륙시킨다는 프로그램이
었다. 그 목표는 달성되었다. 비록 그가 살아서 그 모습을 보지는 못

했지만.[3]

스푸트니크는 또한 인류와 지구 간의 새로운 관계를 예고했다. 정치철학자 한나 아렌트가 1958년 마스터피스 《인간의 조건》의 프롤로그에서 언급했듯, 우주로 나가게 된다면 우리는 역사상 최초로 지구라는 우리의 집을 바라보고 음미할 수 있게 될 것이었다. 그것은 "지구가 인간 조건의 핵심 중 핵심"임을 다시 알려줄 것이었다. 그리고 자연 그 자체는 "우리가 아는 바로는, 노력이나 인공물 없이도 인간이 이동하고 숨쉴 수 있는 서식지를 제공한다는 점에서 우주에서 유일한지도 모른다."

어떤 이들은 스푸트니크에서 저 너머로 가는 입구를 발견했다. 칼 세이건에게 이 위성은 지구 밖의 생명체를 찾는 탐구의 시작점이었다. 그날, 어느 미국 신문의 헤드라인 기사는 그 발사를 "(우리의) 지구 감금 상태로부터의 해방을 향한 첫걸음"이라고 축하했다. 아렌트는 그러한 감정적 반응에 흥미를 느꼈지만, 놀라지는 않았다. 당대의 공상과학 소설 속에서 그녀는 이미 '인간 존재에 대한 (뿌리 깊은) 반란'을 알아채고 있었다. 또한 거기에서 테크놀로지 덕분에 우리가 생존 투쟁에서 벗어나게 될 것이라는 보편적인 꿈을 알아봤다. 그러나 그녀가 보기에 그 꿈은 자멸적인 것이었다. 현대 사회는 그 점을 이해할 상태가 아니었다.[4]

현대인은 더 이상 "그것을 위해 이 자유도 쟁취할 만한 가치가 있게 되는, 더 높고 더 의미 있는 활동"을 인정하지 않는다는 것이 아렌트의 생각이었다. 당대의 눈에 띄는 특성은 "생각하지 않는 것"이라고, 그녀는 말했다. 우리는 "사소하고 공허해지고 만 '진실'을 안일하

노동에서 작업으로

게 반복하거나, 그 진실을 절망적일 정도로 혼란스러워하거나, 그도 아니면 경솔히 다루는 오류"에 빠지고 말았다는 것이다. 이러한 말은 점점 더 우리의 현실이 되어가고 있는 포스트-트루스 세계를 위해 예비된 것인지도 모르겠다. 그녀의 행동은, 성찰하자는 호소였다. 《인간의 조건》에서 아렌트는 이렇게 썼다. "따라서 내가 제안하는 것은 매우 간단하다. 우리가 어떤 짓을 하고 있는지를 생각하자는 것, 그이상도 그 이하도 아니다."[5]

아렌트의 작품은 여러 가지 이유에서 이 책에 나오는 생각들과 공명한다. 인간의 조건은 행복의 가능성을 규정하기도 하고 제한하기도 한다. 그 조건은 구원할 길 없는 우리의 물질적인 성격과, 억압할 수 없는 우리의 열망과 꿈의 창조성을 연결한다. '활동적인 삶'(비타 악티바*vita activa*)에 대한 아렌트의 엄정한 검토는 인간 작업human work의 세계에 대한 날카로운 분석이다. 이 장의 목표는 그 세계를 좀더 소상히 탐구하는 것이다.

작업은 인간의 조건에 필수 요소다. 작업은 우리의 번영에 핵심 구성요소다. 우리가 확인하겠지만, 작업은 희망이 싹틀 여건을 만들어낸다. 그러나 자본주의의 지배 아래서, 작업은 무력화하는 힘을 지닌 함정에 빠지고 말았다. 여기서 나는 그 함정의 본질을 탐구하려 한다. 하지만 동시에 탈출 계획의 윤곽도 그려보려 한다. 포스트 성장 경제가 우리로 하여금 작업을 사회의 심장부 어딘가 적당한 자리에 되돌려놓게 할 것이다.

최전방의 삶

코로나19가 세계의 거의 모든 국가를 상당 기간 봉쇄 상태로 몰아넣었을 때, 또 경제의 상당 부분을 요동치는 정지 상태로 만들었을 때, 뭔가 이례적인 것이 발생했다. 불현듯, 하룻밤 사이에, 우리는 사회 안에서 어떤 일이 정말로 중요한 것인지를 이해하기 시작했다. 의료, 음식 제공, 기본적인 에너지 공급은 우리가 없앨 수 없는 직업이었다. 돌봄 노동자들이 핵심적인 이들임이 밝혀졌다. 그들은 바이러스 억지를 위한 전투에서 절대적인 최전방 요원들이었다. 농장과 식품 공급망에서 일하는 노동자들이 중요했다. 상점 점원들과 배달 노동자들이 중요했다. 폐기물 수집과 청소가 중요했고, 청소 노동자들은 우리가 상상했던 것보다 훨씬 더 중요했다.

이러한 드러남에는 엄청난 아이러니가 있었다. 사태가 그토록 비극적이지 않았더라면, 그 드러남은 익살스러운 연극이었을 것이다. 이러한 직업들은 많은 경우, 또 약간씩 서로 다른 이유로, 수십 년간 체계적으로 평가절하되어 온 것들이었다. 이러한 직업군에 종사하던 이들은 위기가 닥치기 훨씬 이전부터 이용당하고, 착취당하고, 시간을 넘겨 일하고, 저임금에 시달리던 사람들이었다. 특히, 길었던 긴축 재정기 동안, 돌봄 분야 자원은 체계적으로 고갈되었고, 그 결과 핵심 노동자들은 비현실적인 '생산성 목표'에 직면하며 과중한 업무에 짓눌리는 삶을 살아야 했다. 일선 의료 노동자들은 코로나 팬데믹이 닥치기 훨씬 이전부터 번아웃 상태에 있었다.[6]

팬데믹이 발생하기 1년 전에 실시된 식량·농업에 대한 한 연구는 실로 경이로우면서도 수치심을 자아내는 결과를 제출했다. 영국 같은 부자 국가에서도, 제대로 먹지 못하는 노동자들이 식품 생산 부문에 있었다. 사회에 가장 기본적인 서비스를 공급하는 일을 책임지고 있는 이들이, 살아남기 위해 '푸드뱅크'(그 수가 급속히 늘고 있다)를 방문해야만 했다. 내가 손수 노동해서 생산해낸 필수품을 막상 나 자신이 얻으려면 낯선 이의 기부를 수용할 수밖에 없는 현실은 경제적 가치상의 너무나도 기이한 왜곡이어서, 그걸 믿으려면 그 현장을 봐야만 한다.[7]

시장 경제(그리고 자급자족 경제에 대한 시장 경제의 장점)가 무엇인지를 말해주는 것은, 노동이 이른바 잉여를 창출할 수 있다는 것이다. 각 노동자는 자신의 생존에 필요한 것보다 더 많은 것을 생산할 수 있다. 이러한 잉여 상품은 수입과 교환될 수 있을 것이고, 그 수입은 다른 노동자들이 생산한 것들의 구매에 사용될 수 있을 것이다. 그러나 명백히 마이너스 잉여를 창출하는, 가장 긴요한 경제 부문의 노동자들이 있는 것이다—자선에 의지하지 않고는 자신과 가족을 먹여 살릴 수 없는 노동자들이.

배달, 유통창고, 청소 같은 저임금 '미숙련' 부문 노동자들의 경우도, 사정은 낫지 않았다. 휴일수당이나 질병수당 없이 제로타임[무시간제] 계약으로 일하는 경우가 많았는데, 이 부문의 노동자들은 그야말로 죽도록 일했다. 달리 살 방도가 없었기 때문이었다. 바로 이들이 경제학자 가이 스탠딩Guy Standing이 '프레카리아트precariat[불안정노동 종사자]'라고 부르는 사람들이다. 생계를 위해 불안정한 저임금 일자리에 의존하는 집단 전체. 점점 더 사회 밑바닥에서 자신을 발견하

는 사람들. 혜택에서 소외된 이들, 박탈당한 이들, 환멸을 느끼는 이들.[8]

팬데믹 이전 수년간 정치를 장악하기 시작한 포퓰리즘의 뿌리가 바로 여기에 있다고만 말한다면, 그건 오산이다. 더 정확히 말하면, 포퓰리즘은 자본주의의 획득물을 소수에게 체계적으로 집중시키고, 너무도 많은 이들이 기본적인 권리와 존엄에 접근하지 못하게 막았던 뒤틀린 경제 시스템의 한 가지 병증이었다. 그렇긴 하나, 이 부문들은 분명히 임금 불안정성 증대와 노동 조건 악화로 인해 노동자들이 더 큰 고립감과 소외감으로 가차 없이 내몰리던 부문들이었다—그건 너희들의 빌어먹을 GDP야, 우리와는 상관없다고!

사랑받지 못하는 노동

아렌트는 비판적인 시각에서 노동labour과 작업work을 구별한다. 이 구별은 본능적인 느낌 차원에서는 명백한 것은 아니다. 하지만 아렌트가 《인간의 조건》에서 지적했듯, 이 두 단어는 전 세계의 거의 모든 언어권에서 줄곧 사용되고 있다. 그렇기에 이 구별을 무시하는 것은 이상하지 싶다. 또한 어쩌면 이 구별은 여전히 우리에게 유용할지도 모른다. 분명한 것은 (작업과 반대되는 것으로서의) 노동에 대한 아렌트의 개념 규정이 자본주의가 뒷전으로 밀어버린 활동들, 즉 이번 팬데믹이 인간의 번영에 필수적인 것이라고 밝힌 직업들의 본질을 정확하게 포착한다는 것이다.

노동은 삶을 위한 조건을 유지한다. 노동은 꼭 지켜야 하는 수준의 건강을 제공한다. 노동은 사회 번영의 토대를 창조해낸다. 어떤 경우, 노동하는 사람들은 전체 시장 경제 바깥에 있기도 하다. 가사 노동, 육아, 노인 돌봄은 모두 무보수인 경우가 많다. 그러나 사회(그리고 삶[생명] 그 자체)를 위한 이 노동들의 가치는 필수적이다. "노동은 개인의 생존만이 아니라 생물종의 삶도 보장한다"고 아렌트는 썼다. 노동은 성장, 신진대사, 최종적 부패라는 인간의 생물학적 과정과 가장 긴밀히 연관되는 활동이다. "노동해야 한다는 인간의 조건은 삶[생명] 그 자체"라고 그녀는 썼다.[9]

이것은 19세기 후반에 윌리엄 모리스가 소설《어디에도 없는 곳에서 온 소식News from Nowhere》*에서 보여준 '멋진 교환'에 대한 흥미로운 메아리다. '게스트Guest'라는 이름의 소설의 화자는 '어디에도 없는 곳Nowhere'이라는 한 유토피아 땅을 여행하고 있다. 이곳에서는 하고자 하는 사람 마음대로 일이 진행되지만, 그 일에 대한 보수는 보장되지 않는다. 어느 지점에서, 게스트는 자신의 안내자(올드 해먼드라는 이름의 남자)에게 묻는다. "노동에 대한 보상이 없는데, 어떻게 사람들을 일하게 하죠?". "노동에 대한 보상이 없다고요?" 엄숙한 목소리로 해먼드가 대답한다. "노동에 대한 보상은 삶[생명]이지요. 그것으로 충분하지 않나요?"[10]

오늘날 이러한 생각은 기이하게만 들린다. 또한 이것은 노동자가 열악한 환경과 불충분한 보상이라는 수모를 겪는 사회에서는 잠재적으로 위험한 생각이기도 하다. 하지만 이것이야말로 모리스가 말

---

* 현재 출간돼있는 국역본의 제목은 〈에코토피아 뉴스〉다.

한 한 가지 요점이다. 《어디에도 없는 곳에서 온 소식》은 노동이 (노동자 그 자신은 결코 얻지 못하는) 잉여의 창출을 위한 자원으로만 취급되는 시스템에 대한 비판이다. '어디에도 없는 곳'에서는 재화가 공평하게 그리고 필요에 의거해 나누어진다. 그리하여 이러한 사회적 조건 속에서는 그 재화들을 생산하는 데 요구된 노동은 매우 자연스럽게 자신을 위한 보상이 될 것이다.

노동이 받는 그 보상의 일부는 신체를 지닌 동물이라는 우리의 성격에서 나온다. 모리스와 아렌트는, 서로 다른 방식이긴 하지만, 바로 이 점을 지적하고 있다. 우리의 동물적 성격이 우리를 노동할 수 있게 한다. 이건 전혀 놀라운 사실이 아니다. 노동은 삶에 필수적이다. 우리는 삶의 필요조건을 충족할 수단을 우리 자신에게 부여하는 방식으로 진화해왔다. 물론 이것은 우리가 출산을 위해 애쓰는 생물학적인 의미의 동물이라는 점만이 아니라, 생존을 위해서는 일상에서 물리적 노동에 종사해야만 하는 생물학적인 의미의 동물이라는 점에서도 진실이다. 노동은 인간종의 본질적 특성이다.

도구의 발전은 노동을 더 효과적으로 만들었다. 나중에는, 산업화로 사용 가능한 에너지(화석연료)가 엄청나게 급증했고, 덕분에 우리는 중노동을 기계로 대체할 수 있었다. 이 과정에서 산업화는 우리를 (아렌트가 말한 의미의) 노동을 구성하는 숱한 업무들(전부는 아니지만)에서 해방시켰다. 점점 덜 활동적이게 되고, 노동에 덜 익숙하게 되자, 우리는 노동을 통해 보상받는다는 느낌에서 점점 더 멀어지게 되었고, 이제는 이러한 활동을 '즐기기'보다는 노동에서 '고통'받는 경우가 꽤나 많게 되었다. 4장에서 나는 행복은 오직 육체노동 속의 "고

통스러운 탈진과 유쾌한 소생"에서만 찾을 수 있다는 아렌트의 입장
을 잠깐 이야기했었다. 이런 관점은 오늘날 우리에게는 거의 완전히
이질적인 관점이다.

때로는 우리도 육체 활동에 대한 우리 자신의 필요를 뒤늦게나
마 깨닫고는 헬스장으로 달려가고, 운동강좌에 등록하고, 마라톤 훈
련을 받기도 할 것이다. 목적은 오로지 활발한 육체적 삶에서 나오는
신체 건강의 느낌을 되찾기 위해서다. 또한 우리는, 육체노동이 불쾌
하고 불필요하며 보상받지 못하는 것으로서 모욕되는 사회에 우리가
살고 있음을 거의 알아차리지 못한 채로, 이렇게 할 것이다. 우리의
고정된 프로그램은 가능한 한 이러한 노동의 대부분을 사회 최하위
계급으로 강등된 사람들에게 위임하는 것이다. 심지어 우리의 상식
에서는 노동으로부터의 이러한 해방은 이익이어야 맞다. 반면, 아렌
트와 모리스는 이러한 해방을 심각한 손해로 간주했다.

사랑과 성 아우구스티누스

한나 아렌트는 1906년 독일 하노버에서 태어났다. 두이노에서
볼츠만이 비극적인 죽음을 맞이한 지 단 몇 주가 지난 시점이었다. 그
녀는 프로이센의 도시 쾨니히스베르크(현재의 칼리닌그라드)에서 자
랐는데, 러시아계 유대인 중산층 부모의 외동딸이었다. 한나의 아버
지는 그녀가 일곱 살일 때 사망해서 어머니가 그녀를 키웠는데, 한나
가 자란 집에는 철학과 시가 가득한 도서관이 갖추어져 있었다. 문학
에 대한 어린 시절의 몰두가 그녀를 교육시켰다. "보시다시피, 모든

책은 집 안의 도서관에 있었어요. 저는 그저 책꽂이에서 그것들을 가져갔을 뿐이죠." 말년의 한 인터뷰에서 그녀는 이렇게 설명했다. "저에게 결정적 질문은 이런 것이었어요—철학을 공부하느냐 물에 빠져 자살하느냐. 말하자면 그랬어요." 그녀는 철학을 공부하기로 결심하게 된다.[11]

밀이 그랬던 것처럼, 아렌트는 어린 시절부터 고전을 읽었다. 그와 마찬가지로, 그녀는 본능적으로 지적인 삶(훗날 그녀가 사색적인 삶 *vita contemplativa*이라고 부르는 삶)에 끌렸다. 평생의 열정으로 남을 지적 탐구는 그녀의 마지막 (미완성) 책에 영감을 줄 것이었다. 그러나 밀과는 다르게, 아렌트에게 정신의 삶이란 물질 세계 안에서 살아가는, 몸에 구현된 동물로서의 우리의 본질에 대한 인식에 의해 늘 조절되어야 하는 것이었다. 이 본질에 대한 인식이 바로 《인간의 조건》의 핵심에 있었다. 이 인식은 부분적으로는 1920년대 독일에서 자랐던 그녀 자신의 경험에서 비롯되었다.

1920년대는 유대인에게는 좋은 시기가 아니었다. 아렌트는 학창 시절 자신이 차별받는다는 것을 알아차렸다. 그러나 그녀 안에 자존감을 심어준 어머니의 돌봄이라는 자장 속에서, 그러한 차별 대우는 도리어 그녀의 정신력과 불같은 성격을 강화했다. 15세에 아렌트는 자신을 모욕한 교사에 대항해 학생 반란을 주동했다는 이유로 고등학교에서 퇴학당한다. 마르부르크에서 보낸 대학 시절엔 스승인 철학자 마르틴 하이데거Martin Heidegger와 사랑에 빠져서는 그와 짧지만 열정적인 연애를 한다. 인간의 사유 과정에 대한 그의 관심은 아렌트에게 깊은 영향을 끼칠 예정이었다. '열정적인 사유'는 그녀가 평생 매진

한 많은 작품에 토대가 되었다.

그러나 두 사람의 연애는 끝이 좋지 않았다. 하이데거는 아렌트보다 17세 연상이었고 더욱이 아이들이 딸린 유부남이었다. 그녀를 향한 그의 열정은, 그녀 자신을 향한 그녀의 열정과는 다른 것이었다. 언젠가 하이데거는 그녀에게 철학을 완전히 포기하라고 설득하려 했는데, 여성에게 맞는 직업이 아니라는 것이 이유였다. 정치적으로, 둘은 백만 킬로미터나 동떨어져 있었다. 나치즘의 발흥에 대한 하이데거의 대응이란 당대 정치에 대한 순응이었고, 결국 그는 나치당에 가입한다. 아렌트는 나치즘의 전진에 진심으로 저항했고, 결국 반유대 감정이 실재한다는 증거를 수집했다는 이유로 베를린에서 체포된다. 그녀는 자신을 체포한 경관에게 감언이설을 하여 감옥을 탈출하는 데 성공한다. 하지만 목숨을 걸고 도주해야만 했다. 밤새 산맥을 넘어 그당시 체코슬로바키아였던 곳에 도착했고, 그곳에서 다시 파리로 이동했다. 그리고는 수년간 파리에 머물면서 유럽 내 어린 유대인들을 구출한 후 팔레스타인의 키부츠들로 이주시키는 일을 했다.[12]

훗날, 왜 인생의 그 시점에 그와 같이 구체적으로 문제를 해결하는 일을 선택했었냐는 질문을 받자, 아렌트는 나치에 항복했던 (물론 하이데거를 포함한) 지식인들에 대한 환멸이 부분적인 이유였다고 밝혔다. "자신들이 처한 상황이 달랐다면, 유대인들과 독일 유대인 지식인들이 나치와 다른 식으로 행동했을 것이라고는 생각하지 않았어요." 그녀의 설명이다. "그 사태는 바로 이 직업, 즉 지식인이라는 것과 관련이 있다고 생각했지요." 놀랍게도, 그녀는 평생 하이데거와 친구 관계를 유지했다. 그러나 그녀는 육감적인 경험과 정신의 삶을 향한 자신의 본능적 욕구를 결혼시켰고, 이 결혼은 그녀의 작품을 매우 구체적인 방향으로 밀고 가게 된다—물질적 한계와 인간의 열망 사이의 긴장이라는 방향으로. 다시 말해, 이 책의 핵심에 있는 그 긴장 쪽으로.[13]

하이데거와의 연애가 끝난 직후, 아렌트는 성 아우구스티누스의 작품에 나타난 사랑 개념을 주제로 박사학위 논문을 썼다. 그녀는 사랑이 갈망의 한 형태라는 생각에 대해 논하며 자신의 탐구를 시작한다. "사랑이 갈망하는 이익이란 삶이다. 두려움이 회피하는 악은 죽음이다." 이어서 그녀가 훗날 《인간의 조건》에서 탐구했던 것과 동일한 극한적 딜레마에 대한 탁월한 검토가 이어진다. "'소유함'은 모두 두려움의 지배를 받는다. '소유하지 못함'은 모두 욕망의 지배를 받는다"고 그녀는 썼다. "미래가 없는 현재만이 변경 불가능하며 궁극적으로 위협에서 자유롭다."

초기에 쓰인 이 글에서는, 진정한 행복은 오직 노동에만 있다는 그녀의 주장의 뿌리가 발견된다. 왜냐하면 노동은 그 무엇보다도 우선, 살아 있다는 것의 필수적 일부이기 때문이다. 가장 순수한 형태가 될 때, 노동은 미래는 줄어들어 무無가 되고, 과거와는 관련이 없으며, 오직 현재만 남게 되는 상태다. "행복한 삶이란 (우리가) 잃을 수 없는 삶"이라고 그녀는 《사랑과 성 아우구스티누스》에서 썼다. (우리가) 잃을 수 없는 유일한 삶이란, 생존 투쟁에의 (우리의) 불가피한 참여다. 또는, 나중에 그녀가 표현하게 되듯, 노동이 주는 보상은 "우리가 모든 생물과 공유하고 있는, 살아 있다는 것의 순수한 지복을 경험하는 인간적인 방식"이다.[14]

아렌트는 또한 이러한 실존적인 행복이 우리의 갈망을 종식시키지는 않는다는 점을 깨달았다. 죽을 운명인 존재로서 우리는, 종국엔 우리가 소멸한다는 것을 계속해서 또 고통스럽게 인지한다. 노동이라는 물리적인 조건에서 우리 자신을 더 많이 빼낼수록, 우리는 우리 실존의 본질인 임시성을 더 많은 시간 동안 수용해야만 한다. 우리의 신체 기능을 유지하는 데 더 성공적일수록 그러면서도 노동 과정에는 더 적게 몸을 담글수록, 우리는 우리의 인생이 끝없는 불안정이라는 조건 속에서 굴러가고 있음을 더 선명하게 알아차리게 된다. 생계를 위한 투쟁이라는 문제를 해결함은 곧 우리를 또 다른 종류의 투쟁 속으로 인도한다.

삶을 향한 우리의 갈망은 이제 불멸을 향한, 영원함을 향한 욕망이 된다. 소진과 원기회복을 오가는 끝없는 순환을 넘어 뭔가 매달릴 수 있는 무너지지 않는 것을 향한 욕망. 바로 이 지점에서 아렌트의 노동과 작업의 구별이 나온다. 계속되는 노동의 투쟁 너머에, 세계-짓기world-building라는 고통스러운 작업이 있다. 영원하지 않은 세계에 대한 인간만의 고유한 대응은 영원한 어떤 세계를 시도하고 건설하는 것이다―부패와 소생을 오가는 가차 없는 순환에 완전히, 계속해서 종속되지는 않는 어떤 세계를. 이러한 다른 세계는 아렌트가 '인공물의 세계'라고 부르는 세계다. 이것은 신체 상태의 유지와 순수한 생존이라는 과업을 초월해 있는, 인간이 만든 창조물들의 총합이다. 칙센트미하이라면 '인간의 물질초월적인 목표'라고 말할 어떤 것의 대상이 바로 이것이다.

몰입이 주는 보상

작업은, 아렌트의 관점에서는, 인간 세계의 지속성을 구축하고 유지하게 해주는 활동이다. 노동이 돌봄과 생계와 관련 있다면, 작업은 창조와 창의성의 영역이다. 작업에는 손재주, 기술, 비전이 필요하다. 작업은 꿈을 꾸는 것, 뭔가를 만들어내는 것과 관련된다. 아렌트에 따르면, 우리의 세계-짓기 활동은 계속 살아내는 것이 아니라 죽음에 대한 우리의 두려움을 피하는 것과 관련된다. 이 장의 앞머리에서 소개했듯 "작업과 그 산물인 인공물은, 죽음이 예정된 삶의 무의미함, 인간이 누리는 시간의 무상함에 영원성과 지속성이라는 대책을 부여한다."

작업 수행은 육감적인 돌봄 노동이 주는 것과 같은 원초적인 행복을 제공하지 못할지도 모른다. 하지만 수작업과 창의성에는 그럼에도 엄청난 충족 가능성이 있다. 인류학자 메리 더글러스Mary Douglas가 일렀듯, 작업은 우리에게 "사회 세계를 창조하는 데 기여하고, 그 세계 안에서 신뢰받는 자리를 찾아낼" 기회를 제공한다. 사회의 삶에 참여할 수 있는 능력은 우리의 심리적·사회적 건강에 긴요한 능력이다. 이 능력은 개인에게는 (어딘가에) 귀속될 방도를, 사회에게는 사회적 단합을 위한 메커니즘이 되어 준다.[15]

세계-짓기라는 과업은 제작자, 수작업자, 건축가, 디자이너, 엔지니어, 뮤지션, 교사, 댄서로서 우리가 지닌 기술을 투자하라고 우리에게 요구한다. 그리고 이러한 기술 투자는 우리의 집중력, 즉 '심리적 에너지'를 흡착하는 까닭에 앞장에서 소개한 몰입 경험을 곧장 야기할 수 있다. 여가 시간보다 작업 시간에 훨씬 더 쉽게 몰입을 경험하곤 한다고 칙센트미하이는 지적한다. 대리적이고 수동적인 즐거움으로 가득 찬 지금과 같은 세상에서는 더욱 그러하다. 작업 현장은 기술이 발전되고 어려움이 타개되는 장소다. 즉, 몰입을 위한 조건들이 이미 존재하는 곳인 셈이다. 이러한 조건들을 작업 밖에서 찾아내려면 특별한 종류의 노력과 집중이 필요하고, 그런 노력과 집중이란 바쁘고 고된 우리의 삶에서는 휘발되기 쉽다.[16]

몰입은 언제나 곧바로 즐길 수 있는 것은 아니다. 몰입은 먹기, 마시기, 사랑 나누기가 주는 즉시적 보상을 꼭 제공하는 것은 아니다. 흔히 그것은 고되고 피곤하고 심지어 위험한 노력을 통해 나타난다. 스포츠, 공예, 음악, 미술과 같은 고전적인 몰입 유발 활동은 잘 해내기 어렵기로 악명 높다. 바로 그것이 핵심이다—난이도와 기술 수준을 둘 다 높여 빼어난 인간의 퍼포먼스를 성취해내는 것. 하지만 몰입은 그럼에도 즐길 수 있는 것이라는 게 칙센트미하이의 말이다. 왜냐하면 몰입은 우리에게 "생존이라는 요구를 초월하는" 짜릿함을 제공하기 때문이다.[17]

칙센트미하이는 쾌락pleasure과 즐김enjoyment(또는 충족)을 구별하는데, 멋지고 매력적인 구별이다. 쾌락은 우리의 마음을 움직이는 강력한 동력원이다. 그러나 그것은 우리를 끊임없이 편안함과 이완 상태로 유혹하는 보수적인 힘이기도 하다. 반면, 즐김은 "영혼에 영양을 제공한다." 왜냐하면 "즐김에는 엔트로피의 힘과 부패의 힘에 대한 승리가 동반되기 때문이다." 즐김에는 쾌락보다 더 많은 노력이 요구된다. 즐김에 대한 보상은 지연되기 일쑤이나, 그렇다고 몰입이 언제

나 희열을 지연시킨다는 말은 아니다.[18]

작업 그 자체, 집중력의 투여, 기술의 실행, 노력을 바침—이 모든 것은 그 자체가 보상을 줄 수 있다. 과업에 몰두하는 상태는 적당한 상황에서라면, (앞 장에서 살펴봤듯) 인간이 경험할 수 있는 최고의, 가장 강렬한 형태의 충족을 야기할 수 있다. 작업 그 자체 그리고 작업이 만들어내는 세계는 둘 다 건강한 심리적·사회적인 기능 수행에 긴요하다. 몰입 경험의 가장 흥미로운 한 면모는 사람들이 일시적이나마 몰입 속에서 자신들이 개별자라는 의식을 상실한다는 것이다. 몰입은 자아와 세계의 경계를 부순다.

이 말은, 작업이 전적으로 무아無我의, 이타적인 노력이라는 말이 아니다. 정반대로, 작업의 결과물, 즉 인공물은 강력한 존경의 경제 속으로 녹아든다. 아름다운 디자인, 특출난 퍼포먼스, 웅장한 빌딩—이 모든 것은 사회적 찬사를 받는다. 탁월함의 성취는 외적인 보상이라는 함정에 빠지기 마련이다. 훌륭한 작업은, 흔히 무작위적으로 할당되지만, 사회적 보상을 수확한다. 하지만 그 보상은 이해가 불가할 정도로 변덕스러울 수도 있다. 잘 해내고 싶은 욕망, 잘 해내고 있는 것으로 인식되고 싶은 욕망은 우리의 마음을 움직이는 엄청나게 강력한 힘이다. 그리고 바로 이 지점이 제2차 세계대전의 종식 후 소비주의 문화를 창조하기 위해 '숨은 설득자들'이 공을 들인 지점이다.[19]

훌륭한 작업에 주어지는 외적 보상을 소비주의 문화가 활용하는 행태 역시 그에 못지않게 집요하다. 셀럽 문화는, 거의 전적으로, 작업에 주어지는 보상의 도용과 관련 있다. 최악의 경우, 이 문화에서는 기본적 기술조차 전혀 중요하지 않다. 수작업, 기술, 노력, 창의성은 흔히 보상과는 무관한데, 대신 그것들은 스타일과 인기라는 유연한 통화를 통해서 주장되고, 때로는 표절되기조차 한다. 쾌락이 즐김을 방해할 수 있는 것처럼, 외적 보상이 창조의 고유한 가치를 앗아갈 수도 있다. 그러나, 적어도 과업을 수행하는 동안만은, 몰입 경험 덕분에 우리는 자아라는 필요 없이 지낼 수 있고, 개인적 행동은 공업共業에 융합될 수 있다.

과업 자체가 공유되거나 집단적인 것일 때, 이러한 개별성 상실은 상당히 제고될 것이다. 오스트레일리아 감독 피터 위어의 1985년 영화 〈위트니스(Witness, 목격자)〉의 한 멋진 장면은 미국의 한 아미시Amish 공동체에서 헛간을 관리하는 모습을 보여준다. 미국 연방요원 존 북(해리슨 포드 분)은 아미시인 어머니 레이첼 래프(켈리 맥길리스 분)와 그녀의 어린 아들(어떤 폭력적인 범죄를 '목격'한 이)을 보호하려다 총에 맞아, 그 헛간에 피신해 있다. 그 남자가 거기 있다는 것 자체가 그 공동체에는 분명한 위협이다. 그곳에서 그는 이미 온갖 긴장과 경쟁 관계를 자아내고 있었다—특히 레이첼 래프와의 사랑과 관련해서는. 그러나 헛간을 관리하는 장면 동안만은, 이 모든 것이 잊힌다.

위어는 이 장면을 위해 대화를 일절 생략한 채, 자신의 카메라로 함께 일하는 공동체의 장엄함을 사랑스러운 눈길로 바라본다. 위어의 촬영 기법은 하나의 공동 프로젝트에 모두가 참여하는 조화로움을 찬미하고 축하한다. 노동에 대한 보상은 진정한 의미에서 생리적이다. 작업에 대한 보상은 모두의 마음 깊은 곳에 닿고, 그 자체가 사회성을 지닌다. 노동에 대한 보상은 삶[생명]이다. 작업에 대한 보상은 몰입 그리고 '불멸에 대한 암시'를 조금씩 나눠 가짐이다.

불쉿 잡Bullshit jobs

오늘날의 유급 고용은 회복적 노동, 충족감을 주는 작업에 관한 이러한 유토피아적 꿈과는 전혀 닮은 구석이 없다. 이 점은 명백하다. 초기 자본주의 또한 그러한 꿈과 비슷한 구석이 없었다. 밀과 그의 동시대인들은 그 점을 쉽게 인지했었다. 또한 아렌트가 글을 쓰던 시기인 1950년대에 이미, 자본주의하에서 노동과 작업의 조건들은 경고음을 불러내는 수준이었다. 오늘날은 상황이 더 나빠 보인다. 만일 생산성 추구 속에서 자동화를 향한 추세가 앞으로 계속해서 작업할 권리를 빼앗고, 작업의 질을 저하시킨다면, 현 상황은 더 악화될지도 모른다.

자본주의는 체계적으로 노동을 폄하한다. 이미 우리는 사태가 그러함을 수없이 봐왔다. 돌봄과 유지라는 사회 필수적인 업무들은 지속적으로 (또한 위험스럽게) 저평가되고 있다. 그러나 자본주의는 창의성을 요하는 작업과 수작업의 기반 역시 허물어 왔다. 그리고 그 이유는 아주 간단하다. 세계-짓기의 목표란 우리 자신에게 안전을 제공하는 것이다. 이 과업에서 성공하려면, 인공물은 지속 가능해야만 한다. 그것들은 어딘가에서는 존속되어야 하고, 자연 세계에는 없는 영속성을 제공해주어야 한다. 이 같은 손상 없는 장기 지속이라는 성질이 없다면, 인간 세계는 가장 본질적인 과업에서 실패하고 말 것이다—우리 자신의 비영속성에서 오는 불안을 상쇄하고, 우리의 행복을 계속해서 갉아먹는 공포를 줄인다는 과업 말이다.

그러나 손상 없는 장기 지속이라는 성질은 자본주의에 해가 된다. 구식화와 혁신이 자본주의의 지속적인 표어들이다. 영속성과 장기 수명은 자본주의의 구조적 온전성에 직접적인 위협이 된다. 자본주의에는 소비주의가 필요하다. 소비주의의 게걸스러운 식욕은, 아렌트의 말을 빌리면, "결국엔 세계의 어떤 사물도 소비로부터, 소비를 통한 소멸로부터 안전하지 않게 되는 심대한 위험"을 도발한다. 빅터 르보우는 이런 공포적인 상황도 괜찮은 것이라고 말한다. 그는 소비주의가 삶의 양식이 되어야 한다고, "소비 속에서 우리는 우리의 영적 만족을, 에고의 만족을 추구해야 한다"고 요구한다. 왜냐하면 만일 우리가 이 시스템을 존속시키려고 한다면 바로 이것이 그 일을 할 것이므로.[20]

물론, 장기적으로는, 손상 없는 장기 지속 자체도 일종의 단기적인 픽션에 지나지 않는다. 인공물도 자연이 그러한 것만큼이나 열역학 제2법칙의 구속력을 받는다. 가장 오래 지속될 수 있는 구조물인 '구름 속에 솟은 탑, 거룩한 신전'조차도 부서져 결국엔 붕괴될 것이다. 아렌트는 이 점을 완벽하게 인지하고 있다. 그녀가 걱정하는 것은, 역기능적일 이 과정의 가속화이다. 손상 없는 장기 지속은 자본주의를 계속 존속시키는 끊임없는 혁신으로 인한 첫 번째 희생양이다. 창의성과 수작업은 효율성 향상과 이윤 확대를 추구하는 대량 생산에 종속된다.

돌봄이 주는 육감적인 보상도, 창의성과 수작업이 주는 심리적 보상도 자본주의의 관심사와는 거리가 멀다. 《작은 것이 아름답다 Small Is Beautiful》의 저자인 프리츠 슈마허Ernst Friedrich(Fritz) Schumacher 는, 현대 경제학자들이 일은 "필요악 그 이상이 아니"라고 믿게 되었 다고 했다. 생산자들에게 고용은 가능하다면 (사람을 기계로 대체하여) 줄이거나 없애야 할 비용으로 간주된다. 노동자들에게 고용은 기껏 해야 견뎌야 하는 것, 임금에 대한 대가로만 간주된다.[21]

이러한 디스토피아적 체제하에서 "고용주의 관점에서 이상적인 것은 피고용자 없이 산출물을 생산하는 것이고, 피고용자의 관점에서 이상적인 것은 고용되지 않고 소득을 얻는 것"이라고 슈마허는 결론 짓는다. 세계-짓기라는 작업의 기능은 완전히 붕괴한다. 근사한 일자 리는 한편으로는 불안정 저임금 노동으로, 다른 한편으로는 인류학자 고故 데이비드 그레이버David Graeber가 말한 '불짓 잡bullshit jobs'(만족감 을 주지도 않고 사회에 가치도 없는 직업)으로 대체된다.[22]

이러한 상황은 아렌트가 지적했던 것이기도 하다. 점점 더 많은 소비를 창출해야 하는 자본주의의 필요는 생물학적 유지(노동)와 장 기 지속이 가능한 인공물의 창조(작업) 간의 구별을 부숴왔다. 의류와 패션은 바로 이 점을 보여주는 강력한 사례다. 의복은 우리를 보호해 준다. 의복은 돌봄·유지 경제의 일부인 것이다. 그러나 5장에서 보 았듯, 패션은 우리의 심리적·사회적·생식적 필요 즉 정체성, 구별 짓기, 전문성, 멋짐, 소속, 매력, 욕망과 깊이 뒤엉켜 있다. 이 모든 것 을 매개하는 것은 우리가 어떻게 보이는가, 우리가 무엇을 입는가이 다.[23]

물질적 필요와 비물질적 필요 간 차이의 이러한 생략은 어쩌면 불가피한 것인지도 모른다. 모든 사회가 물질적 상품에 상징적 의미를 부여한다는 증거를 우리는 가지고 있다. 이것은 그저 지울 길 없는 인간의 특징인지도 모른다. 경제학자 켈빈 랭커스터Kelvin Lancaster가 말한 바 있듯, 상품은 그저 상품이 아니다. 상품은 우리가 얼마나 중요한지, 얼마나 똑똑한지, 얼마나 매력적인지 서로 이야기를 나누는 매개체인 상징적 언어, 사회적 대화가 된다. 사람들이 이 상징 세계에 참여하는 것을 막을 수 있다는 생각은 터무니없다. 너무도 많은 것이 관련되어 있기 때문이다. 소비자 행동에서 욕망이 수행하는 역할에 관한 한 연구에서, 한 응답자는 이렇게 말했다—붐비는 곳에서 당신을 찾아내서는 "와! 당신 참 성격 좋네요!"라고 말할 사람은 없겠죠.[24]

하지만 소비 자본주의의 손아귀 안에서, 상품의 물질적 역할과 상징적 역할 간 차이의 생략이 엄청나게 가속화되었다. 바로 이 가속화가 생산적인 경제를 가차 없는 새로움이라는 옷을 입은, 장기 지속성의 지속적 감소로 이끌었다. 광고 산업이 거둔 어마어마한 성공은, 생리적 필요 충족이 의복이 수행하는 가장 사소한 기능에 불과하다고 우리를 설득한 것이다.

이러한 생략의 목적을 아렌트는 정확히 예견했었다. 그것은 의복이 소비되는 속도를 높이는 것, 패션 산업이 성장 목표를 유지하기 위해 요구하는 수요 증가를 자극하는 것이다. 이 과정에서 드러난 역설적 결과물은, 이 산업은 자신의 목적을 허물어야만 비로소 진정으로 생존할 수 있다는 것이다. 패션은 세계의 비영속성에 대한 우리의 불안을 진정시키기는커녕, 그 불안을 끊임없이 자극해야 하는 것이다. 오직 그럴 때 우리는 설득당해서는 바람둥이 같은 패션의 유혹에 끝없이 빠져들 것이다.

로봇이 온다

노동에 관해서라면 사회주의가 자본주의보다 더 나은 뭔가를 제공할 것이라고 우리는 생각하고 한다. 어쩌면 실제로 그러할, 21세기를 위한 사회주의도 있을 것이다. 그러나 아렌트는 자본주의에 그랬던 것만큼이나 20세기 중반 사회주의에 대해서도 비판적이었다. 그녀는 노동자들의 고통에 관심을 기울이게 한 마르크스의 의도에 찬사를 보냈지만, 노동을 고역에서 해방하려는 사회주의의 전략은 자본주의의 전략만큼이나 결함이 있다고 주장했다. 두 체제 모두 노동자를 기계로 대체함에 의존했고, 그로 인한 이득이 사회에 흘러 들어갈 것이라고 추정했다.[25]

케인스의 생각도 비슷했다. 1930년에 쓴 한 에세이에서 케인스는 당면한 대공황 시기를 넘어 '경제 문제'가 해결될 미래를 대담하게 내다 봤다. "당분간, 급속도로 진행될 이러한 변화는 우리에게 생채기를 입히고 해결해야 할 난제를 줄 것"이라고 그는 썼다. "하지만 이것은 일시적인 부적응 단계일 뿐이다." 몇 세대 안에, 기술에 의한 해방으로 "생존 투쟁"이 종식되고, "우리의 에너지를 비경제적 목적에 더많이 쏟을" 때가 올 것이라고 그는 주장했다. 밀과 마찬가지로, 케인스는 이러한 포스트 성장 세계를 생산과 소비를 위한 지속적인 경쟁상태를 넘어선 하나의 발전 형태로 보았다. 그 세상은 우리가 "다시금수단보다는 목적을 더 중시하고, 유용한 것보다는 좋은 것을 선호하

게 될" 장소일 것이다.[26]

기계에 의한 인간 대체가 어떻게 작업의 사회적 역할을 갉아먹는지, 자본주의와 사회주의 모두 인식하지 못했다. 특히 자본주의에서 그 역할은 체계적 노동 생산성 추구를 통해 경제 구조 안에 함몰되어 보이지 않는다. 2장에서 우리는 노동 생산성 추구가 어떻게 사회에 기여하고 또 사회를 약화시켜왔는지 살펴봤다. 노동 생산성이 매년 4~5%씩 성장하고 소비재 시장이 빠르게 팽창할 때, 사회적 보상은 한결 공평하게 배분되었다. 비록 그로 인해 지구에 가해지는 부담은 합리화될 수 없는 것이지만 말이다. 이어진 노동 생산성 성장의 침체는 불평등을 유발했고 자본주의의 쇠락을 돌연 재촉했다.

이러한 역사적 퇴보에서 가장 기이한 것은, 이 퇴보가 어마어마한 자동화 증가와 동시에 발생했다는 것이다. 그 퇴보는 인터넷의 부상, 급속한 경제 세계화와 더불어 진행되었다. 심지어 그 퇴보의 속도는 스마트폰의 탄생, 사회적 연결성의 전례 없는 도약, 인공지능의 '더 깊은 진화'와 더불어 가속되었다. 이 모든 것이 우리의 생산성을 엄청나게 증대시킬 것이라고 기대되었다. 그러나 그로 인한 이득은 일국 차원에서는, 특히 고소득 국가들에서는, 줄곧 달성하기 힘든 목표였고 지금도 그렇다.[27]

이러한 역사적 퇴보를 특히 기이하게 만드는 것이 있다. 우리로 하여금 '로봇이 온다'고, 로봇이 거대한 생산성 급증으로 이어질 것이라고 믿게 한 반복 재생되는 문화적인 밈이 바로 그것이다. 우리는 믿게 된다. 로봇들은 우리보다 쌀 것이고, 물품 제작에서 우리보다 우수할 것이라고. 그들은 판매할 때 더 설득력 있을 것이고, 조언할 때 더 똑똑할 것이고, 아이들을 더 잘 가르칠 것이며, 노인을 돌볼 때 우리보다 더 동정 어릴 것이라고. 그리고 머지않아 그들은 책을 쓰고 곡을 짓는 활동에서도 인간을 능가할 것이라고. 그들은 우리의 직업을, 생계 수단을 빼앗고 어쩌면 지구에서의 우리의 자리를 침탈할지도 모른다고.[28]

이런 이야기들의 한 버전에서는, 이 모든 것의 결과로 인간은 상상할 수 없을 정도로 부유해지고 라일리Riley의 삶을* 살게 된다. 다른 버전에서는, 우리는 새로운 지배 종족, 즉 로봇의 노예가 된다. 인간은 진화의 역사에서 그저 각주 같은 존재로 전락하게 된다. 또 다른 버전에서는, 인간은 분열된 세상에서 살게 될 것인데, 그곳에서 초자동화된 생산 수단을 소유한 이들은 상상을 초월할 정도로 부유해지는 반면, 그렇지 않은 사람들은 지독한 궁핍에 처하게 된다. 또 다른 디스토피아 이야기를 보면, 로봇을 통한 자동화라는 과정 자체가 중단된다. 이 모든 로봇 생산성이 만들어낸 경이로운 산출물을 구매할 만큼의 수입이 보통 사람들에게 없을 것이기 때문이다.

그러나 이러한 초생산성의 엄청난 증대는 지금 어디에 있나? 경제 전체를 바라볼 때, 그러한 증대는 사실상 보이지 않는다. 물론 일부 분야에서는, 엄청난 이득을 보고하고 있다. (경제학자들이 즐겨 쓰는 표현을 쓰자면) 한계생산성 측면에서는, 노동 생산성이 여전히 상승하고 있다. 첨단 기술, 대량 제조, 틈새 응용 분야에서 우리는 여전

---

* life of Riley. '걱정 없는 편안한 삶'이라는 뜻. 20세기 초부터 미국에서 유행했으나 어디에서 유래했는지는 불분명하다.

히 인간 유용성의 죽음 속에서 거대한 발전을 이룰 가능성이 있다.

2016년 3월, 구글 딥마인드의 '알파고'는 세계 최강의 바둑 챔피언 이세돌의 패권(그리고 평정심)을 무너뜨리는 데 성공한다. 자율 주행 차가 미래의 필수 교통수단이 될 것이라는 말이 들린다. 인간의 감정을 읽도록 고안된 휴머노이드 로봇 '페퍼'는 접대, 교육 그리고 심지어 (지불 능력이 충분한 이들을 위한) 개인 돌봄에서의 혁명이라고 호평받아 왔다. 그러나 이러한 화려한 수익으로 인한 이득은 지금 사회 전체로 분배되기는커녕 거의 획일적인 소수 기업의 자본 소유주들에게만 착실히 돌아가고 있다. 평균 노동 생산성 증가율은 1960년대 이래 줄곧 하락하다가 지금은 역전세를 보이고 있다. 다른 한편으로, 각 지역의 기차역에 있는 발권기는 저임금을 받는 엔지니어를 기다리는 '고장 상태'가 아닐 가능성이 크다.[29]

어쩌면 정말로 로봇들이 저기에서 우리를 기다리고 있을지도 모른다. 어쩌면 그들은 모든 것을 바꿀지도 모른다―우리를 구원할 수도, 파괴할 수도 있을 것이다. 사실 그 양면성은 이미 눈에 띈다. 테크놀로지의 양면적 역할이 줄곧 자본주의의 죽음의 본질적 구성요소였다는 것은 전적으로 믿을 만한 사실이다. 어쩌면 우리는 이미 일종의 2층 경제체제에서 살고 있는지도 모른다. 한 층에서는 (이것을 '빠른' 분야라고 불러보자) 가속화하는 기술이 신속한 생산성 성장을 추동하고 자본 소유자들에게 막대한 배당금을 안겨준다. 다른 층에서는 (이 것을 '느린' 분야라고 불러보자) 노동 생산성 증가는 점점 달성하기 힘들어지고, 수익은 쪼그라들고, 임금은 줄어들고, 투자는 어렵거나 불가능해진다.[30]

이런 문제는 얼핏 보기에는 경제학 이론 문제처럼 보일 수도 있다. 부자와 빈자 간 약간의 재분배로써 고칠 수 있는 문제 말이다. 하지만 자세히 들여다보면, 한결 더 우려스러운 일이 지금 벌어지고 있다. 빠른 분야에서는 대부분 대량 상품 생산을 목적으로 기계로 인간 노동을 대체하고 있다. 느린 분야는 그 본질상 인간의 손기술과 업무 처리에 의존하고 있다. 이 분야는 상품보다는 우리가 서로에게 제공하는 서비스와 관련되어 있다. 또한 판매하는 물건보다는 우리가 쓰는 시간과 관련되어 있다. 이 분야는 그 본질상 지구에 해를 덜 가한다.

이 느린 분야가 매우 바람직한 처소라는 사실이 드러났다. 그 분야는 정확히 (이 장에서 우리가 탐색한) 창의성과 손재주를 요하는 작업 그리고 돌봄 노동이다. 하지만 이 분야의 운명은 아슬아슬하다. 노동 생산성 증대로 인한 신속한 이득과 손쉬운 이윤을 제공하지 못하는데, 그런 이유로 자본주의 사회의 변두리에 방치되어 피폐해지는 경우가 많을 것이다. 이 분야가 바로 신데렐라 경제다.* 긴축 재정 뒤에 남은 경제이자, 눈에 보이지 않는 경제, 정치인들과 경제학자들로부터 무시된 경제, 우리가 얼마나 절실하게 그것을 필요로 하는지 이제는 알아차리게 된 경제다.[31]

이 분야는 정말로 중요한 경제다. 그 서비스가 정말로 중요하고, 그 직무가 정말로 중요하며, 그 작업이 정말로 중요한 경제다. 이 분

---

* Cinderella economy. 환경에 위해를 가하지 않으면서 동시에 번영에 도움이 되는 것으로 저자가 지칭하는 경제 분야.

야야말로 번영을, 즉 건강, 고용, 장수, 창의성, 장기 지속성, 충족을 가져다 주는 경제다. 우리의 미래 행복, 어쩌면 우리의 생존까지도 이 경제의 활기와 회복력에 달려 있다. 이 분야야말로 포스트 성장 사회의 기초로서 우리가 반드시 구해야 하는 경제일 것이다.

예술 작품

아렌트가 보기에, 작업의 가장 순수한 표현은 예술의 창의성 속에 있었다. 자본주의가 비생산적인 것으로 또는 그저 장식적인 것으로 치부하는 예술은 인간 세계를 짓고 유지하는 데 핵심이 되는 문화적 역할을 수행한다. "사물의 세계의 순전한 장기 지속성이 그토록 확연한 순수함과 명료함 속에서 잘 나타나는 곳은 예술 외에는 없다"고 아렌트는 썼다. "세계의 안정성이 예술의 영속성 안에서 투명하게 드러나는 것처럼 보인다. 그리하여 불멸을 나타내는 징후가, 영혼이나 삶의 불멸이 아니라 멸할 운명인 자의 손에 의해 성취된 불멸인 뭔가를 나타내는 징후가, 만질 수 있는 형태로 존재하게 되어 그것은 빛을 내고 보이고, 소리를 내고 들리고, 말을 하고 읽히게 된다."[32]

예술 작품의 역할이란 부분적으로는 거울이 되어 세상을 비춰 보이는 것이다. 세상의 미덕은 찬양하고, 그 악덕은 드러내는 거울. 우리 자신을 있는 그대로 볼 수 있게 해주고, 우리가 어떤 사람이 될지 꿈꾸게 해주는 거울. 렘브란트Rembrandt의 동판화 〈선한 사마리아인The Good Samaritan〉은 우리에게 선의의 도덕성을 의심하라고 요구한다. 카릴 처칠의 희곡 《엄청난 돈》은 인간의 탐욕에 대한 적나라한 고발이다. 마거릿 애트우드Margaret Atwood의 소설《미친 아담MaddAdd-am》3부작은 공동체의 힘과 사랑의 인내력을 탐구한다.

돈과 폭력에 관한 결정적인 연구인, 작가 벤 케타이Ben Ketai의 인터넷 TV 시리즈 〈스타트업StartUp〉은 후기 자본주의의 어두운 내면을 폭로한다. 주인공들 중 한 명인 로니 데이시(에디 가테기 분)는 마이애미 리틀 아이티 지역의 LH7이라고 불리는 한 길거리 갱단의 조직원이다. 그는 암호화폐의 거물인 이지 모랄레스 그리고 그녀의 '사우스 비치' 금융업자 닉 탈먼의 인생으로 뛰어든다. 로니는 이들에게 대출금 상환을 하지 않으면 복수하겠다고 위협한다. 그러나 곧 그는 아라크넷(작품 제목인 스타트업 업체)을 자신이 빠져 있는 가난, 마약, 폭력의 악순환에서 탈출시켜 줄 여권으로 이해하기 시작한다.

곧이어, 그의 가족이 시내 주택가에 안전하게 이사를 마치는 가운데, 더 깊은 진실이 그에게 밝혀지기 시작한다. 리틀 아이티 탈출하기는 차라리 쉬웠다. 불의가 불러오는 폭력을 피하기란 훨씬 더 어렵다. 시즌 3 중간의 이야기로, 아라크넷은 여전히 성공과 실패 사이에서 아슬아슬 곡예를 하고 있는데, 로니에게 문득 LH7에 대한 충성심이 되살아난다. 로니는 자신이 뒤에 남겨두고 떠났던 이들에 대해 여전히 자신에게 책임이 있음을 깨닫기 시작한다. 그러나 그가 이런 뜻을 아내 탐에게 설명하려 하자, 그녀의 반응은 시큰둥하기만 하다. "우린 지금이 좋아. 난 지금이 좋아. 당신도 지금이 좋다고 말했잖아." 그녀는 간청한다. "대체 왜 그걸 다 날려버리려고 해?" 로니의 답변은 신랄하다. 그는 자신들의 새로운 삶이 예전과 다를 바 없음을 깨닫게 된다. 그가 찾은 새로운 업무는 "깡패 짓과 다를 바가 없다." "아라크넷은 갱이야." 그는 탐에게 이렇게 말한다. "이 조직은 LH7과 다른 게 없어. 우리는 그저 책상 뒤에서 똑같이 엿 같은 짓을 할 뿐이야."

작가의 메시지는 분명하다. 고삐 풀린 노골적 자본주의의 손아귀 아래서는, 심지어 근사한 일처럼 보이는 것조차도 이미 썩어버렸다. 이 작품의 주인공이 천천히 알아차리듯, 자본주의의 유일한 대척점은 생명에 대한 존중과 인간 품격에 닻을 내린 도덕성이다. 그러나 권력과 특권으로 얼룩진 망가진 사회에서는 공격할 여지가 없는 이러한 미덕조차도 가차 없이 싸워야만 얻을 수 있다. 자본주의의 더럽혀진 양심, 그 표면 위에는 언제고 거리의 폭력이 있을 것이다. 수치를 당하고 체면도 잃고 피 속에서 허우적댄다. 로자 룩셈부르크가 옳았다.

예술 작품의 역할이란 때로 이와 같은 한층 더 어두운 진실을 드러내는 것이다. 세상의 고통에 우리를 육감적으로 연결해주는 것이다. 인간 영혼에 도사리고 있는 악마를 밝혀내는 것이다. 그러나 예술 작품의 임무는 '보다 나은 우리 본성의 선한 천사'*에 빛을 비추는 것이기도 하다. 마야 앤절로의 시 〈아침의 맥박에 대하여On the Pulse of Morning〉는 우리를 서로 연결해주는 유대관계에서 지극한 즐거움을 발견한다. 데이비드 미첼David Mitchell의 소설 《클라우드 아틀라스Cloud Atlas》는 인간의 권력 의지에 대한 매혹적인 대척점을 제시한다. 아이리스 머독Iris Murdoch의 《바다여, 바다여The Sea, the Sea》는 허영과

---

* 스티븐 핑커Steven Pinker의 책 《우리 본성의 선한 천사The Better Angels of Our Nature》에서 저자가 차용한 문구.

배신에 관한 이야기 속에 신비로운 보석 하나를 숨겨놓고 있다.

예술 작품은 아렌트가 '악의 평범성'이라고 불렀던 것을 우리가 극복하도록 도와준다. 예술 작품은 일상이라는 지평선으로부터 우리의 눈을 위쪽으로 들어 올려주고, 우리를 서로에게 그리고 세계에 연결해주는 형태와 양상들을 드러낸다. 그리고 이 모든 것을 넘어, 예술이 지닌 변혁적 힘은 과거의 장벽을 허물면서 새로운 미래의 가능성과 사귀도록 해준다. 이것이야말로 모든 것 중에서 가장 중요한 일인지도 모른다.

정신의 삶

작업에 대한 자본주의의 왜곡은 비극이라 불려 마땅하다. 모든 것을 낭비적 소비의 가속화 과정에 내주면서, 우리는 도리없이 비영속성 상태로 돌아가고 있다. 또한 우리는 가치 있는 작업의 목적 자체를 허물고 있고, 인간 세계를 이루는 내적 조직을 파괴하고 있다. 자본주의는 불멸에 대한 우리의 갈망을 일으키지만, 동시에 그 어떤 것도 확고하지 않다고 우리에게 끊임없이 상기시킨다. 자본주의는 우리를 눈을 찌르는 듯한 초흥분이라는 빛으로 집요하게 끌고 가지만, 우리를 만족시키는 것만큼은 끝내 거부한다. 그리고 이 모든 것은 걷잡을 길 없는 자본주의만의 추진력을 지속시킨다는 명분 속에서 진행된다. 노동이 주는, 육감적 만족은 사라졌다. 작업의 가치는 파괴되었다. 몰입 경험, 절정 경험을 할 기회, 지속가능한 인간 세계가 결속할 기회는 증발하고 말았다.

우리에게 남겨진 건 노동은 폄하되고, 작업은 충족감을 주지 못하며, 인공물은 얇은 안개만큼만 지속이 가능한 어떤 사회다. 우리는 정글의 법칙이 주도하는, 일종의 신다윈주의적 악몽 속으로 다시금 내던져졌다. 또한 돈과 권력을 향한 가차 없는 추구에 시달리면서, 깡패의 땅이라는 수렁에 빠져 있다. 우리는 지금 파고노믹스에 의해 지배되고 있는 것이다. 가난한 자, 박탈당한 자가 먼저 고통받지만 그 비극은 모두의 것이다.

이것은 완전히 피할 수 있는 비극이다. 물질적 세계 안에서 살아가는 물리적 존재로서의 우리의 본성에 맞는 노동에 관한 비전은 분명 존재한다. 우리가 배우고, 발전하고, 창조하고, 참여하고, 사회적 세계를 짓는 데 도움을 주고, 사회 세계 안에서 우리의 자리를 찾도록 우리에게 기회를 제공하는 작업에 관한 비전도 존재한다. 잘 살아감이라는 과제에 응하기 위해 우리에게 필요한 기술을 개발하고 소중히 여기도록 우리를 가르쳐 줄 인간 번영에 관한 비전 또한 그러하다. 아렌트가 그 비전을 본 것은 60년도 더 전이었는데, 그녀는 탁월한 명료함으로 그 비전에 대해서 썼다.

1940년, 독일이 프랑스를 침공하자 아렌트는 두 번째 남편 하인리히 블뤼허Heinrich Blücher와 함께 미국으로 도망쳐, 그 후 뉴욕에 정착한다. 그녀가 《인간의 조건》을 집필한 곳이 바로 이곳이었다. 1960년대에 그녀가, 미국을 변혁하기 시작했던 비폭력 시위라는 새로운 정신을 목격한 곳도 이곳이었다. 아렌트는 열렬한 평화운동 지지자가 되었고, 미국 전역의 캠퍼스들에서 시위를 벌이던 학생들과 긴밀한 동맹 관계를 발전시켰다. 그 시위들은 1968년 대통령 선거 유세

길에 나섰을 때 RFK에게 희망을 주었던 바로 그 캠퍼스 시위들이었다. 평화 운동가들이 베트남전에 대한 항의의 표시로 시카고 대학의 강의를 보이콧했을 당시, 그들이 계속 참석했던 유일한 강의가 바로 아렌트의 강의였다.[33]

하인리히의 건강이 나빠졌을 때 한나가 그를 간호했던 곳 역시 뉴욕이었다. 하인리히의 병세는 1960년대 후반 내내 점차 악화되었다. 그를 돌보는 일은 수고로웠지만, 그녀는 기꺼이 그 일을 떠안았다. 그녀는 한 친구에게 "그 없는 삶이란 생각할 수 없다"고 털어놓기도 했다. 1970년 10월, 그가 사망하자 그녀는 충격 속에서 무너졌다. 그녀는 다시금 작업의 고매함 속으로 자신을 흡수해줄 프로젝트를 찾았고, '열정적으로 사유하기'라는 주제에 몰두하는 삶으로 되돌아간다.[34]

《정신의 삶The Life of Mind》은 아렌트의 마지막 작품이자 미완성 작품이었다. 《인간의 조건》은 어디까지나 더 깊이 있고 매혹적인 이 프로젝트, 즉 명상적으로 사색하는 인간의 능력에 대한 탐구를 위한 전작으로만 의도되었다. 애초 그녀는 3개의 주제를 다루는 3권 분량의 책으로 이 책을 계획했었다. 1975년 11월 29일 토요일, 그녀는 제2권을 완성했다. 그리고 12월 4일 목요일, 그녀는 아마도 이 성과를 축하하기 위해서였을 텐데, 자신의 뉴욕 아파트에 친구들을 초대해 그들과 저녁 식사를 함께한다. 제3권이자 마지막 권의 첫 페이지는 이미 책상 위 타자기에 걸쳐 있었다. 그녀는 그 페이지로 다시는 돌아오지 못할 운명이었다. 그날 저녁 그녀는 급성 심장마비로 쓰러졌고, 의사가 도착했을 때는 이미 늦은 시점이었다. 현장에서 의사는 사망선고를 내렸다. 향년 69세였다.

그 타자기에 걸쳐 있던 첫 페이지는 거의 텅 비어 있었다. 마지막 권의 앞머리를 장식하기를 그녀가 원했던 두 개의 인용문만이 적혀 있었다. 그중 하나는 제2권을 결론지을 때 그녀가 사용했던 명구였다. 그건 도덕적으로 청렴하기로 유명했던 로마 원로원 의원 카토Cato의 말이었다. 또 다른 하나는 독일 작가 요한 볼프강 폰 괴테Wolfgang von Goethe의 비극 《파우스트Faust》에 나오는 한 시구였다.

> 내 앞길에서 마법을 내 손으로 떨쳐낼 수 있다면
> 하나씩 하나씩 요술이라는 엉터리를 지울 수 있다면
> 그리고 **자연**, 당신 앞에 홀로, 설 수 있다면
> 그때는 인간으로 살아가는 이 고역이 보상을 받으리.[35]

두 개의 명구 모두 미집필된 마지막 권에 관한 아렌트의 구상이 무엇이었는지 정확히 알려주기에는 충분하지 않다. 그러나 그 둘은 모두 유한한 물질 세계라는 현실 속에서의 인간의 성취 가능성에 근거가 될, 미완의 진리를 향한 끊임없는 열망은 말하고 있다. 둘 다 이러한 추구에 귀속될 보상을 강조하고 있다. '지금 우리가 무엇을 하고 있는지 생각할' 수 있음은 그러한 보상에 속한다. 바로 그렇게 함으로써 인간의 조건을 이해하고 세계 내의 우리의 자리를 찾아내는 데서 오는 혜택을 수확할 수 있음 또한 그러하다.

8

희망의 숲 지붕

왕가리 마타이

우리 미래의 뿌리는 자신을 땅에 묻을 것이다.
그러면 희망의 숲 지붕이 하늘에 닿을 것이다.
왕가리 마타이, 2006년 [1]

뿌리가 깊어지고 줄기가 단단해져
오래 살고 멀리 보는 도라 한다.
노자, 기원전 500년 이전 [2]

왕가리 무타 마타이Wangari Muta Mathai는 케냐 산Mount Kenya의 비탈에 자리 잡은 니에리Nyeri 지역에서 자랐다. 1940년대 당시 케냐 중부 고원의 산기슭에는 키쿠유Kikuyu 어로 '무구모mugumo'라고 하는 야생 무화과나무 수백 그루가 산재해 있었다. 이 나무들의 거친 수피의 색은 코끼리 가죽의 색이었다. 구불구불한 나무뿌리들은 바위투성이의 대지에 깊은 수로를 뚫어 지하수에 닿았다. 이 나무들은 따뜻한 오렌지색으로 무르익는 작고 동그란 열매를 맺었고, 그 나뭇가지들은 그 나무에서 축제를 벌이는 팅커버드들tinkerbirds과 투라코들turacos의[*]

---

[*] 아프리카에 서식하는 새들이다. 투라코는 '부채머리새'라고도 한다.

노랫소리 속에서 생기 넘쳤다.[3]

왕가리가 어린 시절에 살던 집 인근의 무구모의 나무 지붕은 60피트 높이로 나무 아래 무성하게 우거진 풀들을 덮고 있었다. 바로 옆에는 졸졸 흐르는 맑은 시냇물이 솟아나는 샘이 있었는데, 가족들에게 식수를 공급해주던 시냇물이었다. 왕가리가 물을 긷고 땔감을 모으러 갈 때면, 어머니는 나무 자체에서도, 심지어는 나무 주변 풀에서도 땔감을 가져와서는 안 된다고 늘 당부하곤 했다. "왜 안 돼?" 어린 소녀는 묻곤 했다. "저 나무는 응아이Ngai(키쿠유 어로 신을 뜻함)의 나무이기 때문이지." 어머니의 대답이었다. "우리는 그 나무를 사용하지 않는단다. 자르지도, 태우지도 않는단다."[4]

1960년, 왕가리는 케냐를 떠나 미국으로 간다. '케네디 이송 작전'이라고 불렸던 계획의 일환으로 북미에서 공부할 기회를 얻었던 300명의 똑똑하고 젊은 아프리카 학생들 사이에 그녀는 끼어 있었다. 이 이송 계획은 당시 케냐 해방 운동의 떠오르는 스타였던 톰 음보야 Tom Mboya의 발상이었다. 1959년, 그는 첫 번째 학생 그룹을 북미로 데려오는 데 필요한 자금을 무리 없이 확보했다. 하지만 2년 차 모집 일이 다가왔을 무렵엔 현금이 바닥난 상태였다. 미 국무부에 보낸 청원도 기각되었다. 그리하여 음보야는 존 F. 케네디에게 도움을 청하게 된다.

당시 JFK는 1960년 대선 운동을 막 시작하려던 참이었고, 운동 돌입 즉시 지지를 받았다. 그는 조지프 P. 케네디 주니어 재단(제2차 세계대전에서 전사한 형을 추모하기 위해 설립된 재단)으로부터 자금을 확보하는 데 성공했다. (민주당원) 케네디가 그 이송 계획에 자금을 지원한다는 뉴스가 나오자, (공화당 정권) 미 국무부는 기적을 만들어 과거의 결정을 번복하기에 이른다. 하지만 이 계획에 대한 케네디의 지원은 선거에 결정적인 역할을 했다. JFK는 1960년 선거에 돌입해 근소한 차이로 승리하게 되는데, 아프리카계 미국인 유권자의 68%가 확실히 그를 지지하면서 성사된 승리였다.[5]

20세의 왕가리는 이 가운데 그 어떤 것도 알지 못했다. 그녀는 캔자스주 마운트 세인트 스콜라스티카 대학교에 입학했는데, 전공은 생물학이었다. 그 후 그녀는 피츠버그에서 석사 학위를 받은 후, 케냐로 돌아와서는 박사학위를 받는다. 그리고는 나이로비 대학에서 교편을 잡게 된다. 그녀가 고향 땅인 케냐 산의 기슭을 다시 찾은 것은 고향을 떠난 지 거의 10년이 지난 시점이었다. 그곳에서 마주한 한 풍경은 그녀를 충격과 비탄으로 몰아넣었다. 그 땅의 새 주인이 그곳에 차밭을 만들겠다며 그 나무를 베어버렸던 것이다. 무성하던 풀들은 이미 사라지고 없었다. 토양에는 물기가 없었다. 나무뿌리들이 바위를 움켜쥐어 으깨던 그 땅에서 샘솟던 시냇물은 그 흔적을 찾을 수 없었다.[6]

케냐 전역에서 왕가리는 같은 이야기를 만나게 된다. 어린 시절을 기억하며 그녀는 나무가 사라져버린 현실을 슬퍼했다. 과학자의 눈으로 그녀는 나무의 소실이 불러올 파괴적인 결과를 논리로써 간파했다. 무화과나무 없이는 지하수를 쉽게 확보하기 어려웠다. 나무 그늘이 없어지자 풀들도 사라졌다. 나무뿌리가 없어지자 토양이 그 안정성을 잃어버렸다. 산사태가 산 비탈들을 쑥대밭으로 만들었다. 식수가 메말랐고 새들은 지저귀지 않았다. 그 땅과 그 땅에 사는 사람들이 이로 인한 고통을 오롯이 떠안았다.

왕가리는 어머니가 들려준 소박한 민간전승이 아프리카 시골 사람들의 삶과 생계가 걸린 자연의 자원을 오래 보호하기 위한 암호였다는 사실을 깨닫게 된다. 그녀는 이렇게 썼다. "유럽인들이 이곳에 오기 전까지 케냐인들은 나무를 판매 가능한 것으로 인식하지 않았다. 그런 것으로서 목재를 바라보지 않았다. 코끼리를 보며 상업용 상아 재고를 떠올리지는 않았고, 치타를 보며 아름다운 가죽을 생각하지는 않았다." 그러나 자본주의가 (그리고 부채가) 아프리카식 삶 속으로 침투해 들어올수록 단순한 우화들은 새로운 가혹한 현실에 대항하는 보호막 역할을 거의 하지 못했다. 화폐 경제의 요구들에 휩쓸려, 고작 한 세대 남짓한 시간 안에 자연 세계의 온전함이 망실되었다.[7]

모든 미덕의 어머니

'무구모' 이야기는 전 세계 곳곳에서 자본주의가 자연을 보호하지 못하고 망쳤음을 여실히 보여준다. 이 이야기는 미국삼나무가 감소한 이야기(1968년 RFK는 그 앞에서 탄식했다)와 같은 이야기이고, 오늘날 동남아시아의 팜유 이야기, 아마존의 소 목축 이야기이기도 하다. 지구상의 산림 파괴는 기후 비상사태에 일조하고 있고, 생물 다양성 손실을 가속화하고 있다. 동시에 희소 자원을 고갈시키고 있고, 토착민들의 문화를 뒤엎고 있으며, 나무들이 인류에게 주는 수다하고 커다란 혜택을 인류에게서 박탈하고 있다. 산림 파괴를 추동해온 것은, 장기적인 복리보다 단기적인 이윤을 우선시하는 보상 시스템이다. 또한 산림 파괴는, 자연의 가치란 자연에서 뽑아내 시장 교환에서 사용될 수 있는 것뿐이라는 확신에 의해 더욱 촉진되고 있다.[8]

이 모든 사례에 내재하는 근시안성이야말로, 이것들을 관리해온 경제 시스템의 오류를 보여주는 단적인 징표가 아닐 수 없다. 수다한 사람들이 수다한 문서로써 지적하고 있는 사항이다. 이 자리에서 이러한 오류들의 세부 내용이 무엇인지 반복할 생각은 없다. 자본주의는 그 지배영토 밖에서 값싼 자원을 약탈해야만 앞으로 나아갈 수 있다는 로자 룩셈부르크의 주장이, 아프리카에서, 아시아와 중남미에서 진리로 드러났다. 그녀가 이 점을 지적한 것은 무려 100년도 더 전이었다.[9]

포스트 성장 경제의 토대를 발전시키려면, 자본 축적의 위력 속에서 지구와 사회에 가해진 막대한 피해를 그저 한탄하는 것 이상의 뭔가가 우리에게 요구된다. 자본주의의 지배하에서 인간의 작업의 질이 저하되고 왜곡되는 역학을 우리 손으로 풀어헤쳐야 하듯, 우리는 자본 그 자체의 작동 체계를 더 깊이 파고들어야 한다. 그런 후에야 비로소 가치의 대전환에 도달해 그 전환이라는 토대 위에서 다른 경제를 구축할 수 있을 것이다.

이러한 실천을 위한 나의 출발 지점은 '신중함prudence'이라는 개념이다. 이 단어는 불확실한 미래 앞에서 지혜롭게 행동하는 능력을 뜻한다. 아리스토텔레스에게 신중함(그리스어로는 프로네시스phrone-sis)은 일종의 실용적 지혜여서, 잘 살아감에 부합하는 방식으로 행동하는 능력을 의미했다. 성 아우구스티누스에게 신중함이란, 무엇을 위해 애쓰고 무엇을 피해야 할지를 아는 것이었다. 도덕적이고 종교적인 사유 체계에서, 신중함은 네 가지 '기본적 미덕'의 하나로 여겨진다. 또 어떤 사람들에게 신중함은 '모든 미덕의 어머니'로 여겨지는데, 그것이 미래에 대해 개인이 지니는 도덕적 의무에 관한 인식을 포함하기 때문이다. 경제학에서 신중함은 매우 특정한 방식으로 사용되는데, 사람들의 저축·투자 행위를 의미한다.[10]

물론 이 단어에 대한 우리의 속된 해석과 경제적 신중함은 서로 관련이 있다. 미래의 보상에 대한 기대 속에서 수익 일부를 지금 따로 적립하는 행동은 미래에 대한 관심을 함축하는 신중함의 일반적인 의미에 부분적으로는 부합한다. 그러나 우리가 곧 확인하겠지만, 자본주의 시스템에서 신중함은 쉬지 않고 축적하려는 욕구로, 즉 경제 활동을 추동하는 강력한 동력원으로 진화해간다.

영어 단어 'prudence'는 라틴어 'prudentia'에서 유래되었다. 그리고 이 라틴어는 문자 그대로는 앞을 내다본다, 즉 미래를 바라본다를 의미하는 'providentia'의 축약어다. 고전 철학에서 앞을 내다봄이란 지혜를 구성하는 한 가지 요소였다. 앞을 먼저 내다볼 수 있는 사람은, 지금 어떻게 행동해야 할지에 관해 바람직한 결정을 내릴 수 있는 지혜로운 사람이었다. 이 장 앞머리에서 인용한 노자의 '멀리 보는 도'란 이러한 이해를 일부 표현하고 있다.

이탈리아 예술가 티치아노Titian는 이 개념을 잘 포착하고 있다. 그의 작품 〈신중함의 알레고리Allegory of Prudence〉는 세 남자의 얼굴을 보여주고 있다. 옆모습만 보이는 나이 든 남자는 화면 왼쪽(과거)을 응시하고 있다. 역시 옆모습이 보이는 한 젊은이는 화면 오른쪽(미래)을 응시하고 있다. 얼굴 정면이 보이는 한 중년 남성은 화면 밖을 내

다보며 관람자(현재)를 응시하고 있다. 세 사람 위에는 한 라틴어 비문이 새겨져 있는데, 해석하면 대강 이렇게 된다. "과거로부터 배움으로써 현재는 앞을 내다보는 가운데, 그리하여 미래가 오늘의 행동에 의해 망가지지 않도록, 행동한다."[11]

이 그림은, 신중함이라는 미덕에는 시간의 연장성에 대한 알아차림이 요청된다는 사실을 분명히 말해주고 있다. 신중함은 과거로부터 배움, 미래를 준비함, 아울러 현재 속에서 행동함을 모두 포괄한다. 여기에는 흥미로운 역설이 있다. 아렌트가 넌지시 말했던, 노동이 주는 육감적 행복은 우리의 알아차림이 현재에 머물러 있을 때만 얻을 수 있다. 탈진 상태나 소생 상태가 확연할 때, 그 상태들은 바로 그 순간에 우리를 고정해 놓는다. 하지만 노동하기 편한 조건이 되거나 포만감의 기쁨이 사라질 때, 우리의 알아차림은 현재에서 더 쉽게 멀어져간다. 우리는 우리의 삶이 하루하루 단위의, 분 단위의 생존 투쟁을 넘어 연장된다는 사실을 기억해낸다. 우리의 기억과 후회들, 걱정과 근심들이 필연적으로 우리를 몰입에서 멀어지게 한다. 그때 우리는 다른 방도 없이 그저 불확실한 (궁극적인 의미에서는 확실한) 미래로 이끌려간다. 신중함이 작동해야만 하는 정신적 장소는 바로 이 지점이다.

핵심에 있는 벌레

신중함에 관한 이 같은 개념화는 유용하기 그지없다. 특히 인간의 조건에 관한 아렌트의 분석과 연결되어 생각될 경우 그러하다. 신중함이라는 개념은 우리가 물질 세계에 매몰된 육체적 존재만은 아니라는 사실을 다시금 일깨워준다. 우리는 유한한 기간에 걸쳐 우리의 존재를 살아내고 있는 시간적 존재이기도 하다. 우리 자신의 비영속성에 대한 알아차림은 더 지속가능한 세상을 만들고자 하는 우리의 시도에 핵심이 되는 동기를 부여한다.

신중한 행동이 인간만의 현상이라는 증거란 없다. 모든 종류의 생물종들이 신중한 방식으로 행동하는 것으로 보인다. 다람쥐는 미래의 배고픔을 염두에 두고 견과류를 저장한다. 새들은 알을 낳고 새끼를 보호할 것을 염두에 두고 둥지를 짓는다. 비버는 급류의 속도를 늦추고 안전한 집을 꾸미기 위해서 댐을 짓는다. 개미들은 군집을 이루어서는 번성하고 부지런하며 '신중한' 사회를 창조해낸다.

이것은 곧 다른 생물들이 앞으로 다가올 일을 알아차린다는 것을 뜻할까? 그들은 미래에 관해 바람직한 결정을 내리기 위해서 과거로부터 배우는 걸까? 어떤 경우에는, 그러하다. 파블로프Pavlov가 보상을 기대하며 특정 방식으로 행동하도록 개들을 훈련함으로써 잘 보여주었듯이 말이다. 다른 경우엔 '신중한' 행동은 그저 수천 년에 걸쳐 진화한 본능적 행동일 수도 있다. 잘못 행동함이 곧 멸종이라는 처벌로 돌아올 때, 잘 행동함은 유전자에 암호화된다. 망루에서 오는 신호에 맞추어, 다가오는 치타의 위협 속에서 언제 뛰어야 하는지를 가젤 무리 전부가 본능적으로 알게 되는 것이다.[12]

다른 생물종이 죽음에 대한 인식을 갖추고 있든 아니든, 우리는 그런 인식이 인간에게 있다는 것만은 확실히 알고 있다. 심리학자 셸던 솔로몬Sheldon Solomon에 따르면, 인간이 죽을[필멸의] 운명이라는 사실은 인간 실존의 "핵심에 있는 벌레"다. 그 사실은 "영혼을 집어삼킬" 수 있는 불안을 만들어낼 수 있고, 그러한 불화를 악화시켜 갈등을 유발할 수도 있다. 그러나 그것은 동시에 가장 고귀한 우리의 열망을 깨우고 움직일 수도 있다. 인생의 짧음을 인식함으로써 우리는 무수히 다양한 형식으로 세계-짓기라는 작업에 끝없이 이끌려가는 것이다.[13]

작업의 목표는 불멸에 다가가려는 욕망에 다름 아니라고 아렌트는 말한다. 이 목표를 달성하려고 우리는 미래의 어느 시점에 혜택을 얻기 위해 지금의 시간과 물질적 자원과 돈을 희생한다. 다시 말해, 인간의 신중한 행동에는, 미래를 위해서 현재의 물질적 자원 사용을 상당히 포기하는 행동도 포함된다. 우리는 내일의 보상을 위해서 오늘의 소비를 희생하는 것이다.

경제학에서는 이러한 과정을 투자라고 부른다. 투자는 미래에 대한 자발적인 행동이다. 때로는 우리 자신의 미래에 대한, 때로는 우리의 아이들, 가족, 공동체의 미래에 대한, 때로는 인류의 미래에 대한 행동. 한 유명한 속담은 이러하다. "사회는 멋지게 자라난다. 그 나무 그늘 아래에서 자신들이 쉴 날이 결코 없을 것임을 번연히 알면서도 노인들이 나무를 심을 때." 또는 아프리카 시골에서 권리를 거의 누리지 못하는 가난한 여성들이 그런 일을 실제로 할 때도 그렇다.[14]

학위도 없는 산림전문가

1970년대 중반, 왕가리는 나이로비 정치인인 음왕기 마타이 Mwangi Mathai와 결혼하여 슬하에 자녀 셋을 둔다. 1974년 자신이 출마한 선거 운동에서 음왕기는 나이로비 외곽에 있는 지역구 전체에 완전 고용을 실현하겠다고 공언한다. 국회의원에 당선되자, 그는 유권자들에게 했던 약속을 저버리고 싶은 유혹에 빠진다. 그러나 케냐의 실업률 증대를 무시한다는 것은 불가능한 일이었고, 왕가리는 남편의 야심 찬 선거 공약을 이행해 보기로 결심하게 된다.

어린 시절 살던 집에 있던, 사라진 무구모가 준 가르침은 아직도 그녀를 따라다니며 괴롭혔다. 산림 파괴가 대지를 교란하고 있었고, 가난한 사람들의 삶을 황폐화시키고 있었다. 그리하여 그녀는 묘목을 돌보고 나무를 심는 것이 유일한 목표인 사업에 착수한다. 계획은 부자들의 정원에 나무를 심을 가난한 이들을 고용하는 것이었다. 안타깝게도, 이 사업 모델은 극도로 양극화된 사회의 망가진 경제와 충돌했다. 가난한 이들은 자신들의 수입을 얻기 위해서 월말까지 기다릴 수 없었고, 부자들은 왕가리가 사업을 운영하려면 필요했던 자금의 선지급을 거부했다. 그녀가 겨우 키운 묘목들은 집 마당에 한가롭게 내버려져 있었다.

왕가리는 포기하지 않았다. 나이로비에 본부를 둔 UN 환경 계획 United Nations Environment Programme의 동료들과 의견을 교환했고, 케냐 전국여성평의회National Council of Women of Kenya의 지원 속에서 자신들의 땅과 살림살이를 개선할 수 있도록 시골 여성들을 지원하는 계획을 생각해낸다. 이 새 프로젝트에는 이름이 필요했다. 그녀는 마을들 자체가 나무 심기에 시간과 자원을 투자한다는 프로젝트를 위해 평소 염두에 두었던 사회적 비전을 반영하는 한 단어를 발견한다. 그것은 '협력하다'를 의미하는 스와힐리어 '하람비harambee'였다.

1977년 6월 5일, 세계 환경의 날에 '세이브 더 랜드 하람비Save the Land Harambee'가 출범한다. 이날 왕가리는 새 단체의 행렬을 이끌었다. 케냐 역사상 희생된 7명의 국가 영웅을 위한 7개의 묘목을 나이로비 도심 내 카무쿤지 공원Kamukunji Park에 심기 위해 이동하는 행렬이었다. 발표된 사업 목표는 케냐의 모든 사람을 위해 나무 한 그루씩을 심는 것이었다. 몇 개월이 지나지 않아, 묘목을 찾는 수요가 압도적인 물결을 이룬다. 그리고 왕가리는 여성들에게 자신들의 마을 농원을 어떻게 운영하면 되는지 가르치기 시작한다. 산림전문가들에게 도움을 요청했을 때, 그녀가 직면한 것은 복잡한 조언과 냉담한 거절이었다. "나무를 심으려면 학위가 있는 사람들이 있어야 해요." 그녀가 들은 말이었다. [15]

이에 굴하지 않고, 왕가리와 '학위도 없는 산림전문가' 공동체는 자기 교육에 착수한다. "누구라도 땅에 구멍을 파고 그 안에 나무를 꽂고 기를 수 있지요." 그들에게 그녀는 말하곤 했다. "여성의 감을 믿고 따르세요." 왕가리는 10단계로 구성된 간단한 계획을 만들어낸다. 그룹을 짜고, 나무를 심고, 진행 상황을 보고하게 하는 계획이었다. 이윽고, 케냐 전역에서 마을의 여성들이 묘목을 기르고 나무를 심고 있었다. 결국, 이들은 한 줄에 천 그루가 넘는 나무들을 심었고, 그로써 지구와 케냐의 자연을 '녹색 조각보'로 복원할 '그린벨트'를 조성하게 된다.

성공에는 대가가 따르는 법. 세계 환경의 날 행렬 후 채 한 달이 되지 않아, 음왕기가 그녀 곁을 떠났다. 훗날 왕가리는 이렇게 썼는데, 결혼 경험에 대한 린 마굴리스의 성찰과 놀라울 정도로 공명하는 진술이었다. "나는 훌륭한 정치인의 아내, 훌륭한 아프리카 여성, 합격 점수를 받는 대학교 선생이 되기 위해 노력했다. 한 사람이 전부 다 잘 해내기에는 너무 많은 역할들이었던 걸까?" 아니면, 케냐는 자기 주변의 병든 사회를 바꾸고자 하는, 교육받은 독립적 여성을 받아들일 준비가 되어 있지 않았던 걸까? 법원에 제출한 이혼 청구에서, 음왕기는 그녀가 "지나치게 교육받았고 지나치게 강하고 지나치게 성공한 사람이며, 지나치게 고집스럽고 통제하기 너무 어렵다"고 말한 것으로 전해졌다.[16]

이혼 절차가 진행되던 어느 날 법정에서 왕가리는 남편의 변호사가 던진 질문에 반문했다. 그러자 변호사는 판사를 향해 이렇게 말했다. "존경하는 재판장님, 그녀가 방금 뭐라고 물었는지 들으셨지요? 만일 법정에서 감히 내게 이렇게 묻는 사람이라면, 집에서는 내 의뢰인에게 무슨 짓을 할까요?" 바로 그 순간, 그녀는 자신이 패소할 것임을 직감했다. 하지만 더 나쁜 것이 뒤따라올 예정이었다. 며칠 후 어느 잡지 인터뷰에서 이 결정을 비판하자, 그녀는 법원으로부터 해당 발언을 철회해달라는 요청을 받게 된다. 그녀의 응답은 거절이었다. 결과는 징역 6개월 선고였는데, 죄목은 모욕죄였다.[17]

감옥 안에서 그녀는 동료 수감자들의 관대함과 친절함만을 경험한다. 자신이 왜 감옥에 들어온 건지 이유를 설명하자, 한 여성은 이렇게 말했다. "판사들이 훗날 공정하고 정의롭게 판결할 수 있도록 그들을 위해 기도해야 해요." 왕가리의 변호사들은 타협점을 찾아냈고, 단 며칠 만에 그녀는 석방된다. 하지만 이 경험으로 왕가리는 케냐의 정치적 현실을 뼈아프게 인지해야 했다. 이제 그녀는 자신이 케냐인

들, 특히 케냐 여성들의 권력 박탈의 뿌리를 근절해야만 한다고 확신하게 된다.[18]

투자는 미래를 위한 행동이다

왕가리가 창립에 가담한 그린벨트 운동은 정치적·사회적 변혁을 위한 강력한 힘으로 진화해간다. 그 운동은 "나무 심기 운동에서 생각도 함께 심는 운동으로" 서서히 커져만 갔다. 놀랄 것도 없이, 그러한 생각들은 나무들보다 훨씬 더 환영받지 못했다. 여성 스스로 정치적 개입을 하지 않는 이상, 당국은 그들을 없는 존재인 양 취급할 수 있었다. 그러나 그들이 왜 나무가 사라졌는지를 따지기 시작하고, 현실 변화를 위해 정치적 자유를 위한 캠페인을 벌이기 시작하자, 그린벨트 운동은 훨씬 덜 용인되기에 이른다.[19]

왕가리와 동료 활동가들은 20년간 지속된 반대와 억압을 견뎠다. 그 기간에, 왕가리는 직업과 집을 그리고 잠시 동안은 자녀들을 만날 권리를 상실하게 된다. 1992년, 그녀는 자신의 이름이 암살 대상 명단에 있다는 사실을 알아낸다. 그리하여 자신의 집에 바리케이드를 치고는 가능한 한 많은 전 세계 기자들과 접촉하기 시작한다. 무슨 일이 일어나고 있는지 그들이 인지하게 하고, 곧 시행될 자신의 체포를 증언하게 하고자 함이었다. 3일 후, 피할 길 없는 일이 결국 일어난다. 대치 상황을 더는 참지 못한 경찰은 바리케이드를 뚫고 그녀를 집 밖으로 끌어낸 후 대기 중이던 차량에 밀어 넣었다. 그들이 떠난 뒤쪽으로는, 그녀가 끌려 나온 집의 대문이 크게 열려 있었다. 그녀가 감옥에 있는 동안, 그녀에게 들른 사람은 전 남편 음왕기였는데, 자신의 부동산을 지키기 위함이었다.

보석으로 풀려난 후, 왕가리의 첫 번째 행동은 정치범 구금에 항의하기 위한 단식투쟁에 참여한 것이었다. 결국 그녀는 의식을 잃어 병원에 입원하게 된다. 1999년엔 나이로비 외곽 카루라Karura 숲 보호를 위해 진행된 시위 도중, 다른 몇몇 사람들과 더불어 무장 경비원들로부터 공격을 받아 잔혹하게 머리를 가격당한다. 피를 철철 흘리며, 그녀는 그 지역 경찰들에게 신고했지만, 그들은 행동에 나서지 않는다. 그러나 외신 기자들이 그 시위를 목격했고, 결국 국제적인 공분을 불러일으킨다.

그로부터 얼마 지나지 않아, 정치적 흐름은 점차 그린벨트 운동에게 유리해진다. 땅의 미래, 그 땅에서 사는 이들의 살림살이의 미래에 대한 그린벨트 운동의 오랜 투자가 마침내 결실을 맺기 시작했다. 공공의 산림을 민간 개발업자들에게 팔거나 공무원들에게 나눠주던 시대가 끝나가고 있었다. 2002년, 왕가리 마타이는 대중정당인 전국무지개 연대*의 후보로 나섰고, 98%의 득표율을 기록하며 국회의원에 선출된다.

나무 심기라는 단순한 행동에는 일종의 희생이 수반되기 마련이다. 그 희생은 그린벨트 운동 영웅들의 희생처럼 항상 거창한 것은 아니겠지만, 시간, 에너지, 자원 같은 특정 종류의 투자를 언제나 요구

---

* National Rainbow Coalition(NARC). 케냐의 정당. 2002년 선거에서 대승을 거두며 2002년~2005년 집권했다.

한다. 이러한 투자가 주는 보상을 왕가리는 '희망의 숲 지붕'이라고 불렀다. (이 장 앞머리 인용문 참조) '숲 지붕'은, 문자 그대로는, 기후를 안정시키고 토양을 개선하며 자신들에게 의존하는 사람들의 생계를 지켜주는 나무의 깊은 뿌리와 보호엽을 뜻한다.* 하지만 은유적으로는 미래를 위해 행동에 나설 힘을 상징한다.

나무들이 자라는 느리디느린 속도에 좌절감을 느낀 여자들과 함께 일하며, 때로 왕가리는 그들에게 "그들이 지금 베는 나무는 그들 자신이 심은 것이 아니라 과거에 사람들이 심은 나무"라는 사실을 상기시키곤 했다. 대지에 대한 투자, 산림 관리와 토양 안정화와 기후 보호에 대한 투자는 과거를 현재로, 현재를 미래로 연결해준다. 때로는 우리가 전혀 볼 일이 없는 먼 미래로 우리를 연결해준다.[20]

산림 관리에 적용되는 것이라면, 우리가 우리 자신에게, 서로에게 하는 투자와 관련해서도 고스란히 적용된다. 건강에 대한 투자는 미래의 삶의 질, 장수를 위한 행동이다. 숙련에 대한 투자는 보상을 주는 작업에 매진하고 몰입을 경험할 (우리 자신의) 가능성을 위한 행동이다. 아이들, 가족, 친구들과 함께 우리가 보내는 시간은, 공통 경험 속에서 이룩될 모두의 번영의 기초인 사회적 유대감을 형성한다. 공예 작품이나 창의적 예술에 대한 투자는 인간 세계의 장기 지속성을 위한 행동이다. 투자는 미래를 위한 우리의 행동인 것이다.

---

* canopy에 관한 저자의 정의. 그러나 canopy는 일종의 지붕을 형성하는 나무(들)의 위쪽 가지와 잎을 가리키는 말이지, 뿌리를 가리키는 말은 아니다.

카지노 경제

확실히, 자본주의는 이와 같은 훌륭한 이상에서 수 백만 킬로미터 벗어나 있다. 자본주의에서 투자 가치는 투자자가 투자로써 얻는 단기 금융 수익을 기준으로 판단된다. 투자 자체가 돈으로 돈을 버는 과정으로 인식된다. 신중함은 자본주의에서도 중시되지만, 경제학에서 공식적으로 정의되는 신중함은, 불확실한 미래에 대한 보장으로 소비자들이 현재의 소비를 희생하는 정도를 뜻한다. 그러나 이러한 의미의 신중함은 저축의 최종목적이나 투자의 지혜 또는 더 지속가능한 세상을 만드는 과정상의 투자의 역할에 관해서는 거의 말해주지 못한다.

투자를 생산적인 것으로 만들고자 한다면, 우리는 경제적 재화와 서비스를 제공하는 데 필요한 물질적 자산들을 만들어내고 유지해야만 한다. 그러나 이러한 '실물' 경제의 한편에서, '금융' 경제의 규모와 복잡성은 기하급수적으로 증대해왔다. 이러한 흐름은 2008년 글로벌 금융위기 훨씬 이전부터 등장했다. 은행들은 점점 더 비-금융권 기업들에 대한 대출보다 오히려 서로에 대한 대출을 증가시켰다. 온갖 종류의 금융파생상품, 헤지펀드, 담보채무, 신용파산스왑, 서브프라임모기지, 서브프라임보험, 선물시장—이러한 것들 전부가 이해하는 이가 거의 없던, 금융 시스템의 불가사의한 구성요소들이었다. 그리고 바로 이것들이 2008년 리만 브라더스의 파산을 어느 만큼은 필연적으로 야기했다.

전문 지식이 없는 일반인들에게도, 이에 관한 증거는 넘쳐난다.

실물 경제에 자금을 조달하는 대신, 금융권은 금융권에 자금을 조달하느라 바빴다. 이 게임에 평가 기관들이 공모했다. 규제 기관들은 위법행위를 눈감아 주었다. 때로 이들은 규정을 바꾸어 그 행위를 촉진하기까지 했다. 투기가 일종의 카지노 경제를 운전하고 있었다. 세계에서 가장 강력한 금융기관들은, 거의 문자 그대로, 미래는 그다지 중요한 것이 아니라는 데 베팅하고 있었다. 언젠가 영국의 전 총리 고든 브라운Gordon Brown이 칭했듯, '무책임의 시대'였다.

조만간, 이 거품은 터져야만 했다. 그리고 2008년 9월, 터져야 할 것이 터졌을 때, 세계 경제를 붕괴로부터 구해낸 것은 오직 대중의 지갑, 즉 납세자들이 낸 세금이었다. 2장에서 확인했지만, 그 구조 방식은 부자들은 구제하고 빈자들에게는 긴축을 강요하는 것이었다. 이윤의 사유화, 비용의 사회화는 시작 단계부터 자본주의 투자의 결정적인 특징이었다. 이 역기능적 논리에서 어떤 변화도 일어나지 않는다면, 미래를 위한 투자라는 행동은 구원받을 수 없이 망가지게 될 것이다.

제50회 세계경제포럼이 다보스에서 개최되기 직전, 세계 최대 자산운용사 블랙록BlackRock의 대표 래리 핑크Larry Fink는 CEO들에게 보내는 관례적인 '연례 서한'을 공개했다. 기후변화가 투자 위험에 대한 일반인들의 시각을 빠르게 바꾸고 있고, "내 생각에 우리는 근본적인 금융 개편을 코앞에 두고 있다"고 그는 썼다. "가까운 미래에 (대부분이 예상하는 것보다 더 빠른 시점에) 상당한 자본 할당의 재편이 일어날 것이다."[21]

세계의 지속가능성 관련 투자에 관한 최근의 평가보고서는 탄소 배출량을 저감하는 재생가능 에너지와 같은 기술에 대한 투자인 '기후 금융'이 실제로 증가하고 있고, 그 총액이 현재 연간 5,000억 달러를 넘는다고 밝혔다. 그러나 이 수치는 기후변화에 관한 정부간 협의체IPCC의 1.5도 목표 달성에 필요한 청정에너지 투자액인 1조 6,000억~3조 8,000억 달러에는 크게 미치지 못한다. 기후 금융 밖에서 신중함은 더욱더 떨어진다. 자연의 '생물 다양성' 보호에 소요되는 금액은 세계 GDP의 0.002%일 뿐이다.[22]

반면, 세계 각국 정부들은 여전히, 세금을 활용하여 연간 5조 달러가 넘는 화석연료 투자분에 보조금을 지급하고 있다. 세계 GDP의 6% 이상이 단 수십 년 안에 우리의 세계를 거주 불가능하게 만들 수 있는 근시안적인 투자에 들어가고 있는 것이다. 재생가능 에너지·저탄소 인프라에 대한 투자로 전환된다면, 이러한 사악한 보조금들은 현재의 기후 투자 차액을 채우고도 남을 것이다.[23]

핑크의 이의 제기는 시대가 바뀌고 있다는 흥미로운 신호다. 그러나 투자자 선호도에서의 미미한 변화란 무책임의 시대에서 우리를 구하기에는 역부족일 것이다. 자본주의의 타락하고 부패한 부분들을 잘라내고, 투자의 역할을 사회 내의 적절한 역할로 되돌려야 할 근본적인 필요가 있다. 2020년 초 다보스에서 부들부들 떨던 모습은 대부분 연기였을지도 모른다. 그러나 글로벌 팬데믹이라는 그 뒤에 일어난 사건을 볼 때, 당시 상황의 아이러니는 고통스러울 정도로 분명하다. 투자의 적절한 역할이란 자연 세계의 비영속성에 맞서 장기 지속성의 감각을 생산하는 것이다. 자본주의의 손아귀에 갇혀, 그러한 투자의 역할은 줄곧 왜곡되고 타락해왔다. 투자는 극소수를 부자로 만들려 하는 가운데, 모든 이의 안전을 허무는 역할을 해왔다.

신중함으로 돌아가기?

지난 수년간, 지속 불가능하거나 비윤리적인 산업들에 '비투자'하고(또는 기 투자금을 회수하고) 우리의 미래의 번영을 보호하는 자산들에 투자해야 한다는 압력이 증가해왔다. 기후 금융의 증대는 이 '비투자-투자' 운동의 한 표현물이다. 연기금들Pension funds은 (그리고 일부 국부 펀드들은) 화석연료 투자에서 손을 떼기 시작했다. 중앙은행들은 금융기관 전체로 하여금 기후 관련 위험을 평가하도록 요구하며, 이러한 흐름을 지원하려 하고 있다. 반면, 각국 정부들은 이러한 변화를 가속화하는 데 필요한 규제를 부과하는 데는 지나치다 싶을 정도로 더디기만 했다. 그러나 이미 주주들은(그리고 펀드 매니저들은) 자연환경을 훼손하거나 공급망 노동을 착취하거나 바람직한 기업지배구조를 억누르는 기업에 대한 거부 권한을 행사하기 시작했다. 윤리적인, 지속가능성에 관심을 둔 투자자들은 자신들의 돈이 공공의 이익을 위해 쓰여야 한다고 요구하기 시작했다.[24]

이러한 윤리적 펀드 중 일부가 경쟁 펀드보다 더 나은 성과를 낸다는 사실은 통념에 대한 놀라운 도전이 아닐 수 없다. 하지만 이는 정말 불가사의한 사태는 아니다. 오늘날 투자 가치는 미래 경제에서 얼마나 성과를 내느냐에 있다. 그리고 향후 미래는 과거의 파산적 금융 구조와는 꽤 다를 것이라는 점이 점점 더 명백해지고 있다.[25]

미래 경제는 재생가능 에너지, 재생가능 테크놀로지를 중심으로 구축될 것이다. 또한 공정한 임금 지불과 투명한 기업지배구조를 중심으로, 사회·환경 자산의 체계적 파괴가 아니라 그것들의 보호와 복원을 중심으로, 지역사회에 도움이 되고 자연과 조화를 이루는 사업을 중심으로 구축될 것이다. 이러한 새로운 투자 환경 속에서 먼저 움직이는 이들이 (당연히) 그로 인한 배당금을 가장 많이 받게 될 것이다. (더 늦게지만) 사회의 나머지 사람들 역시 그렇게 될 것이다.

지금껏 이 비투자-투자 운동은 주로 기후 금융 영역에 국한되어 왔다. 그러나 내가 보기에, 우리는 이것보다 훨씬 더 깊은 이해를 바탕으로 앞으로 다가올 과제를 이해해야만 한다. 투자를 미래에 대한 행동으로 보는 관점은, 지금과는 매우 다른 종류의 삶을 위한 물리적 인프라를 건설하고 유지하라고 우리에게 요청한다. 단지 더 지속가능하고 회복력 높은 방식만이 아니라 자본주의하에서의 삶보다 더 건강하고 충족감 높은 방식으로 살아가는 것이 가능한 삶 말이다.

이 새로운 투자들을 위한 확실한 토대는 **생태적 투자**라고 불릴 만한 것임이 틀림없다—기후, 대지, 해양, 강, 숲, 생물 서식지, 즉 지구라는 우리의 집의 보호에 자원을 할당하는 행동 말이다. 이런 부분의 투자들(자본주의 체제에서는 대부분 무시되고, 지속가능성을 중시하는 투자 안에서만 부분적으로 출현하는)이야말로 영속적인 번영을 위한 절대적 선요건이다.

다음으로, 아렌트의 노동/작업 구분에서 힌트를 얻어 두 유형의 생산적 자산들을 정의 내릴 수 있다고 생각한다. 하나는 삶의 유지를 촉진하는 자산들(이것을 **돌봄 투자분**이라고 불러보자)이고, 다른 하나는 충족감 높으며 지속가능한 인간 세계를 창조하는 데 기여하는 자산들(이것을 **창의적 투자분**이라고 불러보자)이다. 돌봄 투자분은 우리가 사회의 일상적 구조를 유지하도록 해주는 것들이다. 즉, 주택, 병원, 학교, 상점, 먹을거리와 생물학적 필수재를 공급하는 체계가 그러한 것들이다. 창의적 투자분은 인간 세계의 장기 지속성을 위해 공급되는 것들로, 아렌트가 인공물이라고 부른 것이다. 즉, 공동체 공간들, 만남의 장소들, 예술적인 장소들, 예술 작품들이 그러한 것들이다.

상품의 물질적 가치와 상징적 가치를 딱 둘로 나누어 구별할 수 없듯, 이 두 종류의 투자분들 역시 겹칠 수밖에는 없을 것이다. 그러나 그럼에도 이러한 구별은 유용한데, 우리의 투자 의도들이 어떤 부문에 초점을 두고 있는지를 이 구별이 처음으로 명시하기 때문이다. 한편으로, 우리는 코로나바이러스 위기 동안 가장 중차대한 것임을 입증한 저 최전방 서비스들을 우선시하고 지원해야만 한다. 다른 한편으로, 우리는 회복력 높은, 저탄소 세계의 인프라에 투자하는 과업을 진지하게 수용하기 시작해야 한다.

각국이 차례로 바이러스 확산 저지를 위해 실로 다채로운 봉쇄령을 내렸을 때, 마을과 도시들에는 돌연 자동차가 사라지고 없었다. 자동차가 있던 자리에 보행자와 자전거를 탄 사람들이 찾아왔고, 그들은 자신들에게 점점 더 접근하기 어렵게 되었었던 거리와 도로에 대한 권리를 되찾았다. 오랫동안 망각되었던 이 공공 공간은 공동 번영, 즉 활동적이고 육체적이고 사회적인 존재로서의 우리 자신의 본성이 꽃필 수 있는 세계에 관한 새로운 감성과 감각의 장소가 되었다. '살기 적합함liveability'에 투자하기, 회복력 높고 충족감 높으며 활기찬 탄소 제로 세계의 인프라를 구축하기로 인한 혜택이 이처럼 확연히 체감된 적은 일찍이 없었다.

결국, 경제에서 투자가 차지하는 역할은 산림 관리에서 투자가 차지하는 역할과 같다. 또한 우리의 개인적인 삶에서 투자가 차지하는 역할, 우리의 사회 세계에서 투자가 차지하는 역할과 같다. 그 역할이란, 희망의 숲 지붕을 창조하는 것, 우리의 번영을 좌우하는 조건들을 보호하고 유지하는 것, 우리의 아이들에게 더 강하고 더 회복력 높은 세상을 전해주는 것이다. 티치아노의 〈신중함의 알레고리〉가 시사하듯, 신중함의 실행은 시간의 앞뒤로 뻗어나간다. 그러나 그것은 동시에 지속적인 현재에, 적어도 자신의 미덕 중 일부를 선사한다. 오늘의 시점에서는, 미래에 대한 투자야말로 우리 자신의 삶을 의미 있게 만드는 최고의(아마도 유일한) 방법일 것이다.

부채 탕감

왕가리의 삶은 그 자체가 일종의 투자였다. 자신의 마지막 저작인 《지구를 가꾼다는 것에 대하여Replenishing the Earth》에서 왕가리는 자신이 일하도록 자신을 움직였던 가치들에 관해 실로 감동적인 이야기를 들려준다. 특히 그녀는, 어떻게 해서 봉사를 위한 의지와 행동이 그린벨트 운동의 핵심에 있게 되었는지 서술한다. "사심 없는 봉사란, 우리가 최고의 인간 사례라고 인식하는 사람들" 즉, "스스로 자유와 권한을 획득함을 보여주는 모델만이 아니라, 어떻게 다른 이들의 마음을 움직여 그들이 공공선을 위해 행동하도록 할 것인지를 보여주는

모델 역시 대변하는 사람들…안에서 우리가 칭송하는 많은 것의 기본"이라고 그녀는 썼다.[26]

왕가리의 삶은 케냐와 다른 많은 가난한 개발도상국들이 직면한 문제들, 가령 여성의 자유와 권한의 상실, 시골 살림살이 수준의 저하, 토양의 파괴, 어린 시절 살던 집 근처에서 '무구모'가 사라진 문제에 대한 해결책 찾기로 점철되었다. 이러한 문제들의 뿌리를 찾아내려고 애쓰던 어느 날 그녀는, 별반 놀랄 것도 없지만, 세계 최빈국들이 떠안고 있는 압도적 부채 부담이라는 문제에 경도되기에 이른다. 이 문제는 고장 난 자본주의 체제가 불러온 가장 치명적인 결과 중 하나였고, 지금도 여전히 그러하다.

가장 부유한 국가들은 개발이라는 미명 아래 아프리카로 들어오고 나가는 금융 흐름에서 불공평하게 이득을 취해왔다. 1970년에서 2002년 사이, 아프리카 국가들은 5,400억 달러를 빌린 후 5,500억 달러를 갚았다. 하지만 이들은 여전히 3,000억 달러의 빚을 대출 기관들에게 지고 있다. 왕가리는 이러한 사태의 부당함을 알아내고 확인하는 것에 만족하지 않고, 그들에 맞서 무기를 치켜들었다. 1998년, 그녀는 '주빌리Jubilee 2000 아프리카' 캠페인의 공동 의장직을 맡는다. 새천년이 시작되는 해에 주빌리(세계 최빈국들의 부채 가운데 최악의 부채를 탕감하는 것)를 제정하는 것이 그녀의 목표였다.[27]

이 캠페인은 전 세계 유명인사들과 정치인들에게 엄청난 관심을 불러일으켰고, 결국 약 1,000억 달러에 이르는 부채의 탕감이라는 결과를 낳았다. 그러나 이 전투는 결코 승리는 아니었다. 오늘날 아프리카에서 빠져나오는 채무 상환, 본국으로의 이익 송금, 자본 이탈 등의 돈의 양은 아프리카로 들어가는 돈의 양보다 2.5배 더 많다. 인류학자 제이슨 히켈Jason Hickel이 주장했듯, "부국들은 빈국들을 발전시키는 것이 아니라, 빈국들이 부국들을 사실상 발전시키고 있다. 그리고 이런 사태는 15세기 후반부터 줄곧 지속돼왔다." 이러한 불의는 21세기에도 지속되고 있다. 악화된 부채 위기로 인해 아프리카의 코로나 바이러스 대응 능력이 크게 위축된 것이다.[28]

왕가리 마타이는 지금 이 문제와 투쟁하기 위해 아프리카에 있지 않다. 그녀가 난소암 합병증으로 사망한 것은 2011년이었다. 그러나 그녀의 정신은 계속해서 그녀의 고향을 넘어 숱한 사회공동체들에게 영감을 주고 있다. 나무, 사람들 그리고 정의에 바친 그녀의 헌신은 놀라울 정도로 단순했고, 특별한 용기가 무엇인지를 우리에게 보여주었다. 그녀의 끈기와 개인적인 희생은 공동체들을 살려냈고, 여성들에게 힘을 주었고, 사람들의 살림살이를 도왔고, 토양을 안정시켰고, 대기로부터 탄소를 흡수했으며, 케냐와 전 세계의 농촌지역 자연에 활기를 소생시켰다.

왕가리는 아프리카에서 지속가능한 살림살이, 건강한 토양, 활기찬 공동체를 향한 여정이 전혀 끝나지 않았다는 사실을 처음 인식한 사람이었을 것이다. 망가진 금융 시스템으로 인한 불행이 번영에 커다란 장애물로 남아있다는 사실도. 하지만 그녀는 그 불행에 맞서 싸우는 것을 멈추지는 않았을 것이다. 그녀는 언젠가 이렇게 말했다. "비틀거림은 우리가 걸어가는 이 먼 길에서 그저 한 걸음일 뿐이다. 거기에 머문다면 이 여행의 완성은 지연될 뿐이다."[29]

그녀를 2004년 노벨평화상 수상으로 이끈 것 그리고 전 세계인의 가슴에 자리 잡게 한 것은, 다름 아닌 이러한 비범한 정신이었다. 그녀가 만든 그린벨트 운동은 케냐에만 5,000만 그루 이상의 나무를 심었고, 지구 전역에 수억 그루의 나무를 심는 운동에 영감을 주었다. 그녀의 헌신은 포스트 성장 세계에서 투자가 무엇을 할 수 있고, 무엇을 해야 하는지를 예시해준다. 그녀가 만든 희망의 숲 지붕은 아프리카 밖으로 뻗어 나와 불확실한 미래를 향해 강력한 빛을 비추고 있다.[30]

9

권력의 기술

틱낫한, 헨리 데이비드 소로, 존 로크

당신이 좋아하든 싫어하든,
변화가 도래하고 있음을 알리기 위해 우리는 여기에 왔습니다.
진정한 권력은 사람들에게 있습니다.
그레타 툰베리, 2018년 [1]

당신에게 나아갈 길이 있다면,
당신에게는 권력[힘]이 있다
틱낫한Thich Nhat Hanh, **2007년 [2]**

1968년 대통령 선거 운동 과정에서 바비 케네디가 베트남전 반대를 외쳤던 것은, 부분적으로는 어느 베트남 승려의 영향을 받은 것이었다. 당시 이 승려는 고향의 평화를 호소하기 위해 미국에 왔었는데, 그의 이름은 틱낫한이었다.

1926년 베트남 중부 후에Hue 시에서 태어난 틱낫한이, 잔디밭 위에서 가부좌를 한 채 평온과 평화를 발산하는 붓다를 그림에서 우연히 발견한 건 겨우 일곱 살 때였다. 이 이미지는 자신의 주변에서 이 소년이 봤던 갈등이며 고통과는 극한 대조를 이뤘는데, 그것은 그의 전 생애의 행로를 정할 운명이었다. 16세가 되자, 그는 베트남 선불교

전통을 따르는 사미승으로서 후에에 있는 투 휴Tu Hieu 사찰에 승적을 올린다.[3]

틱낫한이 학업을 마칠 무렵, 베트남은 전면전 직전에 이른 상태였다. 한때 프랑스 식민지였던 이 국가는 미국과 그 동맹국들에게 실망을 안겨주며 점차 서구의 영향에서 벗어나고 있었다. 1954년 마침내 프랑스가 이 지역에서 철수했을 때, 베트남은 후에 시 바로 북쪽에 있는 (북위) 17선을 기준으로 둘로 쪼개졌는데, 그리하여 20년간 극히 비참한 교전 속에서 비극적으로 미군이 참전하게 되는 상황에 휘말리게 된다. 공식적으로, 그것은 신생 정부인 북베트남과 남베트남 간의 내전이었다. 그러나 그것이 무엇을 위한 전쟁이었는지는 모두가 알고 있었다. 그것이 냉전 시대 권력을 놓고 미국과 소련 사이에서 벌어진 잔인한 난투극이었다는 것을.[4]

1960년대에 베트남 내 긴장이 고조되자 존 F. 케네디는, 그 뒤를 이어 린든 B. 존슨은 수다한 미국인들의 실망에 기름을 부으며 더 많은 자원을 전장에 투입한다. 그리고 틱낫한은 그 결과물을 직접 목도하게 된다. 그렇게 그는 '전쟁의 근원지'에 가서 평화 캠페인을 벌이기로 작심한다. 그리하여 뉴욕 이타카 소재 코넬 대학에서 열리는 세미나에 와 달라는 초청을 수락하고는, 1966년 5월 생애 처음으로 고국을 떠나게 된다.[5]

양 진영 모두 베트남 안에서 틱낫한이 내놓는 반전 메시지를 듣고 싶어하지 않았다. 그러나 그 메시지는 이 분쟁에 자국이 개입한 현실에 대해 불편해하던 미국인들로부터는 따뜻한 환영을 받는다. 1967년 1월엔, 시민권 운동가 마틴 루터 킹 주니어Martin Luther King

Jr.가 그를 노벨평화상 후보로 지명한다. "여기 평화와 비폭력의 사도가 있습니다"라고 그는 지명 서한에서 썼다. "그는 지금 동족들과 떨어져 있고, 그들은 악랄한 전쟁에 짓눌려 있지요. 그 전쟁은 전 세계의 온전한 정신과 안보를 위협할 정도로 커지고 말았습니다." 두 사람은 같은 해 6월, 제네바에서 열린 한 회의에서 함께 평화 캠페인을 벌인다.[6]

그로부터 채 1년도 지나지 않아, 킹은 사망한다. 또 다른 암살자의 총탄에 희생된 것이다. 필라델피아에서 진행된 평화시위 도중, 틱낫한은 어느 미국 기자로부터 북베트남에서 왔는지, 남베트남에서 왔는지 확인해달라는 요청을 받는다. "만일 북쪽에서 왔다고 말했다면, 그는 내가 반미주의자라고 생각했을 것"이라고 수년이 지난 후, 틱낫한은 썼다. "또 만일 남쪽에서 왔다고 말했다면, 그는 나를…친미주의자라고 생각했을 것이다. 그래서 나는 웃으며 이렇게 말했다. '저는 중앙에서 왔습니다.'" 이 표현은, 문자 그대로 사실이었다. 그러나 그것은 당시 자신의 고향 땅을 떠돌던 분단과 분열이라는 유령에 대한 일종의 거부이기도 했다. 또한 그 분쟁 속에서 고통받던 모든 이들에 대한 연대의 표현이었고, 삶의 모독으로 귀결될 수밖에는 없는 디스토피아적 권력에의 굴종을 거부함이었다.[7]

이 책에 서술된 여정은 수백 년간 우리 문화의 중심에 자리 잡은 가정들을 전복한다. 우리가 자연과 맺는 관계, 투쟁에 대한 우리의 반응, 작업에 대한 우리의 열망, 신중함에 대한 우리의 이해와 감성, 미래에 대한 우리의 행동—이러한 것에 관한 가정 가운데 어느 것도 자본주의가 부여한 형태로는, 이 책의 마지막 장들의 분석에서 살아남

을 수 없다. 이러한 가정들 모두가 상당히 근본적인 수정을 필요로
한다.

어떻게 그러한 변화가 일어나게 될지 의당 물어봐야 할 것이다.
지금 당장 무엇을 할 수 있을까? 어떤 정책이 우리를 바른 방향으로
이끌까? 신속한 승리, 은빛 총알, 이중 배당금은 어디에 있을까? 지금
이곳의 우리를 약속의 땅으로 안내해줄 위성 항공로는 어디에 있을
까? 우리 자신이 기능장애 속에 빠져 있음을 더 확실히 알아차릴수록,
우리는 이러한 질문들에 답을 구하고자 한층 더 분투하게 될 것이다.
3장에서 확인했던 갈림길에 우리는 되돌아와 있다. 더블린에 가기로
마음을 정한 가운데, 우리는 얼버무리는, 그리하여 우리의 화를 북돋
는 농부를 향해 분노를 표출하고 있다. 그래요, 여기가 가장 좋은 출
발점이 아니라는 건 우리도 알아요. 그냥 집으로 가는 방향을 알려주
세요!

이러한 촉구에 공감하기란 어렵지 않겠지만, 우선 우리는 자본
주의가 내세우는 진보관을 괴롭히는 어떤 궁극의 시스템 오류와 싸
워야 한다. 이 오류는 앞서 우리가 탐색한 것들과 많은 유사점을 보인
다. 그러나 그것은 또한 그럼직하고 지속가능한 포스트 성장 사회로
의 전진에 확고한 장애물로서 버티고 있다. 이 오류는 권력에 관한 것
으로, 만일 우리가 권력의 기술이라는 문제와 마주하지 않는다면, 신
속한 해결책을 향한 우리의 갈망은 최상의 경우 무기력하게 될 것이
고, 최악의 경우 더 근본적인 변혁의 필요에서 멀어지게 될 것이다.

시스템 전환

2020년 짧은 기간 동안, 거의 상상조차 할 수 없을 기회의 창이 열렸고, 이 창을 통해 우리는 과거와는 현격히 다른 정치 지형을 엿볼 수 있었다. 불과 몇 주 전에는 상상할 수도 없어 보였던 정책들이 집행되었다. 각국 정부는 노동자들의 임금을 보장했다. 또한 심각한 타격을 입은 사업체들이 계속 사업할 수 있도록 장기저리대출과 보조금을 지급했다. (조업 중단 작업장) 노동자 유급휴직 처리 정책, 임대료 지불 유예, 파산 정지가 기업과 가계를 보호했다. 공급망이 재편되었고, 생산 설비의 용도가 변경되었고, 빛의 속도로 병원이 건립되었다. 자원봉사자들이 배치되었고, 생계가 보호되었고, 지역사회들이 협력했다.

이러한 대응 가운데 아마 가장 특이한 요소가 있었다면, 그것은 각국 정부가 재정 자금을 찾아내는 속도였을 것이다. 2008년 세계 금융위기 이후 몇 년간 공유된 믿음은 '마법의 돈 나무는 없다'는 주장이었다. 나중에는 미래 세대들이 어깨에 짊어지게 될 부채를 국가가 계속해서 쌓기만 할 수 없다는 건, 모두가 확실히 이해할 수 있던 것이었다. 네가 감히 이런 식으로 행동한다면, 너희 가정에 어떤 일이 일어나게 되겠니? [8]

대다수 사람들이 이 주장을 수용했다. 이 주장은 친숙한 논리를 표현하는 것 같았지만, 사회 최빈곤층을 심각하게 손상시키고 비극의 길을 열었던 긴축 정책의 명분이 되고 만다. 그러나 이 주장은 심각하게 그릇된 것이었다. '현대화폐이론'으로 알려진 경제학의 한 부분이 10년 이상 줄곧 말해왔던 것처럼 말이다. 스테파니 켈튼Stephanie Kelton의 시의적절한 책《적자 신화The Deficit Myth》*는 당시 상황을 매우 분명하게 정리했다—정부는 가계와는 다르다. 자국의 고유한 통화를 발행할 정부의 주권은 오직 인플레이션에 의해서만 침해 가능하다. 그리고 그 주권은 이데올로기에 의해서도 침해 가능했다.[9]

이 모든 것으로부터 우리는 두 가지를 배웠다. 첫째, 저 급격한 변혁은 얼마든지 가능하다는 것. 심지어 서구 자본주의에서조차 그렇다는 것. 둘째, 점진주의로는 그런 변혁을 성취할 수 없다는 것. 사람들을 보호하고 생명을 지키기 위해서 서둘러 도입되었던 구명보트 같은 조치들은 정치 이데올로기에 매몰된 지지부진한 정책 협상의 결과물이 전연 아니었다. 실용주의가 필요하게 되자, 그것은 곧바로 현실이 되었다. 속도가 필수 요소가 되자, 대응은 거의 순간적이었다. 시행의 양상은 점진적인 것이 아니었다. 그것은 즉각적이었고 체계적이었다.

온전한 정신을 우리에게 보여준 이 짧은 기간 동안, 자본주의 이데올로기들은 잠시 한쪽으로 치워졌다. 정부의 자금은 더 이상 공산주의자의 음모가 아니었다. 도리어 재난 시의 재정 운영에 없어서는 안 될 도구였다. 실용적 대응이 당장의 주문이었다. 이 점을 수용하지 못했던 국가들은 코로나19의 끔찍한 사망률 순위에서 최악을 차지했다. 서둘러 도그마를 폐기하고 생산성보다 건강을 우선시했던 국가들은 거의 믿을 수 없을 정도로 불행을 최소화했다. 이러한 차이를 측

---

* 국역본 제목은 〈적자의 본질〉이다.

정하는 단위는 인간 비극의 규모였다.

이번 팬데믹은 가능성의 기술을 알려주는 좋은 본보기였다. 그리고 시간이 지나 사람들의 관심이 회복에 집중되기 시작했을 때, 동일한 속도와 규모의 대응을 사회 전환에 적용하자는 제안들이 봇물 터지듯 쏟아져 나왔다. 기후 비상사태에 대응하는 일에, 파괴적인 생물종 멸종을 저지하는 일에, 토양, 강, 호수, 바다의 온전성을 보호하는 일에, 불평등의 폐해를 해결하는 일에, 노동 불안정성에서 필수 노동자들을 구하는 일에, 불로소득을 추구하는 역겨운 행동을 저지하는 일에, 소비주의의 물질적 재앙에서 인류를 해방하는 일에, 가장 취약한 이들을 보호하는 일에, 의료 시스템을 강화하고 사회 보장을 개선하는 일에, 비만을 저지하는 일에, 목적에 적합하고 모두가 누릴 수 있는 교육 시스템을 구축하는 일에, 편리하지만 낭비가 심한 제품보다 오래가는 제품에 특혜를 주는 일에, 공예를 발전시키는 일에, 창의성을 지원하는 일에, 지속적이고 충만한 세상을 함께 만들어가는 사회를 건설하는 일에 같은 대응 방식을 적용하자는 제안들이었다.

간단히 말해, 이러한 제안들이 추구했던 것은, 자본주의의 실패에서 자유로운 포스트 성장 사회의 건설이었다. 그 이유는, 다시 말하지만, 이 모든 분야에서 점진주의로는 역부족이라는 것이 너무나도 자명하기 때문이다. 환경보호론자인 조너선 포릿Jonathon Porritt은 정부의 우려스러운, 기후 위기 대응 실패를 폭로한 저서《지옥 속의 희망Hope in Hell》에서 이 문제를 단도직입적으로 논한다. "그게 무엇이든, 점진적 변화만이 10년 더 지속된다면 우리에게 희망은 전혀 없다"고 그는 쓴다. 더 이상 우리는 "느긋한 점진주의를" 이번 팬데믹에 부분적으로 책임이 있던 파괴적 생태 위기들에 대한 "적절한 대응인 것처럼 생각해서는 안 된다."[10]

200명의 유명한 예술가와 과학자들로 이루어진 한 단체가 코로나바이러스 이후 '노멀로 돌아가서는' 안 된다는 강력한 탄원서를 발표했는데, 이들도 매우 비슷한 주장을 결론으로 내놓는다. "코로나19 팬데믹은 하나의 비극"이라는 데 그들은 동의한다. 하지만 이 위기는 우리더러 "무엇이 필수인가를 검토해보라고 말한다. 그리고 우리가 발견하게 되는 건 단순한 것이다. '조정'으로는 충분하지 않다는 것. 이 문제는 시스템의 문제라는 것."[11]

'기후변화가 아니라 시스템 변화.' 기후 대응 행동을 요구하며 2019년 한 해 동안 거리에 나섰던 이들이 외친 구호였다. 만일 권력자들이 기후 위기에서 우리를 구해야 하는 자신들의 의무를 저버릴 경우, 효과적이고 합법적인 유일한 대응은 비폭력적 시민 불복종뿐이라고, 포릿은 유창한 언어로 주장한다. 멸종 반란Extinction Rebellion도 같은 주장을 분명히 표명했는데, 그들이 거리 시위에 나서게 한 동기 역시 이것이었다.

가장 순수한 형식으로서 시민 불복종 운동은 또한 그레타 툰베리가 주도한 등교 거부 운동으로 나타났다. "만일 이 시스템 안에서 해결책을 찾는 것이 그토록 불가능하다면, 아마도 우리는 시스템 그 자체를 바꿔야 할지 모릅니다." 2018년 카토비체Katowice에서 열린 UN 기후 회의에서 툰베리가 한 말이다. "우리는 세계의 지도자들에게 변화를 간청하기 위해서 여기에 온 게 아닙니다. 여러분들은 과거에 우리를 무시했고 또다시 우리를 무시할 겁니다. 여러분들에게는 점점 변명거리가 사라지고 있어요. 시간도 그렇습니다." 하지만 여러분들은 성공하지 못할 거라고, 그녀는 이야기했다. 왜냐하면 "진정한 권력은 사람들에게 있으니까요."[12]

권력에 대한 의지

하나의 난제가 우리 앞에 있다. 변화를 원하는 이들은 권력을 쥐지 않으려는 경향이 있지만, 권력을 쥔 이들은 변화를 원하지 않는 경향이 있다는 문제. 어떤 종류든 변화의 가능성은 사회의 규칙에 암호처럼 내재되어 있는 권력 배분이 좌우한다. 사회의 규칙은 국가가 결정한다. 국가의 결정은 필연적으로 국가가 부여받은 권한이 좌우한다. 서구 민주주의에 의해 고안된 이 권한은 매우 특별한 성격의 것이다. 정치 권력과 경제 성장 추진은 처음부터 불편하게 결합되어 있는 셈이다.

경제 성장과 정치 권력 간의 이 결합이 무엇인지 코믹하게 보여준 만남이 있었다. 그건 전작 《성장 없는 번영Prosperity without Growth》을 출간하고 나서 몇 개월 후, 영국 재무장관의 선임 자문관과 가진 만남이었다. 이 만남이 허가되어 내심 기뻤다. 확실히 재무부는 포스트 성장 경제론을 제시하기에 가장 중차대한 한 장소일 것이다.

그렇게 나는 그 책 속 주장들을 가능한 한 조심스럽게 늘어놓았다. 디커플링의 한계, 행복의 역설, 돌봄과 창의성의 경제를 위한 토대. 그 특별 자문관은 경청하는 모습을 보여주었다. 마지막에, 그는 엄숙한 태도로 질문 하나를 던졌다. 영국 GDP의 세계 순위가 하락했다는 사실을 인지한 채로 G7 미팅에 참석하는 재무부 관리들의 모습이란 어떤 것일까요?

말문이 막혔다. 질문의 취지 때문이라기보다는 나 자신의 순진함 때문이었다. 현장 정치가, 심지어 최고 권력 집단 안에서도, 그토록 분명히, 엄연히 작동하고 있다는 사실을 어떻게 까맣게 잊을 수 있단 말인가? 내 것이 네 것보다 크고, 힘은 언제나 옳다는 것. 철학자 니체가 고통스럽게 이야기한 것처럼, 권력에 대한 의지는 정치적 진보라는 가면을 쓰고, 문명이라는 허울에 맞서 작동하는, 누군가를 지배하려는 거의 무의식적인 충동이다. 그 말을 들었던 순간, 혼돈 상태로의 엔트로피 하강을 막는 과업에 국가가 모종의 역할을 할 수 있다는 나의 확신이 증발했다고 보기는 어려울 것이다. 하지만 그 확신이 흔들린 것만은 사실이다. 나는 양해를 구한 후 서둘러 미팅 장소를 떠났다.[13]

나는 포스트 성장에 맞는 정치 형태 발전시키기라는 골치 아픈 문제를 완전히 포기할 수는 없었다. 포기했더라면, 계속해서 그 미팅을 농담거리로 삼지는 않았을 것이다. 그러나 그 만남 동안 나는 정치학자 다니엘 하우스크노스트Daniel Hausknost가 말한 전환을 가로막는 '유리 천장'만은 확실히 이해하기 시작했다. 나는 그 천장이 지속가능성의 성취를 제한하는 것을 직접 목격했다. 자본주의의 용광로에서 벼려진 사회 계약의 합법성은 치명적이게도 잘못된 약속에 기대고 있다. 모든 사람을 위해 언제나 더 많은 것이 있을 것이라는 약속 말이다. 다른 한편으로, 이 약속은 정치 권력의 역학에 의해 너무나도 쉽게 부패할 수도 있다.[14]

경제학자 야니스 바루파키스Yanis Varoufakis는 자본주의 역사에 관해 놀라운 통찰력을 보여주는 저서 《딸과 나눈 대화Talking to My Daughter》*에서 부와 권력의 거대한 비대칭성을 빚어내고 또 정당화하는 자본주의의 무시무시한 능력의 전모를 설득력 높고 충격적인 방식으로 보여준다. 그에 따르면, 이 능력은 노동 생산성을 늘리는 테크놀로지의 능력에 의해 창출되는 잉여를 자본 소유주가 통제할 수 있다는 사실에서 나온다.[15]

한편 잉여 포획 행위는 자본주의에 내재되어 있는 어떤 핵심적인 구조적 역학들에 의해 좌우된다. 그 첫 번째 역학은 인간적인 가치들을 희생시키며 최대한 생명을 상품으로 변질시키는, 만족을 모르는 과정이다. 인간적 가치들로부터 멀리 떨어진 채, 우리는 시스템에 먹이를 대는 대리물을 소비하는 생활로 가차 없이 내몰리면서도, 정작 우리의 영혼을 살찌우거나 우리의 불안을 낮추기 위해서는 거의 아무런 행동도 하지 않는다.

두 번째는 사회의 필요를 희생시키며 자본 소유자들에게 혜택을 주는 화폐 시스템이다. 최초의 사회적 기원에서 벗어나 자유로워진 채, 돈과 부채는 억압의 도구가 되어서는, 화폐 권력에 얼마나 가까운가에 따라 잉여를 분배한다. 만일 국가가 화폐 권력에 대한 통제를 유지했었다면 (또는 다시 통제할 수 있었다면), 아마도 현재 자본주의의 몰락을 예견케 하는 불평등의 수준은 낮아졌을지도 모른다. 그러나 국가는 그렇게 하지 않았다. 이번 팬데믹의 비극에 의해 그렇게 하도

---

* 국역본 제목은 〈작은 자본론〉이다.

록 강제되기 전까지는 말이다.

마지막으로, 권력자들의 권리를 빼앗긴 자들의 권리보다 체계적으로 우선시하는 경향을 보이는 정치 형태라는 역학이 작동하지 않았다면, 이 두 가지 역학은 그 자체로는 작동 가능하지 않았을 것이다.

이러한 역학 중 처음 두 가지는 이 책에서 은근히 암시한 해법들이 옳다고 말해준다. 교환 시장 바깥의 삶이란 정확히 덜 물질적인 형태의 사회 발전에 의해 가능한 번영의 비전이다. 국가의 자금은 이번 팬데믹으로 인한 위해로부터 사회를 구하기 위해 동원된 가장 근본적인 수단이었다. 물론 자본주의 국가의 손아귀 안에 있는 한, 이 같은 국가의 능력은 사회를 보호하기에 역부족이다. 중앙은행은 주식 시장을 구하기 위해서라면 '무엇이든' 할 수 있지만 그렇다고 이것이 곧, 일반인들의 생계, 안정적 의료 시스템, 기후의 온전함을 보호하는 일에 관해서도 그들이 똑같은 후함을 베풀 것임을 의미하는 건 아니다.

그렇다면, 아마도 어쩔 도리 없이, 포스트 성장 시대의 정치 형태를 발전시켜야 한다면, 국가 권력에 씌워진 가정들이라는 왕관을 재검토하는 길로 접어들 수밖에는 없을 것이다. 진정한 권력은 사람들에게 있다는 툰베리의 주장은 옳은 걸까? 그러한 진정한 권력은, 그녀와 많은 다른 사람들이 보고자 하는 변혁을 창출하기에 충분한 걸까? 특히 그 권력이 부자들의 기득권과 더불어 국가의 제도 권력에 맞서야만 하는 상황이라면 어떨까? 참된 의미에서 권력을 새롭게 할 가능성은 없을까? 성장 이후 세상의 목적에 부합하는 새로운 권력 비전을 만들 수는 없을까?

자비의 연꽃

후에의 젊은 승려, 틱낫한은 무집착이 깨달음에 이르는 길이라고 배웠다. 하지만 어린 시절부터 그는 전통적 불교의 가르침에 내재된 보수주의가 어쩐지 불편했다. 붓다의 내적 평온함에 마음이 움직였던 이 어린 소년은 그저 자신만을 위한 평화를 갈망하지는 않았다. 그는 그 평화가 자기 주위의 고통에 응답해야 한다고 여겼다. 1950년대, 사미승 생활을 마친 그는 불교 현대화 운동에 적극적인 역할을 하기 시작한다. 또한 불교가 일반인들의 고통과 삶 속으로 들어가도록 불교를 혁신하는 과업에 나서기 시작한다.

전제는 분명했다. 사찰의 안거에서 추구하는 평화가 여분의 즐거움이어서는 안 된다는 것. 그 평화는 어떤 식으로든 속세에서 자기 자리를 되찾아야 한다는 것. 그것은 반드시 행동으로 번안되어야 하고, 타인들의 고통에 단호히 맞서야 한다는 것. 개인적인 평정심에 만족하지 않은 채 이 젊은 활동가들은 비폭력 시위(틱낫한은 이것을 '자비행'이라 불렀다)가 전쟁의 불의에 대한 필수 대응이라고 믿게 된다. 틱낫한은 이렇게 말했다. "폭탄이 사람들 머리 위로 떨어지기 시작하는데 선방에 가만 머물러 있을 수는 없는 노릇이지요." 자비의 연꽃은 고통의 진흙에서 자라나는 법이다.[16]

이 원칙이 무엇인지를 실제로 보여준 어떤 사건들은 실로 극적이었다. 1960년대 초, 몇몇 승려들이 전쟁의 잔혹함과 불의에 항의하기 위해 자기 몸에 불을 놓았다. 당시 틱낫한은 이러한 끔찍한 '자기희생'을 서양인들에게 애써 설명하면서, 그 희생이 절망이 아니라 사랑에서 나온 행동이라고 했다. 그러나 베트남 젊은이들에게 덜 극단적인 (동시에 더 자비로운) 항의 방법을 제공하기 위해, 그는 청년 사회 봉사 학교를 건립한다. 사찰 소속이거나 불교도인 수천 명의 젊은 자원봉사자들을 훈련시켜 난민들이 삶터를 옮겨 자기 삶을 재건하도록 돕게 하는 학교였다.[17]

이 학교의 봉사활동은 머지않아 행동 요청을 받게 된다. 1964년, 전쟁이 한창일 무렵, 베트남은 기록상 최악의 홍수를 맞는다. 폭우는 11월 7일 오후부터 베트남 중부 지역에 내리기 시작했는데, 6일 내내 이어졌다. 이 홍수로 숱한 주택들이, 때로는 마을 전체가 강물에 휩쓸려 갔다. 6,000명 이상이 목숨을 잃었고 나라 전체가 구호 활동에 동원되었다. 그러나 당시 홍수 피해가 가장 컸던 지역들을 괴롭히고 있던 폭력 사태에 연루되면서까지 그 지역에 들어가려 한 이는 아무도 없었다.[18]

틱낫한이 음식과 의약품을 높이 쌓은 7척의 선박에 자원봉사자들을 태워 투 본Thu Bon 강에 보낸 것은 바로 이 시점이었다. 때로는 십자포화에 갇히며, 때로는 그들 자신이 병들면서, 자원봉사자들은 고산지대로 올라가 도움이 필요하던 이들을 도왔다. 도움받는 이가 어느 편이냐는 무관했다. 살아 있는 모든 존재자에 대한 무조건적 자비라는 이러한 생각은 훗날 틱낫한이 **참여 불교**라고 지칭한 불교의 근본 계율이었다.[19]

처음 만났을 때부터, 틱낫한과 마틴 루터 킹을 그토록 가깝게 했던 것은 분명 비폭력 시위에 대한 그들의 공통된 관심이었다. 틱낫한의 자비행은 킹이 만들던 새로운 사회운동의 토대인 시민 불복종과 긴밀한 관련이 있었다. 두 사람 모두 불의에 대응하는 비폭력 행동에 전념했다. 신기한 것은, 같은 지점에 도착했지만 두 사람이 매우 다른 경로를 따라 각자의 여정을 이어갔다는 것이다.

불복종의 씨앗

1963년 4월, 킹은 앨라배마주 버밍엄에서 인종 차별에 반대하는 시위에 참가했다는 이유로 투옥된다. 그가 동료 성직자들에게 비폭력 직접 행동의 적법성을 인정해 줄 것을 호소한, 유명한 〈버밍엄 감옥에서 보내는 편지〉를 쓴 것은 바로 이 시기였다. 그는 성 아우구스티누스를 거론하며 "부당한 법은 전혀 법이 아니"라고 주장했고, 성 토마스 아퀴나스를 거론하며 이러한 부당한 법은 "영원한 자연법에 뿌리를 두지 않은" 법이라 볼 수 있다고 설명했다. "인간의 품격을 낮추는 그 어떤 법도 부당하다"고 그는 썼다. 차별은 부당하다. 왜냐하면 그것은 "영혼을 일그러뜨리고 인간의 품격을 손상시키기 때문이다." [20]

킹은 숱한 시간을 감옥에서 보냈던 마하트마 간디로부터 깊은 영향을 받았다. 간디는 어느 재판 석상에서 이렇게 말했다. "내 미천한 생각으로는 악에 협력하지 않음은 선에 협력함만큼이나 의무에 해당합니다." 1906년 감옥에서 간디는 미국의 자연주의자인 헨리 데이비드 소로Henry David Thoreau가 쓴 가장 유명한 시민 불복종론을 읽었는데, 이 글은 간디의 생각에 지대한 영향을 끼치게 된다. 간디는 소로의 표현인 '시민 불복종'이라는 용어를 사용하며 종국엔 영국의 인

도 식민 통치를 종식시키게 되는 인도 내 비폭력 시위들을 서술한다.[21]

1849년에 출판된 《시민 불복종의 의무에 관하여On the Duty of Civil Disobedience》는 왜 소로가 납세를 거부했는지를 소상히 설명하고 있다. 그것은, 미국의 멕시코 침략 전쟁과 노예제 지원에 자신의 혈세가 흘러 들어가는 것을 그가 반대했기 때문이었다. 이 에세이는 국가와 개인 간 도덕적 관계에 관한 범죄과학적 검토라는 성격을 지닌다. 소로의 관심은, 2019년에 기후변화 대응 행동 결여에 항의하기 위해 전 세계에서 거리로 뛰쳐나왔던 멸종 반란 활동가들과 등교 거부 학생들의 관심과 근본적으로 동일한 것이다. 그는 이렇게 자문했다. 국가가 더 이상 우리의 도덕적 관심사를 대변하지 않을 때, 우리에게 남은 선택지란 무엇인가? 그가 찾은 답변은 시민 불복종이었다.[22]

하버드 대학 재학 시절 소로는 존 로크John Locke의 철학을 읽었다. 존 로크의 '사회 계약'에 관한 생각은 근대적 정부 개념의 토대를 제공했는데, 1689년 출간된 로크의 《통치에 관한 두 번째 논문Second Treatise of Government》*은 넓은 의미에서 아직도 서구 자유민주주의의 기초로 남아있다. 국가 권력의 적법성은, 오직 "신이 보는 앞에서 평등한" 사람들의 권리를 보호하겠다는 그 권력의 약속에만 있다는 것이 로크의 생각이었다. 로크의 주장은 우리가 6장에서 살펴봤던 것과 같은 '자연 상태'로부터 출발한다. 홉스가 《리바이어던》에서 '일종의

---

* 국내에서는 〈통치론〉이라고 통칭되지만, 영어권에서는 〈(통치에 관한) 두 번째 논문〉이라고 통칭된다.

전쟁 상태'라고 극히 무자비하게 규정했던 바로 그 상황 말이다.[23]

1960년대 베트남에서 벌어지고 있던 잔혹한 전쟁을 홉스의 생생한 묘사만큼 잘 포착한 것도 없었다. 제2차 세계대전 중 일본의 침략이 남긴 유산. 공산주의에서 영감을 받은 민족주의의 반란. 프랑스 식민 정부가 철수했을 당시의 권력 공백. 타의에 의한 민족 분단. 그 지역에 대한 통제권을 얻으려는 미국의 야망. 이 모든 것이 끔찍한 '만인에 대한 만인의 전쟁'을 닮아 있었다.

역사학자 맥스 헤이스팅스Max Hastings는 베트남전에 관한 자신의 서사시적 논의에서 이렇게 썼다. "당시 미국의 전쟁 지휘부가 종종 미국 자체의 비인간성을 과시했다면, 북베트남의 전쟁 지휘부는 잔인함을 위한 잔인함을 드러내며 그러한 미국에 필적했다." 베트남은 분명 전쟁 상태에 있었다. 그러나 그것은 결코 자연 상태는 아니었다. 그것은 민주적으로 부여받은 권한으로부터 수천 킬로미터 떨어진 전장에서 행동할 정당성은 없던 정부들이 수십 년간 자행한, 퇴폐적 권력 충돌의 결과물이었다. 베트남 전쟁은 인류 역사상 출현한 합법적 정부의 최악의 실패 가운데 하나였다.[24]

과학 개념이 그러하듯, 권력 개념은 은유의 설득력에 의해 치명적으로 좌우된다. 홉스가 '만인에 대한 만인의 전쟁'이라는 서사를 사용한 것은, 모든 자유가 거기로 귀속되는 절대 주권 형태를 주장하기 위해서였다. 오직 그런 정도의 권력만이, 자연 상태가 전쟁 상태로 진행되는 사태를 예방할 수 있다고 그는 주장했다. 역사적 맥락에서 이 주장은 사실상 억압적 군주제 편에 선 부당한 권력 장악 옹호에 불과했는데, 그 정치적 목표(예컨대, 영국 내전 중의 목표)는 일반인의 필요

나 이익과는 공통점이 거의 없었다.[25]

감탄스럽게도 로크의 의도는, 국가에 관한 이처럼 매우 정치화된 관점을 비판하는 것이었다. 그가 생각한 자연 상태는 훨씬 덜 잔혹한 상황이었다. 사실, 그는 자연 상태가 "모든 사람을 구속하는 자연법"에 의해 지배된다고, "…모든 사람은 평등하고 독립적이므로, 아무도 생명, 건강, 자유 또는 재산의 측면에서 타인에게 해를 가해선 안 된다"고 주장했다.[26]

결정적으로, 이러한 결과를 보장하기 위해서 정부에 부여된 권력은 기껏해야 상대적 권력일 뿐이라는 것이 로크의 주장이었다. 그 권력은 시민을 위해, 시민에 의해 위임된 권력이고, 필요한 경우 시민이 되찾아야만 한다. "모든 권력은 어떤 목적을 달성하기 위해서 위탁된 것으로, 그 목적에 의해 제한되며, 그 목적이 명백히 간과되거나 저지될 경우 불신임되어야 하고, 그 권력은 그것을 부여한 이들의 손에 넘어간다."[27]

로크의 이러한 '사회 계약' 비전은, 특정 상황에서, 특히 인간이 만든 법이 자연법과 거의 부합하지 못하는 경우, 국가를 반대하는 행동이 시민의 권리이자 의무임을 미리 알려주는 것이었다. 로크에게 시민 불복종은 그러한 반대를 성취하기 위해 우선시된 선택지는 아니었다. 그러나 바람직한 국가 운영을 보장할 완벽한 방법이 없는 상황에서, 그것은 시민들의 정당한 이익을 무시하려는 국가에 부여되는 필수적인 제한이었다.

소로는 이러한 관점을 훨씬 더 전진시켰다. 그가 생각하기에, 사회적 진보의 의미란, 개인의 인권을 더 많이 존중하는 방향으로의 점진적 전환이었다. 그는 이렇게 말했다. "국가가 개인을 자신의 모든 권력과 권위의 출처인, 자기보다 더 높고 독립적인 권력으로 인정하기 전까지는, 진정으로 자유롭고 각성된 국가는 결코 존재하지 않을 것이다." 그렇게 되기 전까지는 정부 쪽에서의 도덕적 실패에 반대하기 위해서는 시민 불복종이 필수라고 그는 생각했다. 그러나 어쩌면 우리는 여전히 불완전한 정치적 진보 상태에 머물러 있는 처지일 것이다. "우리가 알고 있는 식의 민주주의가 통치상의 최종적 개선물일까?" 에세이의 마지막에서 소로는 이렇게 물었다. "모두에게 정의로울 수 있는 최종적인 국가를 상상하며 나는 스스로를 달랠 뿐이다."[28]

이 모든 것은 지금 우리에게 주어져 있는 당면 과제와는 얼마간 동떨어진 논의처럼 보일지도 모르겠다. 그러나 킹, 간디부터 로크, 홉스까지, 시민 불복종의 뿌리를 추적하며 내가 하고자 하는 말은 이러한 것이다—지금도 여전히 우리 앞에 있는, 시민 불복종을 요구하는 압도적인 목소리는 단지 특정 정부[통치]의 핵심에 있는 실패만을 의미하는 것이 아니다. 그것은 오히려 국가 그 자체에 대한 우리의 인식들이 불완전하다는 것을 의미한다. 또한 권력의 기술에 대해 치명적 오해가 있었다는 것 그리고 그 오해를 교정해야 할 절박한 필요가 있다는 것을 의미한다.

장대한 악몽

시민 불복종을 매개로 지금 자본주의와 불교가 기이하게 만났지만, 사실 이 둘의 만남에는 훨씬 더 기이한 우연이 숨어 있다. 권력의 기술에 대한 불만족스러운 해결책을 향한 이 둘의 여정은 (동일한) 인간 실존의 핵심 조건들에 대한 동일한 인식에서 시작되었다. 이 책 앞쪽에서 우리가 이미 만난 바 있는 조건들이다.

불교의 사성제四聖諦* 중 첫 번째 진리는 고통[苦]이 삶의 내재적 속성이라고 가르친다. 그러한 고통의 근거들은 우리에게 친숙한 것이다. 이전 장들에서 우리는 그 근거들로 되돌아오곤 했다. 그것들은 물질로 이루어진 세계에서 우리가 유한한 존재자들이라는 우리의 본질에서 발원한다. 태어나는 순간부터 죽는 순간까지, 우리의 삶은 이러한 조건들에 의해 틀 지워져 있다. 여러 가지 면에서, 불교의 출발 지점은 자본주의의 핵심에 있는 것과 정확히 동일한 인식이다. 삶은 존재하기 위한 가혹한 투쟁이며, 고통을 피하기란 불가능하다는 것.

실존주의 철학자 어니스트 베커Ernest Becker는 이러한 인식을 특정한 이미지를 동원하여 표현했다. "창조란 수억 년간, 창조로 나타난 모든 피조물들의 피에 흠뻑 젖어 왔던 어느 행성에서 진행 중인 장대한 악몽이다." 베커는 자신의 고전《죽음에 대한 부정The Denial of Death》**에서 이렇게 썼다. 이 행성에서 우리가 무엇을 하든, "그것은 창조의 공포, 그로테스크함, 모든 것의 밑에 깔린 패닉의 아우성이라는 경험된 진리 속에서만 수행된다. 아니라면, 그것은 거짓이다." [29]

물론, 이것 또한 은유일 뿐이다. 그러나 이 은유는 저 사성제의 첫 번째 진리에서 그다지 멀리 떨어져 있지 않은 근원적 현실을 포착

---

* 고, 집, 멸, 도에 관한 불교의 교리. 사성제란 네 가지의 성스러운 진리라는 뜻이다.
** 국역본의 제목은 〈죽음의 부정〉이다.

하고 있다. 고통은 우리 주위 어디에나 있다. 고통은 삶의 선제조건이자 삶의 피할 수 없는 결과물이다. 이미 확인했듯, 자본주의는 이와 동일한 은유의 웅덩이에 의존한다. 하지만 바로 이 공통된 원천에서 시작한 이 두 이데올로기는 극적으로 갈라져서는 다른 길을 걸어간다.

자본주의가 걸어간 여정은 이상하면서도 궁극적으로는 역설적인 여정이다. 그 기본적인 대응은, 삶을 위한 투쟁을 불가피한 경쟁으로 변환하는 것 그리고 이 경쟁을 문화적 제도들, 즉 시장의 규칙, 기업가 정신, 소비 사회의 규범 안에 박아 넣는 것이다. 놀랄 것도 없이, 동일한 은유가 국가의 내적 구조에 들어가 있다. 이것은 가장 분명한 형태로 홉스의 사상에 들어 있는데, 그의 《리바이어던》은 '경쟁'적인 '만인에 대한 만인의 전쟁'에 대한 편리한 치료제인 것이다. 하지만 이것은 로크식 사회 계약 안에서도 발견된다. 아마, 설계의 결과라기보다는 기본값으로 들어가 있을 것이다. 그러나 교정하기에는 너무 깊이 뿌리박혀 있다.

로크가 합리적으로 개인의 권리에 포함했던 '생명, 건강, 자유 그리고 재산'은 시간이 흐르면서, 사회 계약이란 사유재산의 보호를 위한 집단적 보험 정책의 일종이라는 아이디어로 환원된다. 이제 정부는 재산권을 강제 집행하는 궁극의 권력체가 된다. 그로 인한 결과는, 국가는 일종의 집행관 모임으로, 그 주된 역할이란 재산 소유자의 이익을 보호하는 것이라는 생각이다. 이 편리한 생략은 당연히 빈곤층, 소외 계층, 빼앗긴 이들의 이익은 배제한다.

오늘날 부상 중인 포퓰리즘을 통해 표출되고 있는 불만은 바로 이 지점에서 나타난다. 모두의 이익에 관심을 두는 척하면서 실제로는 엘리트들을 보호하는 정부는 '만인에 대한 만인의 전쟁'을 적극 표명하고 야만주의를 정당화하는 정부보다도 더 나빠 보인다. 품격은 서서히 허물어지고, 사회적 진보는 뒷걸음질 치며, 외국인 혐오증, 인종차별주의, 성차별주의로 후퇴한다. 이러한 현상들은 그것들이 포스트-트루스 미디어의 조작의 결과인 만큼이나 정부가 지닌 대의 권력에 대한 불신의 결과물이다.

그러나 더 나쁜 것이 있다. 이러한 국가 체제는 다른 생물종의 권리를 수용하지 않는다. 이 체제는 자연의 보호를 허용하지 않는다. 또한 미래 세대의 이익을 결코 승인하지 못한다. 이 체제는 진정한 자비심이 아니라 인구 일부에만 적용되는, 느슨하게 고안된 극히 제한적인 호혜적 이타주의로써 사성제의 첫 번째 진리에 대응할 뿐이다. 놀랄 것도 없이, 빼앗긴 자들에게 남겨진 유일한 도덕적 자원은 시민 불복종뿐이다.[30]

이 체제 안의 권력은 병들어 시장적 지배나 군사적 지배로 귀결되고 만다. 이처럼 위축되고 위험한 (사회정치적) 상황을 정당화하는 은유는, 필요한 경우, 자연 세계를 특징짓는 것으로 생각되는 경쟁 논리로부터 차용되고 있다. 이곳은 포식자와 피식자, 사냥꾼과 사냥감이 살아가는 구역이라는 것. 국가가 (국경 내에서든 밖에서든) 질서를 강제하는 최상의 방법은 군사적 권력이나 경제적 권력을 통해서라는 것.

치명적 자만

틱낫한은 《권력의 기술The Art of Power》에서 서구 사회에서 사람들이 권력이라고 생각하는 것은 곧 불교도들이 집착[갈망]이라 부르는 것이라고 말한다. 부, 재산, 소유물, 지위, 편안함, 섹스에 대한 집착[갈망] 그리고 이러한 것을 추구하는 다른 이들에 대한 지배욕 말이다. 이것은 너무나도 역기능적인 신화여서, 자본주의 국가는 어쩔 수 없이 자신의 어두운 예후를 그렇지 않은 척 속이는 수밖에는 없다. 부의 소유권에서 배제된 사람들에게 제공할 보상의 방법이 뭔가 더 없다면, 이 사회 계약은 덜 혜택받은 이들의 권리에 대한 지속적 억압이라는 무리한 부담에 불가피하게 묶이고 말 것이다.[31]

말할 것도 없이, 성장 신화가 등장하는 건 바로 이 지점이다. 이 신화의 임무는 언제나 더 많은 것이 있을 것이라고 약속하는 것이다. 영원한 축적에 관한 이러한 약속 없이는 자본주의는 작동 불가능하다. 만일 우리가 이 사회 계약에서 재산을 중심에 둔다면, 또 생명권과 건강권보다는 이윤 추구에 특권을 준다면, 그때 빼앗긴 자들의 유일한 자원은 시민 불복종뿐일 것이다. 그리고 자연 상태 그 자체와는 완전히 양립 불가능한 무리한 약속을 하는 것만이 그 정당성을 보장하게 될 국가가 우리 곁에 남게 될 것이다.

이러한 결과물에는 흥미로우면서도 역설적인 부작용이 있다. 가차 없는 권력 경쟁을 통해서만 생존 투쟁에 대응한다는 위험한 현실은 그 모습 그대로 노출되어서는 안 된다. 그 현실은, 그로 인한 폐해가 별거 아니라거나 중요하지 않다거나 이곳이 아닌 다른 곳에 있거나 또는 우리의 것은 아니라는 식의 다양한 가식의 베일에 의해 은폐되어야만 한다. 베커가 말한 '죽음에 대한 부정'은 하나의 사회적 비전으로서 자본주의가 사람들에게 수용될 가능성에 필수 불가결한 요소가 되는 것이다.

봉쇄 초기에, 도널드 트럼프 당시 미국 대통령은 드문 솔직함을 드러내 보이며 이렇게 말했는데, 그건 기이한 인정이었다. "이전의 삶을 되찾을 수 있으면 좋겠네요. 우리에게는 역사상 가장 훌륭한 경제가 있었지요. 또한 우리에게는 죽음이 없었고요." 제이디 스미스Zadie Smith가 2020년의 봉쇄 속에서 삶에 관해 자신만의 섬세한 초상을 제시하며 지적했듯, 죽음은 "말할 것도 없이 우리의 실존 전체에 관한 진실이다. 하지만 미국이 (인간의) 실존 전체를 생각하는 방향으로 철학적으로 경도된 적은 단 한 번도 없었다." 죽음에 대한 부정이 아예 게임의 전제 조건인 것이다.[32]

이 게임에서 승리한 이에게 돌아가는 가장 달콤한 한 가지 보상은 완벽하게 죽음을 부정할 수 있게 되는 것이다. '승리로 얻은 것'의 상당 부분은 사회적 단절 상태에 할당된다. 은둔자나 누릴 만한 밀폐된 안락과 특권의 누에고치를 만드는 것 말이다. 이 누에고치 속에서는 엔트로피가 어쩔 수 없이 바깥으로, 아래쪽으로 퍼져나가지만, 그것이 우리의 삶을 건드리는 일은 없다. 그리고 이와 같은, 죽음에 대한 거부에 접근할 수 없는 이들에게는 결코 만족시킬 수 없는 약속에, 소비주의의 치명적 자만에 유혹당함이라는 선택지가 남는다. 현대사회 그 자체가, 베커가 기술하듯, 무의식중에 "술 마시고 마약하고 있다." 아니라면 "결국 같은 것이지만" 쇼핑하고 있다.[33]

툰베리가 맞다. 사람들에게 잠재하는 '진정한 권력'이라는 것은 존재한다. 그러나 먼저 그 권력은 자신의 무기력이라는 조건으로부터 자신을 일으켜 세워야만 한다. 그 다음으로 그 권력은 투표함을 통해 자신을 표출해야만 한다. 이것이 먹히지 않을 경우, 그 권력은 거리로 뛰쳐나가야만 한다. 때로 (어쩌면 너무 빈번하게 그리고 언제나 비극적일지도 모르지만) 그것은, 베트남에서 그랬듯, 분출하여 그 어느 때보다도 폭력적 형태의 저항이 될 수도 있을 것이다. 하지만 이러한 것 중 어느 것도 그 자체로는 지금 요청되는 극적 시스템 전환을 이뤄내기엔 충분하지 않다. 이런 식으로는 심지어 훨씬 더 디스토피아적 결과를 낳을지도 모른다. 뭔가 다른 것이 필요한 것이다.

끊임없는 갈망

불교는 자본주의가 출발한 것과 정확히 동일한 지점에서 출발한다. 고통은 어디에나 있다는 것 말이다. 그러나 불교는 거의 정반대의 전략을 취한다. 사성제 중 '두 번째 진리'는 고통[dukka]은 집착[갈망/tanhé]의 결과물이라고 주장한다. 부, 명예, 성적 이익, 편안함을 향한 우리의 쉼 없는 욕망은 계속해서 지속되는 만족 상태로 귀결되지 못한다. 그것들을 향한 우리의 집착[갈망]은 그저 그 불에 더 많은 기름을 부을 뿐이다. 나아가, 그것들을 쫓는 과정에서 타자를 지배하려는 우리의 지향이 사태를 한없이 악화시킨다. 이런 류의 권력은 그저 고통을 가중시킬 뿐이다.

다보스 포럼들에서 흔히 만나게 되는 '개척자 자본주의'는 때로

이 현실에 대해 잔인할 정도로 노골적이다. '미국 먼저America First'는 미국 바깥에 있는 이들이 번성하든 망하든 개의치 않는다. 금융 부문 보수에서 나타나는 퇴폐적 수준의 불평등은 공공연한 경쟁적 투쟁 속의 편협한 자부감을 끝없이 축하할 뿐이다. 집착[갈망]을 번영의 원동력으로 변호하는 이들에게는 저 사회 계약의 미묘한 성격은 소멸해버린다. 그러니, 권력이 고통을 만든들 무엇이 문제일까. 고통받는 이가 계속해서 다른 이들인 한.

불교는 이러한 관점의 틀을 단지 부도덕한 것만이 아니라 신중하지 못한 것으로 보고 거부한다. 집착[갈망]에 지배된다는 것은 고통을 키운다는 것이다. 그저 권력에서 배제된 이들만이 아니라 경제 권력이나 군사 권력을 사용하여 그 집착[갈망]을 만족시키는 이들에게도 적용되는 원리다. 적지 않은 이들이, 이미 우리가 이것의 실체를 목격했다고 보고 있다. 우리의 기본적인 생존 욕구조차도, 제어되지 않는 욕망이라는 더 큰 맥락 속에서는 오염되고 만다. 이러한 통찰력이 아리스토텔레스와 성 아우구스티누스의 철학과, 심지어는 부상하고 있는 신경생물학 지식과 공명한다는 것, 또한 2,500년 전의 사상 체계 내부에 이미 들어가 있었다는 사실은, 인지하는 것만으로도 황홀하다.

대응 방식 역시 경이롭다. 붓다의 주장에 따르면, 고통은 오직 집착에서 해방될 때만 완화될 수 있다. 이어서 붓다는 어떻게 이 불가능해 보이는 과업이 달성될 수 있는지에 대한 일련의 정확한 가르침을 제시했다. 불교 자체가 종교라기보다는 어떻게 집착[갈망]에서 해방되어 살고, 일하고, 사랑하고, 숨쉴 것인가에 대한 실천적 제안을 담은 지침서에 가깝다. 권력은, 자본주의가 주장하듯, 타자에 대한 지배를 통해서만 성취되는 욕망의 끝없는 자극에 있지 않다. 그것은 집착[갈망]에 지배되지 않는 우리의 능력에 있다.

포스트 성장 정치 형태로 가는 방도는 우리 모두가 집착[갈망]을 극복하는 법을 배우는 것이라고 제안할 정도로 내가 순진한 것은 아니다. 불교에 대한 이해가 서구 세계에는 변용되어야만 한다는 것을, 틱낫한만큼 잘 알고 있었던 이도 없다. 그는 자기 인생의 많은 시간을 이 과업에 쏟았다. 또한 불교 신자가 되면 누구나 결코 욕망을 경험하지 않을 것이라고 불교가 기대하는 것도 아니다. 캐나다 가수 k. d. 랭lang이 제안했듯, 집착[갈망]은 인간의 조건에서는 줄일 수 없는 요소인지도 모른다. 어쩌면 (부, 애정, 섹스, 초콜릿에 대한) 우리의 '끊임없는 갈망'은 더 깊은 뭔가를 대체한 욕망인지도 모른다. 설명할 수 없는 뭔가, 이루 다 헤아릴 수 없는 뭔가를.[34]

어쩌면 우리의 갈망은 '삶 그 자체의 갈구'의 일부인지도 모른다. 어쩌면 우리는 결코 이 갈구로부터 자유로울 수 없을지도 모른다. 문제는 이런 것이 아니다. 문제는, 자본주의와 불교를 나란히 두고 보면 극명하고 흥미로운 대비가 나온다는 것이다. 고통이 삶 자체에 내재한다는 공통된 입장에서 출발하지만, 두 이데올로기는 정반대 방향으로 이동하며 근본적으로 다른 결론에 도달한다. 우리가 이 결론 중 어느 것이 옳은지, 최상인지 또는 바람직한지를 판단할 위치에 있지 않을 수도(그걸 원치 않을 수도) 있다. 하지만 우리는 자본주의 국가가 자신을 몰아넣은 난국에서 우리를 구할 고대의 철학적 지혜로부터 확실히 뭔가를 배울 수는 있다.

분명히 이 가르침은, 갈망을 멈추라고 시민들을 설득하는 임무를 국가에 부여하자는 것은 아니다. 삶의 결핍을 인정하라고, 삶의 기회를 포기하라고, 권력 없는 자들을 향해 권력자들이 설득한다는 것만큼 도덕적으로 의심스러운 것도 없을 것이다. 그러나 동시에, 거짓 희망과 부서진 약속을 전하는 국가를 용납한다는 것도 말이 되지는 않는다. 또는 더 나쁘게는, 갈망을 일부러 부추겨서는 결국 사람들을 잔혹한, 심지어는 의도적으로 불만족 상태로 귀결시키기만 하는 어떤 체제를 누구보다 먼저 옹호하는 국가를. 그리하여 오로지 부당한 특권 배분과 부패를 유지하기만 하는 국가를 용납한다는 것도.

국가 운영은 이보다는 더 큰 의미여야 한다. 또한 이보다는 더 많은 것을 실행해야 한다. 1809년 토마스 제퍼슨Thomas Jefferson은 "인간의 생명과 행복을 파괴하는 것이 아니라 보살피는 것이야말로 좋은 정부의 최우선적이고 유일한 과제"라고 썼다. 이것을 우리의 출발점으로 삼아, 국가는 시민들이 참된 번영을 추구할 수 있도록 (그것을 가로막는 것이 아니라) 보장할 의무를 지닌다고 결론 내려야만 한다. 시민들이 건강하고 활달한 삶을 추구할 수 있도록 보장하고, 시민들의 심리적 · 사회적 행복에 필요한 여건을 조성할 의무를 지닌다고. 또한 몰입을 찾아내는 시민들의 능력을 키우고, 예술 행위자와 감상자 양쪽 모두를 풍요롭게 하는 창의성을 진흥하며, 현실 초월적인 예술 작품을 육성하고, 갈망하지 않을 자유가 있는 공간을 보호할 의무를 지닌다고.[35]

그리고 만일 이러한 고려사항들이 국가의 역할을 규정한다면, 어쩌면 그것들은 국가가 취해야만 하는 형태 역시 보여주기 시작할 것이다. 어쩌면 우리를 대리하는 국가의 공직자들에게 바람직한 자질이 무엇인지도 알려줄 것이다. 어쩌면 소로가 옳았다. 어쩌면 우리는 아직 민주주의로 뻗은 길을 충분히 멀리까지 걷지는 않았을 것이다. 부가 정치 권력으로 나아가는 입장권이 되고, 선출된 공직자들이 기업의 돈에 영향받을 수 있고, 정치적 지위가 금전적 이익을 보장하는 통행증이 되는 상황이라면, 모두에게 이로운 국가라는 이상은 이미 부와 특권에 의해 구제불가능할 정도로 훼손된 것이다. 과연 이것을 민주주의라고 부를 수 있을까?

정당이 모금하는 정치자금을 규제해야 하는 건 아닐까? 우리의 대리자들에게 법적으로 책임을 지겠다는 선서를 하라고 요구해야 하지 않을까? 공직자들은 각자의 자리에 앉기 전에 훈련받거나 시험을 통과하거나 아니면 자신들의 자질을 입증해야 하는 게 아닐까? 그들의 소득에는 상한선이 있어야 하지 않을까? 물질적 부를 포기하라고 그들에게 요구해야 하지 않을까? 그들에게 권력욕에 저항하는 능력에서 발원하는 특정 종류의 힘이 있다는 증거를 찾아내야 하지 않을까? 정치인들은 경제학을 공부해야 하지 않을까? 경제학자들은 의학을 공부해야 하지 않을까?

이러한 질문들은 자유주의적 관점에서는 중뿔나게 들린다. 하지만 나는 이런 질문들을 해야 한다고 생각한다. 단순히 우리가 민주주의의 목적지에 미처 도달하지 못했다는 것만은 아니다. 우리가 그러한 전망에 관한 희망 일체를 하수도에 던져버렸다는 것이다. 효과적이고 정당성 있는 국가란 무엇인가에 관한 생각을, 그것이 우리에게 가장 긴요하던 시점에 우리는 포기하고 말았다.

진정한 권력은 자기의 의무를 다한다—약 2,500년 전, 중국의 현자인 노자는 이렇게 썼다. 베트남 승려 틱낫한은 그러한 고대적 전통에서 나온 지혜를 다시 외쳤다. 권력[힘]은 우리의 끊임없는 집착[갈망]에서 우리 자신을 해방시킴에 있다고 그는 말했다. 이러한 자유가 성취하기 쉽다고 말하는 이는 아무도 없지만, 그것을 향한 길은 모두에게 열려 있다. 고대의 불교와 도교의 전통에서는, 이러한 자유란 우리에게 권력[힘]을 가져다주는 방법 그 자체다. 이 장 첫머리에서 소개한 인용문구에서 틱낫한은 이렇게 썼다. "당신에게 나아갈 길이 있다면, 당신에게는 권력[힘]이 있다. 당신의 일상, 그 순간마다 당신은 이러한 종류의 권력[힘]을 창출할 수 있다." [36]

권력에 관한 이러한 비전은 우리 시대의 권력 개념과는 너무나도 극적으로 대비되어, 이 장에서의 (권력) 탐구에, 어떤 의미에서는 이 책 전체에, 딱 어울리는 기념비라 할 만하다. 우리의 정치인들을 향해, 그들에게도 이런 권력[힘]이 있는지 입증하라고 요구하는 행동 일랑은 일찌감치 접어두어야 할 것이다.

집으로 가는 길

1966년 6월 1일, 미국에 도착한 지 며칠 후, 틱낫한은 워싱턴에서 열린 한 회의에서 평화 제안문을 제출한다. 베트남에 대한 폭격은 중단하고, 그 대신 교전 중인 양측에 원조를 제공할 것을 미국에 촉구하는 제안문이었다. 미국은 전쟁 대신 재건과 화해라는 힘들고 고통스러운 과업에 착수해야 한다고 그는 말했다.

그가 이렇게 제안했던 바로 그날, 남베트남 정부는 그를 반역자로 선언했는데, 이로써 사실상 그를 (고향에서 수천 킬로미터 떨어진 곳으로) 추방한다. 그로부터 얼마 후, 그는 인신구속의 위협을 받으며 어쩔 수 없이 미국을 떠나게 된다. 틱낫한은 결국 프랑스에 정착해서는 '플럼 빌리지Plum Village'로 알려진 한 실험적 공동체를 설립한다. 그리고 처음엔 자그마한 농장이었던 이 공동체를 날로 번창하는 명상센터로 발전시킨다. 39년이 더 지나서야 겨우 그는 자신의 고국 땅으로 돌아갈 수 있었다.[37]

39세 되던 해 틱낫한은, 자신이 집도 국가도 없는 이가 돼 있는 현실을 불현듯 알아차리게 된 경험을 돌이켜본다. 한밤중에 공포감과 더불어 깨어서는 자신이 지금 어디에 있는지 스스로도 알지 못했던 경험을. 되풀이해 꾸던 꿈에서 종종 그는 사미승 시절 첫 훈련을 받았던 후에 시의 그 절에 돌아가 있었다. 이렇게 그는 회고했다. "아름다운 나무들로 뒤덮인 어떤 녹색 언덕을 오르고 있었어요. 반쯤 올랐을 때, 잠에서 깨서는 내가 추방된 상태라는 걸 깨닫곤 했죠. 호흡을 가다듬으며 내가 지금 어느 도시, 어느 나라에 있는지를 기억해야 했어요." 88세 되던 해, 급성 뇌졸중이 찾아와 부분 마비를 겪고 거의 말을 할 수 없게 되었을 때, 그가 여생을 보내려고 돌아온 곳도 바로 그 후에 시의 사찰이었다.[38]

추방 생활로 인해 젊은 틱낫한은 집[고향]에 돌아갈 방도를 필사적으로 찾았다. 그러나 바로 그 추방 생활은 그를 심오한 자각으로도 안내했다. "우리의 진정한 집은 현재의 순간이지요." 거의 반세기가 지난 후, 그는 이렇게 쓰고 있었다. "무슨 일이 일어나고 있든, 바로 이곳, 바로 지금"이 바로 우리의 집이라고, 그는 주장했다. 그리고 그건 그저 하나의 추상적인 생각이 아니라 우리가 우리 자신을 위해 스스로 배워서 경험할 수 있는 "확고한 현실"이라고. 그러한 경험에 도달하는 도정에 나서는 능력이야말로 우리가 보유한 가장 큰 권력[힘]이다. 결국, 그의 설명에 의하면, 집에 가는 길이란 없다. "집이 바로 그 길이다." [39]

10

베네치아의 돌고래들

에밀리 디킨슨

희망이란 깃털이 있는 것
영혼 속에 깃들어
말없이 노래하되
절대 그 노래를 멈추지 않을
에밀리 디킨슨, 1861년 [1]

만족을 만족으로 알면,
언제나 넉넉함을 누린다.
노자, 기원전 500년 [2]

자본주의는 시스템 오류들의 목록이다. 자본주의는 많을수록 좋다고 끈질기게 주장하면서 인간 건강의 균형 원칙을 전복해왔다. 돌보는 자들의 가치를 계속 깎아내리면서 돌봄을 폄하해왔는가 하면, 소비자들의 불만감은 사정없이 유발하면서도 그들의 욕구만은 과다 자극해왔다. 또한 자연 세계의 온전함의 기반을 위태롭게 허물며 물질 처리량을 가속화해왔다.

자본주의는 인간이 작업을 통해 수행해야 할 세계-짓기라는 임무를 전복해왔다. 언제나 안전을 추구하는 우리를 무자비하고 불가피한 불안전 상태로 처넣었는가 하면, 투자의 본질을 희망의 숲 지붕에서 디스토피아적인 카지노 도박판으로 변질시켰다. 또한 일반인들의 생계가 아니라 자본 수익에 우선권을 주었는데, 그것도 체계적으로 그랬다. 이 모든 일을 수행하는 동안, 자본주의는 금융을 불안정하게 했고, 불평등을 가속화했고, 우리의 건강을 희생양 삼았다.

이 모든 것에서 얻을 수 있는 극명한 교훈이 있다. 그것은 사태가 꼭 이렇게 될 필요는 없다는 것이다. 거의 충격에 가까울 정도로 민첩하게, 이번 코로나바이러스 위기는 자본주의가 그토록 오래 부인해오던 것, 즉 정부가 사회의 건강에 개입하는 것이 실은 가능하다는 사실을 밝혀냈다. 필요할 경우 정부가 극적으로 개입하고, 조업이 중단된 작업장의 노동자에게 유급 휴직을 제공하고, 시민의 생계를 보호하고, 돌봄에 투자하고, 적법한 변혁 수단으로서 주권sovereign power(비극에서 이윤을 뽑아내는 이들에 의해 이데올로기적 이유로 부정된 권력)을 행사하여 금권을 누르는 것이 가능하다는 사실을.

자본주의의 폐허 속에는, 내가 이 책에서 보여주었길 소망하는, 근본적 쇄신을 위한 씨앗이 분명 있다. 더 많은 것이 언제나 미덕인 것은 아니다. 투쟁만이 생존의 유일한 기반인 것도, 경쟁만이 투쟁에 대한 유일한 대응책인 것도 아니다. 고되고 지루한 노동만이 노동에 대한 유일한 보상인 것도 아니고, 생산성이 높다고 하여 작업으로 되돌아갈 이유가 없어지는 것도 아니다. 투자란 금융 자산을 의미 없이 축적하는 것이 아니다. 현실 부정만이 우리 자신의 필멸성에 대한 유일한 대응책인 것도 아니다.

이러한 교훈은 자본주의의 행동 규칙과 결점에 대한 열정적인 관심과 탐구에서 발원한다. 또한 우리가 2020년 한 해 동안 만났던 경이로운 사회 현상에서도 발원한다. 당시의 경험은 여러 모로 대단한 것이었다. 단지 그 위기에서 생존한 이들의 삶에서 그 경험이 독특해서만은 아니다. 그건 당시의 경험이 우리를 자본주의 체제에서 빼내 포스트 성장 세계로 이동시켰던 그 엄청난 속도 때문이기도 하다. 그것이 아무리 짧은 것으로 밝혀지더라도, 그 교훈만은 앞으로 오랫동안 지속될 것이다.

깃털이 있는 것

2020년 3월 17일 화요일, 성 패트릭 데이. 바비 케네디가 자신의 불운했던 대선 운동을 시작하기 위해서 캔자스로 발을 디뎠던 바로 그날로부터 52년이 흐른 시점이었다. 이탈리아에서 코로나바이러스 봉쇄가 시작된 지 2주가 지난 시점이었다. 기이하고 멋진 소문이 소셜 미디어에서 돌기 시작했다. 부단한 경제활동의 맹공격으로부터 자연이 이미 회복되고 있음을 보여주는 징표들이 나타났다는 소문. 베네치아 운하에서 돌고래들이 목격되었다는 소문이었다! [3]

다음 날, 훨씬 더 놀라운 소식이 들려왔다. 한 무리의 코끼리들이 중국 윈난성의 어느 마을에 진입해서는 바보같이 옥수수 술을 마시고 인근에 있던 차밭에 드러누웠다는 것이다. 두 이야기 모두 빛의 속도로 퍼져나갔다. 온라인 우주를 돌아다니는 이 이야기들의 여행에 어떤 멋진 밈이 동행했다. 지구가 스스로 치유하고 있고, 대자연이 리셋 버튼을 눌렀다는 인식이었다. 때로 이 여행에는 좀 더 불쾌한 메아리도 동행했다. 우리 자신이 바이러스다! 라는 메아리. 우리만 없다면, 자연은 괜찮을 것이라는 암시였다. [4]

이것은 린 마굴리스가 때로 표현했을 어떤 감정을 연상시킨다. 박테리아가 지구 안에서 살았던 장대한 시간에 매료되어, 마굴리스는 그들의 회복력과 창의성에 관해 극찬의 언어를 동원하며 이야기하곤 했다. 그들이 없었다면, 우리는 여기에 있지도 못했을 거야. 우리가 없어도, 그들은 괜찮을 거야, 우리가 여기에 도착하기 전 수억 년간 그들이 그러했듯. 그들이 할 수 없는 거의 유일한 것이 대화라고 그녀는 말했다. 하지만 만일 당신이 주의 깊게 듣는다면, 그들의 노래를 들을 수 있다고. 그렇게 말하고 나서 그녀는 1950년대의 옛 노래, 〈너 없이도 잘 지낼 거야Gonna Get Along Without Ya Now〉의 후렴구를 불렀을 것이다. 물론, 그녀가 이 노래를 부르며 '너'라고 생각한 것은 인류 전체가 아니라 그저 인간 한두 명이었을 가능성도 있다. [5]

저 두 이야기가 등장하고 나서 며칠 후, 〈내셔널 지오그래픽〉은 그 이야기들을 반박하는 기사를 내보냈다. 기사에 따르면, 그 보도는 거짓이었다. 그저 누군가의 장난질이었고, 단순히 가짜뉴스였다. 그 어떤 돌고래도 제 건강을 무릅쓰면서까지 베네치아 운하에 올 정도로 어리석지는 않다는 것. 심지어 지금도 그렇다는 것. [6]

독자들은 격분했는데, 이유는 가지각색이었다. 어떤 이는 이렇게 말했다. "와우, 이건 자기 아이가 쇼핑몰에서 산타의 무릎에 행복하게 앉자마자 '산타는 진짜가 아니란다'라고 말하는 거 아닌가?" 환상이 훨씬 더 입맛에 맞는데, 굳이 왜 진실로 우리의 삶을 망친단 말인가? 다른 이들은 소문을 퍼뜨린 범인들을 비난했다—사람들은 '좋아요'를 얻기 위해서라면 무슨 짓이든 하는 법이라고. 숱한 모조 조롱들이 뒤따랐다. 풍자 뉴스 매체인 〈디 어니언The Onion〉은 흰 코뿔소들이 맨해튼 시내를 점령했다고 주장하는 기사를 내보냈다. 어떤 똑똑한 이는 허드슨 강이라고 하는 어떤 곳에 여러 색의 돌고래들이 앞으로 돌진하는 모습을 포스팅하며 '지구가 스스로 치유하고 있다'는 밈을 전했다. 이 이미지는 사실 그래픽 아티스트 리사 프랭크Lisa Frank가 만든 생동감 넘치는 사이키델릭 디자인이었다.[7]

기이하게도, 야생 염소들이 웨일스의 흘란두Llandudno 마을로 내려오는 모습을 찍은 사진이 진짜로 판명되었다. 또한 애리조나에서는 북미산 멧돼지들이 실제로 언덕에서 내려와서는 누군가의 집 뒷마당으로 뛰어들었다. 베이징에서는 스모그가 잔뜩 끼는 날이 다반사이던 계절에 푸른 하늘이 나타났다. 히말라야 산맥에서 200킬로미터 떨어진 인도의 펀자브 지방에서는 30년 만에 처음으로 산맥을 볼 수 있었다. 돌고래들은 실제로 목격되었던 것이 틀림없다—그러나 사르데냐Sardinia, 칼리아리Cagliari의 한 항구에서. 기적이라고 할 수는 없되, 이례적인 것만은 확실했다. 어딘가에서 일종의 치유가 실제로 진행되고 있는 것처럼 보였다.[8]

나태한 뉴스 채널들은 처음엔 저 이야기들을 선정적으로 다루었다가, 속는 것에 화가 나서는 그것이 가짜라는 폭로를 불성실하게 예찬했다. 어떤 이들은, 이 모든 것이, 누구도 믿을 수 없다는 증거라고 생각했다. 모두가 집에 갇혀 있던 그 시절, '딥 페이크deepfake' 음모*가 피

---

* 인공지능을 통해 유명인의 얼굴을 복제해 마치 유명인이 직접 말한 것처럼 위장하여 가짜 뉴스를 퍼뜨리는 것.

곤한 시민들로부터 최후의 온전한 정신을, 즉 사실과 허구를 구별할 수 있는 능력을 앗아가고 있었다.[9]

저 이야기 중 일부는 아마도 실제로 발생하고 있었을 것이다. 멸종 반란은 그 악명에 걸맞게, (어떤 이들의 표현으로는, 재미를 선사하며) 벨기에 총리가 기후·환경 위기에 맞서려면 즉각적인 조치가 필요하다고 말하는 영상을 유포했다. 물론 그런 조치는 필요하지만, 그녀가 그런 말을 실제로 한 것은 아니었다. 안타까운 일이다. 심지어는 저 가짜뉴스 중 일부의 출처는, 자기 이익을 위해 대중의 시선을 (암울한 현실에서) 딴 곳으로 돌리는 것이 절박했던 고위직 인사들이었을지도 모른다. 가짜는 혼란을 유통하는 화폐이며, 혼란은 통제가 있으려면 필요한 기초다.[10]

하지만 돌고래라고 한다면, 음, 더 단순하고 친절한 설명이 있었다. 원래 그 트윗은 이탈리아어로 되어 있었고, 내용은 너무나 자명했다—베네치아의 깨끗한 물, 밀라노의 백조, 칼리아리의 돌고래. 부분적으로는 단순한 오역에서 혼란이 야기되었다. 다른 원인은 조급한 공유 과정에서 발생한 와전이었다. 그러나 주범은 가장 심오한 인간의 감정, 즉 희망이었다. 시인 에밀리 디킨슨이 언젠가 말한, "영혼 속에 깃드는, 깃털이 있는 것" 말이다.[11]

묻혀 있던 보물

린 마굴리스가 가장 좋아한 이 시인은 봉쇄[격리]를 낯설어한 사람은 아니었다. 디킨슨은 자기 인생의 대부분을 사실상 은둔자로서 지냈다―매사추세츠주 애머스트에 있는 집을 거의 (종국엔 전혀) 떠나지 않은 채로. 그녀는 때로 그 지역에서는 '신화The Myth'라고 불리기도 했는데, 소탈한 흰 가운을 입고서 (애머스트의 웨스트 묘지가 내려다보이는) 디킨슨 가족의 집 위층에 틀어박혀 살았던 것으로 추정된다. 그 '흰옷 입은 여인'이 자신을 드물게 찾는 방문객들과 문을 닫고 대화를 나눴다는 소문이 돌았다.[12]

솔직히 우리는 이런 이야기 가운데 어느 정도가 진실인지 정확히 모른다. 미국에서 가장 유명한 시인의 반열에 오른 이 여성의 삶은 오늘날까지도 수수께끼에 싸여 있다. 어떤 꼴사나운 분쟁이 그녀가 남긴 문학 유산을 둘러싸고 벌어졌는데, 바로 그것이 디킨슨에 대한 올곧은 이해를 가로막았다. 그녀가 쓴 시편 중 그녀 생전에 출판된 것은 단 10편이었고, 그것도 전부 익명으로 나왔다. 그리고 1866년, 55세의 나이로 죽기 전, 그녀는 여동생 라비니아를 자신의 모든 글을 파괴한 혐의로 고소했다.

다행스럽게도, 이 혐의는 부분적으로만 인정되었다. 장례식이 끝나고 나서 며칠 후, 라비니아는 언니의 방에 있던 한 서랍장 맨 아래 서랍에서 보물함을 발견한다. 800편의 시가 40권의 작은 공책('파시클fascicles[분책]'로 알려져 있음)에 정리되어 있었고, 각 공책은 사랑스럽게도 손으로 바느질한 것들이었다. 이 공책들 옆에서는 디킨슨 특유의 편지, 시, 편지-시 수백 통이 발견되었다. 이것들 가운데 거의 500편은 (그중 많은 것이 종이조각에 연필로 쓴 것이었는데) 시누이(오빠 오스틴의 아내) 수잔 헌팅턴 디킨슨Susan Huntington Dickinson에게 그녀가 쪽지 형식으로 보낸 것이었다.

수(또는 수지 또는 수잔)에게 디킨슨이 보낸 편지와 시편들은 쉽게 그 성격을 규정하기 어려운 기이한 둘만의 관계를 말해준다. 두 여성은 평생의 동반자이자 절친한 사이였다. 둘은 어린 시절부터 친구 사이였다. 둘 다 시를 열렬히 사랑했다. 그들은 30년이 넘도록 말 그대로 옆집에서 이웃으로 살았다. 한 사진은, 두 집 사이 풀밭에 난, 발길이 낸 길을 보여준다. 분명 그들은 서로에게 엄청나게 소중한 사람들이었다.[13]

이상하게도, 사망한 지 4년 후 출간된 디킨슨 시집 제1권에는 이 모든 것이 완전히 생략되어 있다. 수에 대한 언급이 일절 없는 것이다. 그 이유를 말해주는 가장 그럴듯한 설명은, 출간을 담당했던 여인인 메이블 루미스 토드Mable Loomis Todd가 우연히도 그 당시 오스틴의 정부情婦였다는 것이다. 수잔에 관한 모든 언급을 소거하는 것이, 역사에서 경쟁자를 지우는 좋은 방법이었다는 것이다.

만일 그 증거가 믿을 수 있는 것이라면, 토드는 일부 원고에서 수잔이라는 이름을 지우기까지 했고, 때로는 'Susan'의 'S'와 'an'을 지움으로써 편지에 등장하는 '수잔Susan'을 '우리us'로 변형하기도 했다. 역사를 다시 쓴다는 것은 어떤 것일까? 후대까지 그것이 성공하기란 어려운 법이다. 미래의 기술이 과거의 범죄를 밝혀내는 일은 없을 거라고, 우리는 결코 확신하지 못한다. 디킨슨이 사망한 지 1세기가 넘은 시점에, 재기 넘치는 디킨슨 연구자가 등장했다. 마사 넬 스미스Martha Nell Smith라는 이름의 이 학자는 적외선 광선과 컴퓨터 이미징 기술을 활용해 에세이스트 존 어스킨John Esrkine이 언젠가 "미국 평전 역사의 수치에 가깝다"고 기술한 속임수를 확인했다.[14]

더 이상한 것은, 토드 자신은 디킨슨을 살아생전 만난 적도 없다는 것이다. 그녀가 디킨슨을 처음 본 것은 열려 있던 매장용 관에서였는데, 디킨슨의 몸에는 흰 수의가 (수잔에 의해) 입혀 있었고 목에는 제비꽃 한 다발이 걸려 있었다. 디킨슨을 낙심한 괴짜 노처녀라고 말하는 편리한 서사는 아마도 토드의 짓일 것이다. 아마도 앞서 말한 '신화'란 좀 더 음탕한 진실에 대한 방패막이로서 의도되었을 것이다. 아니면 독자들의 마음을 사로잡으려고 고안된 것인지도 모른다. 너 그렇게 생각하자. 만일 진실이 후자였다면, 그건 효험이 있었다. 《에밀리 디킨슨 시편The Pomes of Emily Dickinson》은 1890년 출간 즉시 비평가들의 찬사를 받았는데, 이 시집의 제1권은 첫 2년간 11쇄를 찍었다.[15]

그 이후로, 디킨슨의 작품은 품절된 적이 없었고 작가로서의 그녀의 명성은 치솟았다. 그러나 놀랍게도, 1955년이 돼서야 겨우 그녀의 시는 그걸 쓴 작가가 의도했던 것과 똑같은 형태로 재출간될 수 있었다. 또한 1세기가 넘는 시간이 지나서야 겨우, 에밀리가 시누이 수잔과 맺었던 관계의 본질이 감히 언급될 수 있었다. 아직도 그러한 견해에는 이견이 분분하다. 1998년 디킨슨과 수잔이 주고받은 은밀한 서신의 모음집인 《조심스레 나를 열어줘Open Me Carefully》가 뒤늦게 출간되었는데, 이 책에 대한 〈뉴욕타임스〉의 평결은 "번뜩인다, 당혹스럽다, 폭발성 있다"였다.[16]

이 서신들에서 한 가지가 분명히 드러났다. 에밀리 디킨슨의 봉쇄[격리] 경험은, 메이블 토드가 19세기 후반 독자들의 감수성을 자극하려고 상기한 이미지인 서글픈 감금과는 전혀 다른 성격이었다. 이 은밀한 서신들을 편집했던 이들은 이에 관해 솔직하게 털어놓는다. "그녀는 사랑을, 거절을, 용서를, 질투를, 절망을 알고 있었다. 또한 짜릿한 열정을. 또한 그녀는 사랑하는 이가 지금 가까운 곳에 있는 현실로 인한 강렬한 기쁨과 좌절감을 안은 채 몇 년을 살았다."《조심스레 나를 열어줘Open Me Carefully》를 읽어보면, 이러한 결론에 이의를 제기하기 어렵다.[17]

에밀리의 삶에 관한 이러한 견해는 또한, 수잔 디킨슨이 그녀가 죽고 나서 며칠 후 망자를 기리며 썼던 너무나도 감동적인 글이 뒷받침해 준다. "세상에 낙심해서도, 마지막 2년이 되기 전까지 쓸모없는 인생이어서도, 연민이 부족해서도 아니었다. 정신노동이나 사회적 직업에 그녀가 부족해서도 아니었다." 수잔은 이렇게 썼다. "(시인) 브라우닝Browning이 몸을 지칭했던 의미 그대로 '그녀의 영혼의 망사' 자체가 극히 희귀했다는 사실이 그리고 그녀가 살던 집의 성스러운 고요함이 그녀의 가치와 작업에 딱 맞는 분위기가 무엇인지를 말해주었다."[18]

봉쇄 광증

코로나바이러스 봉쇄 경험으로 아직도 비틀대고 있는 사람들을 나는 조금 알고 있다. 그들이라면, 집의 '성스러운 고요함' 운운하는 저 언급을 믿기지 않는다, 질투 난다는 복잡한 심정으로 받아들이지 않을까. 모든 이들이 에밀리처럼 운이 좋았던 것은 아니다. 그건 너무나도 자명하다.

만일 자본주의가 사회를 튼실한 상태이게 했더라면, 세상에서 잠시 철수하는 기간의 폐해가 그처럼 심대하지는 않았을 것이다. 하지만 자본주의는 그렇게 못했다. 노동을 불안정하게 했고, 금융을 불안하게 했고, 신체 정치에 긴장을 조성했고, 분열되고 궁핍한 사회를 야기했다. 이것은 너무나 분명한 사실이었는데, 심지어 팬데믹 이전에도 그러했다. 역경이 닥치자, 가장 잘 살아남은 이는 부자와 특권층이었다. 반면에 우리가 그들에게 보냈던 신뢰의 정도보다 훨씬 더 중대했던 최전방 노동자들이 코로나19 참극 통계의 수치를 채웠다. 늘 저임금에 시달렸고, 코로나바이러스에 위험하게 노출되었던 소외된 소수자들이 이번 팬데믹에서 가장 쉬운 공격 목표가 되었고, 봉쇄 속에서 가장 크게 고통받았다.

가난한 이들이 가장 크게 고통받았다. 그러나 상처를 전혀 입지 않은 이는 어디에도 없었다. 거의 단 하룻밤 만에 팬데믹은 위험한 날개를 펼쳤고, 세계는 전례 없는 경제적·사회적 교류의 둔화를 겪게 되었다. 그 현실은 충격적이었다. 상호성이야말로 사회의 초석이다. 상호성이 지닌 문명화하는 힘이야말로 자본주의를 지지하기 위해 동원된 핵심적인 도덕적 주장 가운데 하나다. 자본주의에서 교환은 감소될 수 없는 미덕으로 간주된다. 그러나 단 하룻밤 새에, 교환은 즉각적인 위험으로 변질되었다. 어느 정도는 순수 악덕으로.

봉쇄기에 쓴 에세이를 모은 산문집에서 제이디 스미스는 이렇게 물었다. "낯선 세상이 도래하면, 그것은 그것이 도래하기 이전의 세상에 관해 무엇을 드러낼까?" 체제는 녹아내리고, 지지 시스템은 붕괴하고, 가족은 뿔뿔이 흩어지고, 비탄은 위로받지 못하고, 긴장이 고조되고, 관계는 시험을 받으며, 불안에는 가속도가 붙는다. UN은 세계 곳곳에서 일어나는 가정 학대라는 '그림자 팬데믹shadow pandemic'을 측정했는데, 발생 사례가 평상시보다 20% 더 많았다. 이와 마찬가지로 충격적인 비율의 세계 인구가 정신 건강 위기를 겪었다. 외로움과 좌절감, 혼란과 슬픔—바로 이것들이 세상에 관한 우리의 감각을 재구성했던 어떤 한 해 동안 그토록 많은 인생을 채색했던 감정의 색깔들이다.[19]

이 바이러스는 사회를 비추는 거울 하나를 우리 앞에 들이밀었다. 이 거울이 우리에게 보여준 영상은 그늘지고 창백한 것이었다. 유령 같은, 거의 알아볼 수 없는 앞모습. 우리는, 디킨슨이 그랬던 것처럼, 봉쇄를 스스로 선택한 것은 아니다. 모더니티가 봉쇄로 인한 박탈에 대비할 기회를 우리에게 준 것도 아니었다. 부담은 어마어마했다. 너무나도 오랫동안 휴면 상태였고, 개발되지도 않았고, 인정받지도 못했던 자원들에 의존하는 상황 속으로, 아무런 대비도 없이 우리는 내동댕이쳐졌다. "사회로부터의 단절은 우리를 상업과 미디어의 노예나 포로로 붙들고 있는 체제로부터 우리를 해방해주었던가? 아니면 체제 밖의 시간이 우리를 마비시켰던가?" 소설가 오테사 모시페그Ottessa Moshfegh가 던진 질문이었다. "우리의 정신은 지금 정말로 자유로운 걸까?"[20]

봉쇄 기간의 거울 속 영상을 오래 바라볼수록, 그 그늘진 이미지는 선명하고 불편한 진실의 상으로 바뀐다. 봉쇄는 단순히 탈선이 아니었다. 그것은 우리 삶의 핵심에 널리 퍼져 있는 불안을 증류한 것이었다. 우리는 지구 안에 봉쇄되어 있다. 우리는 우리의 물질적 신체 안에 봉쇄되어 있다. 우리는 문화와 풍속이라는 제약 안에 봉쇄되어 있다. 우리는 우리에게 할당된 시간 안에 봉쇄되어 있다. 우리는 무한히 상상하고 꿈꿀 능력을 지닌 생명체이나, 동시에 우리 자신의 삶 안에 갇혀 있는 수인囚人이기도 하다.

외적 세계에서 분주하게 지냄이란, 언제나 이 냉혹한 현실로부터 우리의 시선을 돌리게 하는 정교한 구실에 불과했다. 벌거벗은 상황이 오자, 우리는 공포 속에서 비틀댈 수밖에는 없었다. 우리가 겁에 질린 것은 전혀 놀랍지 않다. 우리가 봉쇄 광증에 빠져든 것도 그렇다. 우리의 첫 번째 본능은 반항하는 것이었다. 우리를 자유롭게 하는 것, 거부하는 것. 어쩌면 그러한 거부는 불가피한지도 모른다. 하지만 그것이 의미한 바는 때로는 참사였다. 간혹 거리에 혼돈을 가져왔고, '제2차 대유행'*을 불가피한 것으로 만들었던 코로나19 부인[거부]론자들의 별난 동맹은 그러한 본능이 얼마나 강한지를 입증했다.

그러나 이것만이 우리에게 닥친 새로운 난관에 대한 유일한 대응은 아니었다. "여러 대응이 혼재되어 있다. 심지어 우리의 가슴 속에서조차도." 제이디 스미스의 진단이다. "그러나 지금 모든 이들에게는 자기만의 역량이 되돌아오고 있는 게 아닐까? 비록 그것이 우리가 잃어버린 것들을 애도하는 능력뿐일지라도." [21]

이러한 역량은 그저 애도하는 능력만은 또 아니었다. 적응하려고 우리는 용기 있게 분투했다. 오래도록 잊힌, 또는 중요하지 않다고 무시되었던 기예들이 순식간에 부활했다. 가치 없다고 여겨졌던 활

---

* 저자가 이 책을 쓴 것은 책이 출간된 시점인 2021년이거나 그 이전임을 상기할 필요가 있다.

동들이 새로운 의미와 목적을 얻었다. 생각하지도 않았는데, 보석이 눈에 보였다. 묻혀 있던 보물들은 정성스럽게 캐냈다. 관계가 재발견되었다. 기억은 강렬해졌다. 성찰할 시간이 늘어난 탓이었다. 뭔가를 놓치고 마는 것에 대한 두려움은 이제 덜했다. 모두가 놓치고 있었기 때문이었다. 적은 것으로 더 잘 사는 기술에 대한 관심이 전보다 더 커졌다. 시간에 덜 짓눌렸다. 하루하루가 덜 광란적이었다. 더 이상 우리는, 다른 어떤 곳에 있어야 한다는 끝없는 목표를 품은 채 우리 자신에게서 시선을 돌릴 수는 없었다. 일상 생활이라는 숫돌은, 단순함이라는 가치에 힘입어, 희생될 수 없는 그 원석의 본질을 되찾았다.

어쩌면 놀라운 일이겠지만, 봉쇄된 지 한 달 만에, 꽤 많은 사람들이 적어도 이러한 것의 일부가 계속되었으면 좋겠다고 소망하고 있었다. 한 연구에 따르면, 응답자의 85%가 봉쇄 기간이 끝났을 때도 정말로 계속 보유하고 싶은 것들을 봉쇄 속에서 발견했다고 말했다. 노멀 상태로의 완전한 복귀를 희망한 건 10% 미만이었다. 한두 달 만에 새로운 경제적 노멀을 요구하는 목소리가 쏟아지면서 이러한 반응들이 실제임이 확인되었다.[22]

봉쇄는 우리의 상상력을 해방하여 더 나은 미래를 꿈꾸게 했다. 더 건강한 세상이 가능함을 믿게 했다. 우리가 이미 잊었거나 미처 알지 못했던 것들을 즐기게 했다. 더 깨끗한 공기와 더 적은 차량을. 더 푸른 하늘과 더 적은 비행운을. 서로를 위한 더 많은 시간과 성공에 대한 더 적은 압박감을. 낯선 이들에 대한 더 큰 친절함과 더 적은 소음을. 자연과 함께 하는 더 많은 시간과 덜 조급함을. 조용히 명상할 수 있는 더 많은 시간과 베네치아의 돌고래를. 이러한 것의 일부가 일상이 될 수 있다고 희망할 수는 없는 걸까?

50년도 더 전에, 바비 케네디는 캔자스 대학 연설을 극작가 조지 버나드 쇼George Bernard Shaw의 말을 인용하며 마무리했다. 광범한 주제가 등장하는 쇼의 '진화론적' 연극 〈므두셀라로 돌아가라Back to Methuselah〉에서 전설적인 뱀은 성서에 나오는 이브에게 이렇게 설명한다. "당신은 사물을 있는 그대로 보고는 '왜 이렇지?'라고 말하죠. 하지만 난 전에 결코 없던 것들을 꿈꾸고, 또 이렇게 말하지요. '왜 그건 안 되지?'" 왜 그건 안 되지? 이 말은 선각자들의 언어다.[23]

잊을 수 없는 고통

캔자스 연설이 끝난 후 RFK는 곧바로 인디애나폴리스로 이동한다. 이 도시의 한 흑인 마을에서 유세하기 위해서였다. 이날의 행사를 준비한 건 28세의 시민권 운동가 존 루이스John Lewis였는데, 바비 케네디와는 긴밀해 협력해온 사이였다. 1968년 4월 4일 저녁, 도시에 도착했을 때 케네디는 예정된 유세에 참석하지 말라고 촉구하는 시장의 호소를 듣게 된다. 조금 전에 마틴 루터 킹이 멤피스에서 총탄을 맞아 사망했는데, 그 역시 안전하지 않을 것이라고 시장은 말했다.[24]

"그곳에 가고 싶어 하지 않을 사람이 있다면, 그건 당신이겠지요." 바비 케네디의 응수였다. "하지만 오늘 밤 난 내 (열) 아이들과 임신한 아내와 함께 그곳에 가서는 거리에서 잘 수 있어요. 그리고 우리는 완벽하게 안전할 겁니다." 이것은 허세도, 오만함도 아니었다. 루이스와의 오랜 협력으로 그는 신뢰받고 있었고 도덕적 권위를 지니고 있었다. 그리하여 미처 비극적 소식을 미처 듣지 못했던, 흑인들이 다수이던 군중 앞에서 그는 그 소식을 전할 수 있었다. [25]

그는 그리스 시인 아이스킬로스Aeschylus를 읊으며 청중들과 함께 그 죽음을 애도했다. "우리가 잠든 동안, 잊을 수 없는 고통이 우리의 가슴으로 한 방울 한 방울 떨어져 내린다. 우리 자신의 절망 안에서, 우리의 의지에 반하여, 지혜가 찾아오기 전까지는." 그는 청중들의 아픔과 함께했다. "그러한 행동의 불의 앞에서 증오와 불신으로 기울기 쉬운, 흑인들인 여러분에게 제가 드릴 수 있는 말은, 저 역시 가슴 속으로 같은 감정을 느낀다는 것뿐입니다. 제 가족의 한 사람이 살해당했습니다…어느 백인 남성에 의해 살해당했습니다." 그리고 그는 앞으로 나아갈 길을 이렇게 가리켰다.

> 미국이라는 나라에서 우리에게 필요한 것은 분열이 아닙니다. 우리에게 필요한 것은 증오가 아닙니다. 우리에게 필요한 것은 폭력이나 무법천지가 아닙니다. 반대로 그것은 사랑과 지혜, 서로를 향한 자비심입니다. 또한 백인이든 흑인이든 우리나라 안에서 여전히 고통받고 있을 사람들을 향한 정의감입니다. [26]

청중은 묵묵히 듣고만 있었다. 이따금 환성을 터뜨릴 뿐이었다. 다들 숨도 쉬지 못할 정도의 공포 상태에서 그 발표를 받아들이고 있었다. 그러나 케네디의 음성에 실린 어조는 슬픔과 존경을 자아냈다. 그리고 폭력은 없었다. 그날 밤 인디애나폴리스 전체가 차분했다. 미국 내 다른 지역에서는 격렬한 폭동이 있었다. 비이성적 불의에 대한 분노의 표현이었다. 1968년 여름은 나라 전체에서 격동의 여름이었다. 2020년의 여름만큼이나 그랬다.

암살 사건이 일어난 지 3일 후, 블루스 가수 니나 시몬Nina Simone 은 뉴욕 롱아일랜드에서 웨스트베리 뮤직 페스티벌에 출연한다. 킹 목사를 위한 추모 무대였다. 감정이 정점에 이를 무렵, 밴드는 그들이 그를 추모하며 쓴 곡인 〈왜? (사랑의 왕이 죽었다)Why? (The King of Love Is Dead)〉를 연주했다. 노래가 끝나기 바로 직전, 니나 시몬은 돌연 죽음과 상실에 관한 짧은 이야기를 즉흥적으로 시작한다. 분노, 절망, 비애, 희망이라는 감정에 관한 것이었다. 그런데 그것은 그녀가 벌이고 있던 이 모든 감정과의 개인적 분투를 비극적으로 예시해주는 것이었다. 애드립이 끝나갈 무렵, 중요한 것을 놓치지 말아 달라고 조용히 애원했을 때 그녀의 목소리는 거의 깨져서 듣기 힘들 지경이었다. 그리고는 침묵이 흘렀다. 이 침묵 속으로, 그녀는 고요한 화음을 떨어뜨렸다. 그리고 아주 느리게, 마지막 후렴구를 시작했다. 그 노래의 마지막 부분은 아무것도 해결하지 못했다. 그건 절망에 차서 다음엔 어떤 일이 일어나겠냐고 묻는, 어느 부서진 마음에서 솟아 나온 울음일 뿐이었다.[27]

자유가 울려 퍼지게 하라

다음에 일어날 수 있었던 한 가지는 보다 자비심 넘치고, 친절하고, 시적인 정치로의 전환이었다. 그러한 정치의 가능성을 믿었던 한 사람이 주도하는 정치로의 전환. 목적이 있고 고결한 가치를 품은 포용적이고 평등주의적인 사회에 대한 바비 케네디의 비전은 정확히 1968년에 필요한 것이었다. 또한 그것은 그 어느 때보다도 지금 필요하다. 지금 와 생각해보면, 놀라운 것은 그 비전이 얼마나 신중하게 생각되었는가이다. 캔자스에서 이야기한 아이디어, 인디애나폴리스에서의 위로, 캘리포니아에서의 감사—그 어느 것도 한가한 잡담은 아니었다. 오히려 각 사안에 대한 깊이 있는 이해와, 역사 속에서 우리가 서 있는 자리에 대한 선명한 인식에 두 발을 딛고 있었다.

선거 유세에 돌입하기 바로 전 해에 케네디는《더 새로운 세상을 찾아가기To Seek a Newer World》라는 제목의 저서에서 이 비전의 요소들을 끄집어내고 있었다. 언제나 그러했듯, 그의 영감의 출처는 시인이었다. 이 경우에는 앨프리드 테니슨의 시 〈율리시즈Ulysses〉였다. 이 시에서 이 영국 시인은 최후의 영웅적 여행에 착수하려는 영웅 율리시즈를 상상한다.

빛이 바위에서 반짝이기 시작한다.
기나긴 하루가 저물고. 느린 달이 떠오르고. 깊은
신음이 여러 목소리 속에서 속삭인다. 오라, 친구들아,
더 새로운 세상을 찾아가기에 너무 늦지는 않았으니[28]

킹이 암살된 지 두 달 후, 미국을 더 새로운 세상으로 이끌었을 수도 있었을 한 사람도 살해당하고 만다. 하지만 그에게 정신적 자극을 주었고 그를 지지했던 그 젊은 흑인 운동가는 불의에 맞서는 비폭력 투쟁이라는 자기만의 길을 52년간 걸어간다. 1986년, 존 루이스는

애틀랜타에서 연방 하원의원으로 선출되는데 이후 16회 재선된다. 훗날 그는 동료들 사이에서 '의회의 양심'으로 알려지게 된다. 2019년 12월, 1차 트럼프 탄핵 표결 당시 그는 이렇게 주장했다. "올바르지 않고, 정의롭지 않고, 공정하지 않은 것을 만일 당신이 본다면, 당신에게는 뭔가를 말할 도덕적인 의무가 있다." 또한 의회는 "역사의 올바른 편에 서야 할 권한과 의무"를 지닌다.[29]

평생에 걸쳐, 루이스는 흑인들에게 자행된 끝없는 불의를 목도하게 된다. 때로 그것은 질서와 법을 유지하는 권력에 의한 것이기도 했다. 몇 번이고 그는, 소수자들의 가장 기본적인 권리들이 여전히 잔인하게 파괴되고 있음에도 진보를 설교하는 세상의 위선을 문제삼았다. 그는 80세까지 살았지만, 평생토록 그 소수자들의 이름을 잊은 적이 없었다. 2020년 5월 25일 조지 플로이드George Floyd가 경찰의 손에 살해당했을 때, 그는 이렇게 말했다. "에밋 틸Emmett Till이 나의 조지 플로이드였다. 플로이드는 나의 레이샤드 브룩스, 샌드라 블랜드, 브레오나 테일러였다."[30]

에밋 틸은 1955년 미시시피주 머니에서 어느 백인 점원에게 성적 시도를 했다는 혐의로 두 백인 남자에게 살해당했던 14세의 시카고 소년이었다. 그는 고문당한 후 총에 맞고는 철사에 묶여 탈라해치 Tallahatchie 강에 던져졌다. 남자 둘은 무죄를 선고받았다. 그를 고소했던 여인은 훗날 자신이 거짓말을 했다고 시인했다. 장례식에서 틸의 어머니는 사람들이 자기 아들에게 일어난 사건을 볼 수 있도록 관을 열어두라고 요구했다. 당시 존 루이스는 겨우 15세였다.[31]

65년이 흐른 후, 존 루이스는 '흑인 목숨도 소중하다Black Lives

Matter' 운동의 발흥을 목도할 수 있었다. 이번만큼은 다를 것이라고 그는 믿었다. CBS '디스 모닝This Morning'과의 인터뷰에서 그는 이렇게 말했다. "이제 사람들은 이 투쟁이 무엇에 관한 것이었는지를 이해한다. 인류 모두의 자유와 정의를 향한 기나긴 여로에서의 또 하나의 내디딤이다." 이 인터뷰 직후인 2020년 7월 17일, 그는 그 전 해에 진단받았던 질병인 췌장암으로 사망한다.[32]

존 루이스의 마지막 말들(장례식 당일에 공개된다)은 이 투쟁을 이어가달라는 격정적인 요청이었다. 그는 〈뉴욕타임스〉에 이렇게 썼다. "평화의 길, 사랑의 길, 비폭력의 길이 더 훌륭한 길이라는 것을 보여주기 위해 내가 할 수 있는 모든 것은 다 했다. 이제는 당신들이 자유가 울려 퍼지게 할 차례다."[33]

거울 속의 유령들

지금 봉쇄라는 거울 속에서는 안식하지 못하는 유령들이 출몰하고 있다. 포터 헤이검에 있는 다리의 차가운 돌들처럼, 이 유령들은 어두컴컴한 불멸의 심연을 떠올리게 한다. 우리는 이 귀신들을 외면할 수도 있을 것이다. 그러나 용기를 내어 그들을 마주 볼 수도 있을 것이다. 에밀리 디킨슨이 우리에게 가르쳐준 선택은 후자였다.

에밀리의 자기 봉쇄[격리] 전략은 우리의 그것과 많은 부분에서 유사했다. 가정 안에 칩거하고, 동네에서는 사회적 거리두기를 유지하는 전략. 거의 눈에 띄지 않았지만, 그녀는 친구들에게 소박한 선물을 보내거나 곤경에 처한 이웃들에게 위로의 말을 전하곤 했다. 동네 아이들과 사귀었고, 그들을 위해 진저브레드를 구워서는 바구니에 담아 위층 창문에서 아래로 내려주었다. 그녀는 90명이 넘는 각기 다른 이들에게 정기적으로 편지를 썼다. 1875년, 어머니가 뇌졸중으로 병석에 드러눕자 에밀리는 거의 7년간 그녀를 간호하며 어머니를 사랑하는 법을 배운다. 그녀는 이렇게 썼다. "그녀가 우리의 엄마였을 때…우리는 결코 친한 사이는 아니었다. 그러나 같은 땅에 있는 광산들은 터널을 통해 만나는 법이며, 그녀가 우리의 아이가 되었을 때, 사랑이 찾아왔다." [34]

디킨슨에게 죽음을 마주 본다는 것은 뭔가 핵심적인 것이었다. 고통을 있는 그대로 인정함이 고통을 덜어냄을 향한 첫걸음이라는 것. 이 원칙은 틱낫한의 작품과 공명하는데, 그는 이 원칙의 본질을 증류해서는 참여 불교의 한 계율로 빚어냈다. 그는 이렇게 썼다. "고통과의 접촉을 피하지 말라. 고통 앞에서 눈 감지 말라. 고통받는 이들과 함께 있을 방도를 찾아라. 그런 방법으로 당신과 남들을 깨워 세상의 고통이라는 현실을 보게 하라." [35]

우리의 눈을 고통으로부터 고통 아닌 것으로 돌리는 경향은, 사회적 성공을 언제나 '더 많이'라는 잣대로 가늠하는 어떤 사회의 이면이다. 이런 경향은 (나와 내 동료들이 몰입에 관한 연구에서 발견했듯) 우리 사회의 친절에만 영향을 끼치는 것이 아니라 잠재능력을 성취할 우리 자신의 가능성에도 주로 부정적인 놀라운 영향을 끼친다.

우리는 왜 어떤 이들이 다른 이들보다 더 쉽게 몰입을 경험할 수 있는지 알아내고 싶었다. 이미 우리는 (6장) 더 물질주의적인 태도가 몰입 능력을 갉아먹을 수 있다는 것을 확인했다. 또한 우리는 어떤 과제에 우리 자신을 붙들어 맬 수 있으면 장기적으로는 더 쉽게 몰입과 만날 수 있다는 것도 살펴봤다. 하지만 우리는 다음 사항을 알아내기 전까지는 이러한 것들을 잘 정리할 수 없었다. 첫째, 원치 않는 감각 경험을 회피하는 경향이 더 큰 사람들이 자기 조절 자원을 더 적게 보유하는 경향이 있다. 둘째, 더 물질주의적인 태도를 보이는 사람들이 원치 않는 감각 경험을 회피하는 경향이 더 크다.[36]

이러한 점을 종합해볼 때 우리의 연구는, 더 물질주의적인 사람일수록 원치 않은 감각 경험을 회피하는 경향이 더 크다는 점을 말해주었다. 그리고 그런 경향은 이번에는, 몰입 경험을 위한 능력을 계발하는 데 필요한 정신의 힘을 약하게 한다. 괴로움을 멀리하고, 고난을 피하고, 고통을 부인하며, 우리는 가장 충일감 높은 인간의 존재 상태의 하나에 도달할 (우리 자신의) 가능성을 파괴하고 있는 것처럼 보인다. 반면에 어둠을 마주 대할 태세가 될 때 우리는 우리의 정신을 해방해서는 우리가 지닌 최고의 잠재능력을 경험하게 한다.

에밀리 디킨슨은 이 원리를 보여주는 흥미로운 사례다. 시는 그녀의 일생의 작품이었다. 자기 봉쇄는 그녀의 집필실이었다. 그녀는 의도적으로 자신의 실존에 물리적 한계를 두었다. 그 한계선의 안쪽에서 에밀리는 자신의 일상생활과 깊이 뒤엉킨 시를 빚어냈다. 자신의 마음을 세상에 알리는 언어를. "말없이 노래하되, 절대 그 노래를 멈추지 않을" 희망을 주는 철학을.[37]

대체로 에밀리의 시에는 인간의 필멸성에 대한 강렬한 인식, 상실에 대한 인간의 공포, 이별의 불가피성, 인간 실존의 핵심에 있는 고통이라는 주제가 흐르고 있다. 두려움 없이, 자신의 주제를 외면하

지 않겠다는 결심을 안고서, 그녀는 조심스럽고 직관적인 시선으로
그 주제를 깊이 있게 탐구했다. 필멸성에 대한 그녀의 탐구는 은유에
담겼는데, 그녀가 뽑아낸 이미지는 자연에 대한 깊은 사랑에서 비롯
된 것이었다. 그녀의 시편들에서, 죽음은 일종의 메신저, 안내자, 때
로는 친구로 등장한다.

죽음을 위해 내가 멈출 수는 없었기에 —
친절하게도 그가 나를 위해 멈추었지 —
그 마차는 우리 만이 아니라 —
불멸까지 태웠다네 [38]

한 평자에 따르면, 에밀리는 '불멸을 선고하는 자'로서 시를 활용
했다. 죽음으로 가득 찬 이 세상에서 의식의 신비에 접근하는 한 방법
이 시였다는 것이다. 이러한 시 쓰기는 인간 작업이 수행해야 할 세
계-짓기라는 임무가 무엇인지를 말해준다. 하지만 오늘날 우리 중 대
다수는 디킨슨이 했던 방식으로 이러한 주제를 추구하지는 않는다.
죽음에 대한 명상은 자본주의 안에서 살아가고 있는, 죽음에 대한 부
정과는 거의 완전히 이질적인 것이다. [39]
죽음은 때로 그녀가 감당하기에 너무나도 벅찬 것이기도 했다.
그것이 우리 모두에게 그러하듯. 그녀의 어머니는 1882년에 사망했
다. 어린 조카인, 수잔의 아들 깁Gib도 그로부터 1년 후 죽었는데, 사
망 당시 고작 여덟 살이었다. 1884년 가을, 그녀는 이렇게 토로했다.
"그 죽음들은 내게는 너무나도 거대한 것이었고, 내 마음을 추스르기

도 전에 또 다른 뭔가가 찾아왔다." 몇 달 새 건강이 악화되었다. 하지만 그녀는 여전히 가끔 글을 써내기는 했다.[40]

　1886년 첫 몇 달간, 상태가 더 나빠졌다. 그녀가 남긴 마지막 편지는 두 사촌인 루이스 노크로스, 프랜시스 노크로스에게 보낸 짧은 메모였다. 내용은 간단했다. "사촌 동생들에게. 다시 와 주길. 에밀리." 5월 13일, 그녀는 의식불명 상태에 빠졌다. 5월 15일 아침이 되자, 숨쉬기가 어려워졌고 호흡은 얕아졌다. "그날은 끔찍했다." 오빠 오스틴은 일기에 이렇게 썼다. "그녀는 숨을 멈추었다. 그 끔찍한 호흡을. 6시를 알리는 (공장) 안내음이 울리기 직전이었다." 그녀의 시신을 씻고 매장할 준비를 했던 이는 수잔이었다.[41]

충분하다

　이 여정은 어디에서 끝날까? 봉쇄가 끝나면, 우리는 어디에 있게 될까? 우리가 감히 꿈꿀 더 새로운 세상이란 어떤 세상일까? 이 책의 한 가지 목표는 거울 속에 비친 유령들로부터 인간의 조건에 관한 통찰력을 얻는 것이었다. 그들의 지혜는 때로는 우리가 접근하기 어려운 성격의 것처럼 보인다. 그들은 필멸인 존재의 평원 훨씬 위쪽에 있는 극락을 배회한다. 그러나 신들이 자주 찾는 그 산들의 기슭에는 그저 죽을 운명인 자들도 따라 걸을 수 있는 길이 잘 뚫려 있다.

　우리의 순전한 동물적 본성으로 느끼는 육감적 행복 너머에는, 우리 자신의 필멸성에 대한 심오한 깨달음이 있다. 이 무서운 진리는 우리가 살아가는 이 삶의 서사가 무엇인지를 계속해서 일러준다. 이 진리는 무엇보다도 세계-짓기라는 인간 작업의 본질에서 극명히 나타난다. 오래 지속되고자 하는 우리의 욕구가 우리를 건설의 광란으로 몰아넣는다. 경제 성장은, 그 본질상, 그러한 광란의 현실적 구현물이다. 경제 성장의 목적은 불멸성을 구현하는 것, 그 이하도 이상도 아니다. 그러나 자본주의의 손아귀 안에서라면, 경제 성장은 필패의 운명이다. 바로 그 실패를 이해하는 것이 이 책의 한 가지 목표였다.

작업이 헛수고라고 주장하려는 것은 아니다. 정반대로, 나는 인간 번영의 근본 요소인 작업을 구원하고자 한다. 작업에는 가장 심오한 몰입 경험의 장소가 될 수 있는 잠재력이 있다. 그리고 그것은 불멸의 암시를 늘 필요로 하는 우리에게 기여한다. 이러한 보상이 손실되는 것은, 작업 그 자체가 문제여서가 아니라 작업이 타락했을 때다.

이 여정의 끝은 어디일까? 끝은 없을 것이다. 필멸성에 맞서는 작업에는 결코 끝은 없을 것이다. 현실 부정에 빠지지 않으려면 언제라도 고통과의 솔직한 관계 속에 굳건히 자리 잡고 있어야 한다. 그러나 그러려면 그와 동시에 희망을 품는 일을 결코 포기해서는 안 된다. 바로 이것이 에밀리 디킨슨의 '깃털이 있는 것'이 주는 메시지다. 우리는 결코 인간의 완전한 충족 가능성을 단념해서는 안 된다. 그 가능성은 우리를 결코 단념하지는 않을 것이다.

우리의 삶에 주어진 물질적 한계가, 가장 강렬하고 가장 활기차고 가장 있음직하지 않고 가장 심오한 인간 감정을 우리가 경험할 가능성을 원천적으로 제한하는 것은 아니다. 루트비히 볼츠만이 지적했듯, 하나의 엔트로피 세계 내에서 그것이 가능하지 않음은, 오직 그것의 연속적인 출현에 의해서만 극복된다.

사랑(외로움이 아니라)은 디킨슨이 자기 봉쇄 속에서 뭔가를 잃은 대신 얻은 것이었다. 어쩌면 이는 언제나 진리일 것이다. "사랑이 없다면, 인생이란 그저 시간 죽이기일 뿐"이라고 오테사 모시페그는 썼다. 제이디 스미스에 따르면, 사랑이 없다면 "어떤 형태로든, 우리네 인생의 어디엔가는 오직 시간만이 있을 것이고, 그 시간은 언제나 지나치게 많을 것이다." [42]

노벨상 수상 작가인 알베르 카뮈Albert Camus도 자신의 1947년 소설《페스트》(완전히 우리 시대를 위해 집필된 이야기)에서 비슷한 결론에 도달한다. 비록 역병이 만연했던 도시의 주민들은 신속히 노멀과 망각의 영토로 감히 돌아오지만, 생존자들은 "이제는 알고 있었다. 만일 누군가 언제라도 갈망할 한 가지, 때로는 얻을 한 가지가 있다면, 그건 인간의 사랑이라는 것을." [43]

이 현실은 자본주의에는 소거되어 있다. '더 많이'에 대한 우리의 집착은 인간 마음의 (취약한) 균형을 우리의 시야에서 가차 없이 지워버린다. 또한 그러한 균형을 우리에게 되돌려줄 수도 있을 시를 폄하한다. 한나 아렌트는《인간의 조건》에서 이렇게 썼다. 우리의 모든 활동 가운데 "시가 사유에 가장 가깝다." [44]

죽음에 이르기 직전, 한나 아렌트는 자신의 첫사랑, 마틴 하이데거의 작품으로 돌아왔었다. 하이데거는 사유가 곧 무한하고 불변하는 존재의 영역으로 가는 관문이 되는 초월적 철학을 탐구했다. "오류의 영역"에서 사유의 무대로 퇴각함으로써, "역사상 모든 무질서의 근원인 (권력) 의지"를 단념하는 것이 가능하다고 하이데거는 생각했다. [45]

디킨슨의 시는 하이데거의 철학과 줄곧 비교되어왔는데, 놀랄 일은 아니다. 두 사람 다 초월적인 뭔가를 찾고 있었다. 끊임없는 삶의 소음 너머에 있는 치명적인 뭔가를. 약간 다른 방식이었으되, 그건 아렌트도 마찬가지였다. 그녀는 이렇게 썼다. "모든 종류의 활동은, 단순한 생각의 과정조차도, 명상의 절대 고요 속에서 절정을 이루어야만 한다." 오늘날 우리와는 완전히 동떨어져 있는, 그러한 순간적 알아차림이야말로 어쩌면 삶이 주는 가장 귀중한 보상인지도 모른다.

그곳에 도달한다는 건 쉽지 않은 일이다. 틱낫한이 보기에, 그것은 전부 테크닉 문제였다. 집으로 가는 길은 호흡에서 시작해 호흡으로 끝난다는 것이 그의 생각이었다. 우리가 수행하는 교환 가운데 가장 단순한 교환인 바로 이것이 예기치 않은 부로 가는 입구라는 것. 그것이 모든 번영 가운데 가장 근본적인 번영이라는 것. 그것이 드러난다 해서 기쁨을 향한 인간의 지향이 소진되는 일은 결코 없을 것이다. 그 교환의 단순함은 누구라도 경험할 수 있다. 우리가 살아 있는 한 계속해서. 공짜로.

우리는 숨을 들이쉬고, 숨을 내쉰다.

때로 이 선물을 우리는 강제로 빼앗긴다. 종말에는 이 선물을 완전히 포기해야만 한다. 하지만 때로, 이런저런 시간 사이에, 그 선물이 주는 끊임없는 위로는 우리를 지탱하기에 충분하다. 우리의 영원한 갈망 너머에 있는 뭔가를 보도록 우리에게 평정심을 주기에 충분하고, 끝없는 생존 투쟁에서 삭제되어 멀리 떨어져 있는 어떤 실상을 엿볼 기회를 주기에 충분하다.

"만족을 만족으로 알면, 언제나 넉넉함을 누린다."* 중국 철학자 노자는 2,500년 전에 이렇게 말했다. 이것을 이해하지 못함이야말로 자본주의의 치명적 자만이었고, 여전히 그러하다.

이 진리를 알아가는 길 위에, 개인으로서, 또 사회로서의 우리를 다시 세우자는 것. 이 책이 주는 단 하나의 가장 중요한 교훈이 있다면, 그것은 바로 이것이다. 이 과제는 거대한 것이다. 그러나 얻게 될 상賞 역시 그렇다.

---

* 《노자》 46장에 등장하는 문구인 '知足之足 常足矣'의 번역이다.

감사의 말

문화적인 것은 개인적인 것이기도 하다. 1968년 6월 4일, 캘리포니아주 예비선거일은 나의 열한 번째 생일이었다. 다음 날 아침 8시 30분경(LA에서는 밤 12시 30분) 아침을 먹으며 학교 준비를 하던 무렵, 그 뉴스가 들려왔을 때 여전히 졸린 눈이었던 까닭이다. 그 두려운 소식을 기억할 정도의 나이이긴 했지만, 그게 무엇을 의미하는지 이해하기엔 너무도 어린 나이였다. 그러나 분명 그 사건이, 거기 있었다. 거실에 있는 작은 흑백 TV, 그 핏기없는 단색 화면 속에. 또 하나의 불가해한 총격이. 그날, 이번만은 다르기를 바라는 쓸쓸한 희망을 안고 하루를 멍하니 보냈던 기억이 난다. 그리고 그렇지 않음을 확인했을 때, 망연자실하게 하는 슬픔이 찾아왔다. RFK가 나의 첫 번째 사람이었다. 하지만 이 책에 나오는 인물 모두가 각기 다른 방식으로 내 삶을 움직였다. 때로는 개인적으로, 때로는 직업적으로, 때로는 그 두 측면 모두에서. 그 분들이 주신 감화에 깊이 감사드린다. 그 빚을 갚을 소박한 기회가 내게 주어진 것에 대해서도.

몇 년 전, 친구이자 동료인 조너선 포릿은 《우리가 만든 세상The World We Made》이라는 책을 썼다. 2050년부터 시간을 거슬러 올라가며 지속가능한 사회로 어떻게 전환했는지를 회상조로 들려주는 책이다. 2019년 극작가 베스 플린토프는 이 이야기를 무대에 올리는 일에 착수했다. 그녀는 여러 인물을 동원해 이 이야기를 지혜롭게 들려주었다. 우리의 행동을 전진시키는 그 인물들의 여러 목소리. 실로 이 책의 설계에 영감을 준 기획이었다. 베스에게 그리고 프로듀서 베키 버첼, 감독 소피 오스틴, 배우 리앤 오카시, 톰 로스-윌리엄스, 엠마 캐터에게 감사하다는 말을 전한다. 물론 조너선에게도. 이 프로젝트에서 배울 기회가 있었음에 감사드린다.

이 책이 나오기까지 영감의 원천이 되었던 다른 둘도 언급할 가치가 있다. 그 하나는, 〈2019 글로벌 전략 트렌드 리뷰Global Strategic Trends Review〉에 실릴 짧은 글을 써달라는 영국 정부의, 믿기 힘든 요청이었다. 이 간행물은 지정학적 안정을 위협하는 잠재 요소를 파악하기 위해 정부가 발행하는 정기 간행물이다. 내게 글을 의뢰한 이들이 가장 관심을 보였던 건 미래의 어느 날 경제 성장이 우리 곁에서 사라질 가능성이었다. 내가 제출한 보고서는 이 책에 나오는 아이디어 일부, 특히 2장의 주장을 위한 인큐베이터였다.

다른 하나는 베누아 오스트라는 젊은 기업 전략 매니저와의 우연한 만남이었다. 2018년 초, 그를 만났던 날 그는 직장을 그만둘 예정이라고 이미 공언해둔 상태였다. 나의 책 《성장 없는 번영》을 읽었는데, 그 책 덕분에 자신이 그간 인생을 낭비하고 있었음을 확신하게 되었다는 게 이유였다. 그래, 모든 게 좋았다. 그의 고용주들이 나를 지속가능성 패널에 막 초청했다는 것만 빼면. 나의 임무란 그들에게 어떻게 하면 이 상황을 더 좋게 만들 수 있는지를 조언하는 것이었다! 그는 포스트 성장 비전을 좀 더 폭넓은 청중에게 전하도록 내가 애써야 한다며, 나를 설득했다. 그 일을 제대로 해내기란 생각했던 것보다 훨씬 더 어려웠다. 하지만 비틀거릴 때, 내가 계속 전진하도록 해준 것이 있으니, 바로 그때의 대화였다.

이 작업의 여정에서 내가 의지한 이들의 목록은 내가 이 책에 등장시킨 인물 목록보다도 길다. 특히 허먼 데일리가 직접 쓴 원고에, 1968년 사건과 관련해 조언해준 케리 케네디와 애덤 월린스키에게 감사드린다. 교감신경과 부교감신경 반응에서 호흡이 맡는 역할에 관해 도움을 준 가비 호크와 루카스 록우드에게, 린 마굴리스의 작품이 왜 중요한지를 상기시켜준 길리언 오로우에게 감사드린다. 건강에 관한 신경생물학적 접근과 관련해 멋진 의견을 교환해준 피터 스털링에게, 인간의 조건 속에서 우리의 안전 욕구가 행사하는 핵심적인 역할에 주목하게 해준 로완 윌리엄스에게 감사드린다.

CUSP(지속가능한 번영 연구 센터)에서 함께 근무하는 동료들과의 협력 또한 이 책에 나오는 아이디어의 발전에 크게 기여했다. '몰입'에 관한 연구에 함께해준 에이미 아이섬과 비르기타 가터슬레벤에게, 좋은 삶에 대한 사람들의 열망을 함께 탐구해준 케이트 버닝햄, 브론윈 헤이워드, 아나스타시아 루키아노프, 실비아 닛센, 케이트 프렌더게스트, 수 벤에게 감사드린다. 포스트 성장 경제에 관한 연구를 함께해준 벤 갤런트와 사이먼 매어에게, 성장 없는 복지라는 과제에 관한 토론에 참여해준 크리시 코클렛 워커와 안젤라 드러크먼에게, 금융과 돈이라는 주제에 관해 여러 해 동안 대화를 나눈 앤드류 잭슨에게, 명상 과학을 향한 우리의 여정에 함께 하고 있는 로저 코와드와 폴 한나에게, 포스트 성장 시대의 정치 형태에서 창의성이 어떤 역할을 할지 함께 생각해준 말라이카 커닝햄과 매릿 해먼드에게 감사드린다. 포스트 성장 거시경제학의 개발이라는 주제로 나는 피터 빅터와 오래 협력해왔는데, 그에 대한 언급이 이 책에는 나오지 않는다. 하지만 여러 대목에 이 협력의 성과가 반영되어 있다. 그가 보내준 지지는 언제나 중요했다.

영국 경제사회연구위원회에 감사드린다. CUSP에 대한 위원회의 재정적 지원(허가: ES/M008320/1)은 이 책을 쓰는 과정 전체에서 필요불가결했다. CUSP를 책임지는 내 입장은 줄곧 엄청난 특권이었다. 하지만 친애하는 두 부센터장인 케이트 버닝햄과 퍼거스 라이온의 전문가적 지원 그리고 우리의 멋진 행정팀 멤버인 젬마 버켓, 캐서린 헌트, 눌라 닐런드가 없었다면, 이 책을 쓰는 동안은 특히, 그 책임을 다하기란 불가능했을 것이다.

이 책에 생명력을 불어넣어 준 폴리티 출판사의 모든 분에게 고맙다는 인사를 전해야만 한다. 특히 이 프로젝트에 열정적이면서도 공감 어린 지원을 해준 루이스 나이트, 명철하고 사려 깊은 편집을 해준 저스틴 다이어, 인용 명구의 난해함을 헤쳐나가도록 도움을 준 이네스 박스맨에게 감사 인사를 전한다.

언제나처럼 잭과 틸 그리고 리시 잭슨에게 감사하다는 말을 전한다. 그들은, 그게 무엇이든 뭔가를 쓰고자 하는 내 모든 동기 가운데 큰 일부를 차지하고 있다. 하지만 그것만이 아니다. 《성장 없는 번영》이 출간된 후 수년간 그들은 훌륭한 양식을 가지고 생각 깊고 창의적인 어른으로 성장했는가 하면, 고상한 사람이 되어 내가 가르쳐준 것보다 더 많은 것을 내게 가르쳐주었다. 셋 다 각자 나름대로 이 책의 의미에 확신하게 되었고, 통찰과 성찰, 도덕적인 지지를 내게 보태주었다. 또한 함께 탁구 치는 시간도. 때로는 내가 확고한 자기 규율이 안 되어 고투할 때 일탈 행위를 그저 환영해주기도 했다.

감사의 말

비슷한 맥락에서, 어떻게 그게 가능했는지 모르겠지만 아버지인 리치 잭슨과 나눈 대화 덕에 나 자신을 옭아맸던 매듭을 풀 수 있었다. 봉쇄 기간 우리는 밤늦게 전화 통화를 나누며 시간이 얼마나 지났는지를, 원고 진척이 얼마나 느린지를 가늠할 수 있었다.

마지막으로, 파트너인 린다에게 가장 커다란 빚을 지고 있다고 써야겠다. 이 과업을 완수할 능력이 내게 있다는 그녀의 변함없는 확신과 전폭적인 지지는 종종 내가 과업 완수로 나아가는 데 유일한 버팀목이 되어주었다. 우리 둘의 대화는 내 사유를 진일보시켰고, 그녀의 교정은 내 글을 개선했다. 그리고 생전의 기억에서 가장 특별했던 그 한 해 동안 계절의 느린 혁명을 음미하며 우리가 함께 보낸 시간은 내 영혼을 한층 성숙하게 했다. 영원토록.

감사의 말

주석

서문

1 '아침의 맥박에 대하여*On the Pulse of Morning*' from ON THE PULSE OF MORNING
  by Maya Angelou, copyright © 1993 by Maya Angelou. Used by permission
  of Random House, an imprint and division of Penguin Random House LLC.
  All rights reserved. 1993년 1월 20일 미국 대통령 빌 클린턴*Bill Clinton* 취임식에
  서 마야 앤절로가 이 시를 낭독했다(Angelou 1993). 녹화 영상은 다음 주소에
  서 볼 수 있다: *https://www.youtube.com/watch?v=M9nTt2F0Kdc.*

2 Shakespeare, The Tempest, Act 2, Scene 1.

3 Berger 1967, p. 22.

4 세계경제포럼의 역사: *https://www.weforum.org/about/history.* "만사가 그저 잘 되고"
  는 노리치의 줄리안*Julian of Norwich*(1342-1416? 중세 영국의 여성 신비가)이 지은 '신
  성한 사랑의 계시*Revelations of Divine Love*' 속 한 구절이다. *https://www.gutenberg.org/
  files/52958/52958-h/52958-h.htm.*

5 다보스의 메르켈: *https://www.theguardian.com/business/live/2020/jan/23/davos-
  2020-javid-merkel-soros-us-brexit-trump-trade-wef-business-live?page=with:block-
  5e299d708f0879d539efd9c5.* 다음도 참고하라: *https://www.bundesregierung.de/breg-
  en/news/speech-by-federal-chancellor-dr-angela-merkel-at-the-2020-annual-meeting-of-the-
  world-economic-forum-in-davos-on-23-january-2020-1716620.*

6 므누신: *https://time.com/5770318/steven-mnuchin-greta-thunberg-davos/.*

7 트럼프 대 그레타: *https://www.cnbc.com/2020/01/21/our-house-is-still-on-fire-greta-
  thunberg-tells-davos.html.*

8 줄어드는 알프스 강설량: *https://time.com/italy-alps-climate-change/.*

9 다보스의 세바스티안 쿠르츠: *https://www.weforum.org/events/worldeconomic-forum-
  annual-meeting-2020/sessions/a-conversation-withsebastian-kurz-federal-chancellor-of-
  austria-db08d177be.*

10 최고 온도를 기록한 1월: *https://edition.cnn.com/2020/02/13/weather/warmest
   -january-noaa-climate-trnd/ index.html.* 내부자 거래: *https://fortune.com/
   2020/03/20/ senators-burr-loeffler-sold-stock-coronavirus-threat-briefings-in-january/.*

11 리원량의 죽음: *https://edition.cnn.com/2020/02/06/asia/li-wenliang-coronavirus-
   whistleblower-doctor-dies-intl/index.html.*

12 부제를 고르며 나는 볼프강 슈트렉이 자기 책에 붙인 도발적인 제목 "**자본주의는 어
   떻게 끝날 것인가?**"에서 적지 않은 영향을 받았다(Streeck 2016). 그러나 이 대목에서,

내 책과 같은 부제를 단 피터 프레이즈*Peter Frase*의 뛰어난 저작《네 가지 미래*Four Futures*》에도 경의를 표한다(Frase 2016)[국역본 제목은 〈시작된 미래: 자본주의 이후 다가올 네 개의 세상에 대하여〉].

1장 성장 신화

1 2019년 9월 그레타 툰베리가 UN 기후변화회의에서 한 연설: *https://www.theguardian.com/commentisfree/2019/sep/23/world-leaders-generation-climate-break-down-greta-thunberg.*

2 1968년 3월 18일 케네디가 캔자스 주립대학에서 한 연설: *https://www.jfklibrary.org/learn/about-jfk/the-kennedy-family/robert-f-kennedy/robert-f-kennedy-speeches/remarks-at-the-university-of-kansas-march-18-1968.*

3 캔자스에서 보낸 하루에 관한 세부 묘사는 다음 책들과 케네디 연설문 집필자 애덤 월린스키의 개인적 회고에 바탕을 둔다. Halberstram 1968, Kennedy 2018, Newfield 1969.

4 1968년 3월 18일 케네디가 캔자스 주립대학에서 한 연설: *https://www.k-state.edu/landon/speakers/robert-kennedy/transcript.html.* '행복한 환호성': Newfield 1969, p. 232.

5 이 특별한 일화의 출처는 애덤 월린스키가 들려준 회고담이다(개인 서신). 유세를 기록한 J. 뉴필드*Newfield*의 책(1969, pp. 232-5)에도 실려 있다.

6 Newfield(1969, p. 234)는 이 날 RFK가 두 번째로 한 연설이 즉흥적인 것이었다고 기술한다. KSU로 가는 중에 원고를 손봤다는 월린스키의 증언은 이 연설이 사뭇 격의 없게 들리는 이유를 설명해준다.

7 툰베리를 둘러싼 컬트 현상: *https://www.youtube.com/watch?v=kmkmJk7LHdk; https://www.youtube.com/watch?v=YgLSH-VvwRY.* 과학적 증거의 사례들로는 다음을 보라: IPBES 2019; IPCC 2018; Klein 2019; Porritt 2020.

8 캔자스 대학에서 케네디가 한 연설 전문은 온라인에서 볼 수 있다(주2 참고). 연설 녹음은 Youtube에 올라와 있다: *https://www.youtube.com/watch?v=z7-G3PC_868.*

9 GDP 등장 과정을 다루는 보다 상세한 역사서로는 다음 책들을 들 수 있다: Coyle 2014; Fioramonti 2015; Philipsen 2015.

10 당대 분위기에 맞춰 RFK가 연설에서 언급한 용어는 **국내총생산***Gross Domestic Product*이 아니라, 오늘날은 자주 사용하지 않는 **국민총생산***Gross National Product*이었다. 엄밀히 따지면, GDP는 국경 안에서 생산된 재화와 서비스의 가치를 측정하며, GNP는 국내와 국외를 막론하고 국민이 생산하는 재화와 서비스의 가치를 측정한다. 국가 진보를 가늠하는 지표로 사용될 경우 두 척도는 중대한 차이를 드러낸다. GDP 대신 GNP를 사용하면, 지난 10년 동안 대두한 '경제 기적' 가운데 일부(예를 들어, 아일랜드와 포르

투갈)는 별로 기적 같아 보이지 않게 된다. 휘트먼 사 총과 스펙 사 칼에 관한 언급은 1966년 여름에 미국을 공포에 몰아넣은 악명 높은 두 연쇄살인범이 사용한 무기를 암시한다. 이 점에서 연설 중 이 부분은 실은 캔자스 방문보다 더 이른 시기에 처음 한 발언일 수 있다. 윌린스키도 이런 의심에 수긍하는데, 1966년 유타 주 솔트레이크시티에서 열린 행사에서 이 내용이 처음 언급됐다고 회고한다. 과연 어디에서 처음 말했는지 알려주는 공식 기록은 없다.

11 GDP와 성장률에 관한 역사적 데이터는 세계은행의 세계개발지표*World Development Indicators* 데이터뱅크에서 찾을 수 있다: *https://databank.worldbank.org/source/world-development-indicators.*

12 성장 비판: d'Alisa et al. 2014; Jackson 2017; Kallis et al. 2020; Raworth 2017; Trebeck and Williams 2019; Victor 2019.

13 JFK, 카슨, 더글러스에 관해서는 다음을 참고하라: *https://www.audubon.org/magazine/may-june-2012/rachel-carson-and-jfk-environmental-tag-team.*

14 다음 책의 '서문': Galbraith 1958, p. xi.

15 Schlesinger 1956, p. 10.

16 EU: *https://ec.europa.eu/environment/beyond_gdp/background_en.html.* OECD: *https://www.oecd.org/statistics/measuring-economicsocial-progress/.* 세계경제포럼 : *https://www.weforum.org/agenda/2020/01/gdp-alternatives-growth-change-economicdevelopment/.* 미치광이들 등: Jackson 2017, p. 21. 총리들: *https://www.gov. uk/government/speeches/pm-speech-onwellbeing.*

17 요약 설명으로는 다음 책을 보라: Corlet Walker and Jackson 2019. 또한 다음 자료들도 참고할 것: Kubiszewski et al. 2013; *https://treasury.govt.nz/informa tion-and-services/nz-economy/higher-living-standards/our-living-standards-framework.*

18 스티글리츠: *https://www.theguardian.com/commentisfree/2019/nov/24/metrics-gdp-economic-performance-social-progress.*

19 Daly 1968. 이 논문(과 출간을 둘러싼 사정)에 관한 논의로는 다음 책을 보라: Victor 2021, Chapter 4.

20 데일리가 수행한 연구작업에는 박사학위논문 지도교수였던 루바니아 출신 수학자 니콜라스 게오르게스쿠-뢰겐도 영향을 끼쳤는데, 당시 게오르게스쿠-뢰겐은 경제가 하나의 열역학계이며 따라서 근본적으로 '엔트로피적' 성질을 띤다는 발상에 몰두하고 있었다. 더 자세한 내용은 제5장을 볼 것.

21 생태경제학: Common and Stagl 2005; Costanza 1991; Daly and Cobb 1989; Daly and Farley 2011; Martinez-Alier 1991. 저널《생태경제학*Ecological Economics*》도 참고할 것: *https://www.journals.elsevier.com/ecological-economics.* 정지 상태: Daly 1974, pp. 15-16; Daly 1977; 2014.

22 Mill 1848, p. 593.

23 케네디 총격에 관해서는: Newfield 1969, pp. 289-304. 다음 자료도 볼 것: *http://jfk. hood.edu/Collection/Weisberg%20Subject%20Index%20Files/K%20Disk/Kennedy%20 Robert%20F%20Assassination%20Clips/Item%20054.pdf.*

2장 누가 자본주의를 죽였을까?

1 *https://www.nytimes.com/2019/10/14/opinion/benioff-salesforcecapitalism.html.*

2 Waters 1970에 실린 룩셈부르크의 1915년도 저작 《유니우스 팸플릿》 발췌 번역.

3 문제의 전문가는 킹스 칼리지 런던*Kings College London*의 유럽 정치·외교 교수 아난드 메논*Anand Menon*이다. 메논은 2016년 '변화하는 유럽 속의 영국 프로젝트*UK in a Changing Europe Project*'에 발표한 논평에 이때 경험을 썼다. 온라인에서 찾을 수 있다: *http:// ukandeu.ac.uk/2016-a-review/#.*

4 긴축이 끼친 영향에 관해서는 UN 특사 필립 앨스턴*Philip Alston*이 영국에서 긴축 정책이 빈곤에 어떤 영향을 끼쳤는지 정리한 통렬한 보고서를 보라: *https://www.ohchr.org/ Documents/Issues/Poverty/EOM_GB_16Nov2018.pdf.* 포스트-트루스: Davies 2019; *https://www.nytimes.com/2016/08/24/opinion/campaign-stops/the-age-of-posttruth-politics.html.*

5 *https://www.db.com/company/en/davos--the-world-economic-forum.htm.*

6 힘든 한 해: *https://www.nytimes.com/2020/01/30/business/deutsche-bank.html.* 자산: *https://ycharts.com/companies/DB/assets.*

7 이 통계에 관한 상세한 분석으로는: Jackson 2019. 최근 통계는 (예를 들면) 다음 주소에서 찾을 수 있다: *https://data.worldbank.org/indicator/NY.GDP.MKTP.KD.ZG.* 다음도 참고할 것: *https://stats.oecd.org/Index.aspx.*

8 Jackson 2019. 다음도 참고할 것: *https://www.ft.com/content/1043eec8-e9a7-11e9-a240-3b065ef5fc55.*

9 콜리어: *https://www.weforum.org/agenda/2020/01/the-future-of-capitalism-by-paul-collier-an-extract/*; Collier 2019. 베니오프: *https://www.cnbc.com/2020/01/21/ stakeholder-capitalism-has-reached-a-tipping-point-says-salesforce-ceo-benioff.htm*l; 《뉴욕타임스》에 실린 베니오프의 짤막한 의견도 참고할 것(주석 1). 다보스 선언: *https:// www.weforum.org/agenda/2019/12/davos-manif esto-2020-theuniversal-purpose-of-a-company-in-the-fourth-industrial-revolution/.*

10 역사의 종말: Fukuyama 1989 and 1992.

11 깨어있는 자본주의: *https://www.nytimes.com/2020/01/23/opinion/sunday/davos-2020-capitalism-climate.html.*

12 Summers 2014; 다음도 참고할 것: *https://www.ft.com/content/87cb15ea-5d1a-11e3-a558-00144feabdc0.* 뉴 노멀: Galbraith 2014; Jackson 2019; Storm 2017.

13 '장기 침체_secular stagnation_'는 앨빈 한센_Alvin Hansen_이 미국경제학회 1938년도 회장 연설 (Hansen 1938)에서 경제의 기본 토대에 성장 패러다임과 충돌하는 심각한 문제가 있는 상황을 묘사하기 위해 처음 만든 말이다. Teulings and Baldwin 2014. 골디락스: Ford 2015.

14 Collier 2019, p. 4; 주9에 소개한 콜리어의 세계경제포럼 발언 링크도 참고할 것.

15 기업이 하는 일: Friedman 1962.

16 Smith 1776, Book I, Chapter XI, Part III.

17 _https://www.ft.com/content/10b7f566-f3fd-11e8-ae55-df4bf40f9d0d_. 미래를 위한 새 비전을 구상하면서 과연 과거에서 교훈을 끌어낼 수 있느냐는 것은 중요한 문제다. 이 책 속 여러 대목에서 이 문제를 다시 다룰 것이다. 여기에서는 일단 이전 시대에 성공을 거둔 제안이라 하더라도 새롭게 이를 적용하려 할 경우에는 변화된 조건과 충돌을 일으킬 수밖에 없다는 점을 확인해야겠다. 울프가 말한 요점은 예전에 잘 작동하지 않았느냐는 강변만으로는 다시 그렇게 잘 작동하리라고 장담할 수 없다는 것이다.

18 '적자 지출'은 정부가 세입을 초과할 정도로 지출을 늘리는 것을 말한다. 이는 대공황이 휩쓸고 프랭클린 루즈벨트_Franklin D. Roosevelt_ 대통령이 '뉴딜'을 추진하던 1930년대에 경제학자 존 메이너드 케인스가 권한 주요 정책이었다. '스태그플레이션'은 인플레이션과 실업이 동시에 높이 치솟는 상황을 일컫는 말이다. 이는 1970년대 석유 위기 중에 특히 심각하게 발생했다. 9장에서 적자와 국가 부채의 정치를 다시 다루겠다.

19 냉혹한 고발: _https://www.dramaonlinelibrary.com/playtext-overview?docid=do-9781408169520&tocid=do-9781408169520-div-00000121_. 《엄청난 돈》: Churchill 1990, p. 88.

20 시험과정 필독도서: _https://www.ocr.org.uk/Images/260990-caryl-churchilltopic-exploration-pack.pdf_

21 금융 위기 전개과정을 충실히 소개하는 역사서로는 다음 책들을 참고할 것: Jackson 2017, Chapter 2; Peston 2017; Turner 2015; Wolf 2015.

22 불평등에 관해: Jackson 2019; Piketty 2014; Piketty et al. 2016.

23 Summers 2014, p. 68.

24 다루기 힘든 부채: Felkerson 2011. 긴축: Struckler and Basu 2014. 건강 불평등: Marmot et al. 2020.

25 공산주의 국가에서의 성장: _https://www.scmp.com/economy/china-economy/article/3040822/china-2020-gdp-growth-target-be-set-around-6-cent-top_.

26 Marx 1867, Vol. 1, Chapter 24. '나쁜 자본주의'에 관해서는: Baumol et al. 2007. 성장 지상명령에 관해서는: Heilbronner 1985; Jackson and Victor 2015.

27 《자본 축적》: Luxemburg 1913. 《유니우스 팸플릿》: Waters 1970.

28 이 문단에서 시장이란 실제로는 경제 전체에 걸친 교환(재화와 서비스의 판매와 구매)의 총합을 뜻할 뿐이다.

29 Goodwin 1967.

30 서머스(Summers 2014)는 수요 측면을 강조하는 대표적 논자로서, 느슨한 통화정책을 원인으로 지목한다. 고든(Gordon 2016)은 공급 측면이 문제라고 주장한다. 성장률이 떨어지는 원인을 규명하려는 초기 시도들(예를 들어, Kaldor 1966)은 경제가 성숙함에 따라 수요 구성이 변화하는 역학에서 핵심 요인을 찾았다.

31 Ayres and Warr 2009; Jackson 2019.

32 Streeck 2016. p. 71; *https://newleftreview.org/issues/II87/articles/wolfgang-streeck-how-will-capitalism-end.*

3장 유한한 것과 무한한 것

1 엘렌 맥아더의 TED 강연을 볼 것: *https://www.ted.com/talks/dame_ellen_macarthur_the_surprising_thing_i_learned_sailing_solo_around_the_world?language=en.*

2 Rousseau 1762, Book II.

3 포터 헤이검 다리: *https://www.britainexpress.com/attractions.htm?attraction=2974.* 청원파는 리처드 왕 측근들을 반역자라 몰아세우며 국왕의 권력을 줄이려 한 다섯 귀족의 파당을 말한다: *https://archives.history.ac.uk/richardII/lordsapp.html.*

4 노픽 습지: *https://www.broads-authority.gov.uk/.* 알락해오라기: *https://www.theguardian.com/environment/2017/nov/09/bittern-numbers-in-uk-at-record-high-says-rspb; https://timjackson.org.uk/plays/tj_cry_of_the_bittern/.*

5 *https://www.futureworlds.eu/w/1/a/a8/Predicament_PTI.pdf; Meadows et al. 1972.*

6 레이건: 1983년 9월 20일 사우스캐롤라이나 대학 학위수여식에서 한 발언: *https://www.presidency.ucsb.edu/documents/remarks-convocation-ceremonies-the-university-south-carolina-columbia.*

7 녹색 성장과 디커플링을 둘러싼 논쟁에 관한 요약으로는 다음을 볼 것. Jackson and Victor 2019.

8 크루그먼: *https://www.nytimes.com/2014/09/19/opinion/paulkrugman-could-fighting-global-warming-be-cheap-and-free.html.*

9 상대적 디커플링란 달러당 산출량에서 탄소(혹은 물질) 집약도가 낮아지는 것을 뜻한다.

10 수치는 다음을 참고할 것. Jackson 2017, Chapter 5.

11 코로나19 기간 중 탄소 배출: *https://www.independent.co.uk/news/science/coronavirus-environment-co2-emissions-air-pollution-lockdown-a9523926.html.*

12 녹색 성장 주창자들: 예를 들면, *http://newclimateeconomy.report/2015/; McAfee 2019.*

13 Caroll 1871.

14 *http://www.lathams-potter-heigham.co.uk/historical_lathams.asp.*

15 Wilhelm 1923, p. 231.

16 이 책에 사용된 번역은 다음 주소에서 찾을 수 있다. *https://chaucer.fas.harvard.edu/pages/knights-tale-0.* [제프리 초서, 《캔터베리 이야기》, 송병선 옮김, 책이있는마을, 2004. 120쪽]

17 신은 죽었다: Nietzsche 1882, Book 3, Section 125. 납작해진 우주론: Wilber 1996, pp. 16-17.

18 2019년 9월 UN 기후변화회의에서 그레타 툰베리가 한 연설: *https://www.theguardian.com/commentisfree/2019/sep/23/world-leaders-generation-climate-breakdown-greta-thunberg.*

19 Teilhard de Chardin 1968, p. 32.

20 "오늘 우리는 과거에 불가능했던 일들을 해내며, 기적은 단지 시간이 좀 더 걸리는 일일 뿐이다"는 제2차 세계대전 중 미 육군 서비스부대*US Army Service Forces*의 표어였다. The New York Times, 4 November 1945. 다음 주소에서 인용: https://www.bartleby.com/73/1183.html.

21 Wilber 1996, p. 5.

22 그 이상은 없습니다: 주석 1 참고.

23 엘렌 맥아더의 TED 강연: 주석 1 참고. 순환 경제에 관해서는 다음을 볼 것: Jackson 1996; Webster 2016.

24 잽싸게 다리 통과하기: *https://www.flickr.com/photos/convolvulus/4003179662.*

25 루소: 주석 2 참고.

26 베리: *https://harpers.org/archive/2008/05/faustian-economics/.*

4장 번역이란 무엇인가?

1 Mill 1873.

2 워즈워스의 두 권짜리 《시집》에 수록된 '어린 시절을 회상하고 얻은 불멸성의 암시*Intimations of Immortality from Recollections of Early Childhood*'에서 인용. 온라인에서 전문을 찾을 수 있다: *https://www.poetryfoundation.org/poems/45536/ode-intimations-of-immortality-from-recollections-of-earlychildhood.* ['송가: 어린 시절을 회상하고 얻은 불멸성의 암시', 윌리엄 워즈워스, 《워즈워스 시선》, 윤준 옮김, 지식을만드는지식, 2014. 번역 일부 수정]

3 합리주의의 성자: Rossi 1970, p. 8.

4 Mill 1873.

5 가장 빠르게 증가하는 질병 범주인 정신 질환: *https://www.oecd.org/health/mental-health.htm.* 청년층 자살과 정신 질환 비용: *https://www.who.int/en/newsroom/fact-sheets/detail/depression.* 미국의 자살률: *https://www.nimh.nih.gov/health/statistics/*

suicide.shtml#part_154969.

6 밀 이야기의 출처는 대개 밀 자신이 쓴《자서전》(Mill 1873)이다. 다음 책도 참고할 것: Rossi 1970.

7 Mill 1861.

8 Easterlin 1974; 2013.

9 Inglehart et al. 2008.

10 데이터와 분석은 다음 책을 참고할 것: Jackson 2017, Chapter 4.

11 미국 일반사회조사 데이터: *https://www.washingtonpost.com/business/2019/03/22/ americans-are-getting-more-miserable-theres-data-prove-it/.* 모든 나라가 다 같은 추세를 보이지는 않는다. 세계행복조사World Happiness Survey 데이터는 시간이 지남에 따라 조사 결과에서 일부 완만한 개선이 있었음을 보여준다: *https://ourworldindata.org/ happiness-and-life-satisfaction.*

12 행복 격차, 박탈감: *https://core.ac.uk/reader/207294868.* 구동독 대 구서독: *https:// ourworldindata.org/thereis-a-happiness-gap-between-east-and-west-germany.*

13 불평등 심화에 관해: Piketty 2014. 불평등이 심한 나라일수록 행복지수가 낮은 것에 관해: Wilkinson and Pickett 2009; 2018.

14 산출량이 늘어난다고 행복이 함께 늘어나지 않는 것에 관해: Easterlin 1974; Jackson 2017, Chapter 4. 행복에 관해: Leyard 2005; 2020.

15 Stillinger 1961, p. 184.

16 Stillinger 1961, p. 103.

17 Sen 1984; 1990. 센이 제시한 입장과 관련해서는, 진보를 '좋은 기능수행*good functioning*' 을 기준으로 측정해야 하는가 아니면 '역량들'을 기준으로 측정해야 하는가라는 좀 복잡한 쟁점이 있다. 토론을 위해 다음 책을 참고할 것: Robeyns and van der Veen 2007. Aristotle 2004.

18 밀의 공리주의와 아리스토텔레스의 유다이모니아가 어떻게 다른지에 관해서는 다음 책을 볼 것. Nussbaum 2004. 나는 센이 아리스토텔레스 사상을 발전시키는 동기가 된 자유라는 발상보다는 '균형'이라는 구조적 개념이 더 풍부한 영감을 준다고 본다. 내가 보기에는, 덕이 부족과 과잉(아래 논의 참고)이라는 두 악덕 사이에 자리한다는 아리스토텔레스의 바로 그 생각 때문에 '균형' 개념 쪽이 유한한 행성에서 번창한다는 것이 무엇을 뜻하는지 고민하는 데 더 많은 도움을 준다.

19 예를 들면: *https://www.ons.gov.uk/peoplepopulationandcommunity/wellbeing/articles/pe rsonalandeconomicwellbeingintheuk/whatmattersmosttoourlifesatisfaction.*

20 Arendt 1958, p. 108.

21 이와 관련해 마사 누스바움*Martha Nussbaumm*의 작업(Nussbaum 2006)이 흥미롭다. 아 마르티아 센의 동료인 누스바움은 이 문단에서 제시한 여러 요소들 가운데 다수를 포 함하는 '중요 인간 역량들'의 구체적 목록을 제안했다.

주석

22 단계: Maslow 1943, 이원성: Maslow 1954.

23 생쥐 공원: *https://www.brucekalexander.com/articles-speeches/ratpark/148-addiction-the-view-from-rat-park.* 중독의 반대: *Hari 2014; https://www.ted.com/talks/johann_hari_everything_you_think_you_know_about_addiction_is_wrong? language=en#t-859481.*

24 Gibran 1923, p. 8.

25 테일러와 밀: Rossi 1970, pp. 3-63. 마음을 나누는 벗(*Seelenfreundin*): Hayek 1951, p. 56.

26 최대한 가까운 곳: Rossi 1970, p. 56. 가장 놀라운 내용: Rossi 1970, p. 57.

5장 사랑과 엔트로피에 대하여

1 Shakespeare, The Tempest, Act IV, Scene 2.

2 볼츠만 공식: S = k log W. S는 엔트로피, k는 상수, W는 상태확률이다. [W는 독일어 Wahrscheinlichkeit의 약어로서, 특정한 거시상태에 연관된 모든 미시상태의 수를 뜻한다]

3 이 강연은 여러 문헌에 언급되는데, 예를 들면 브로다*E. Broda*가 쓴 볼츠만 전기(Broda 1983), 블랙모어J. Blackmore의 책(Blackmore 1995, p. 161)에서 볼츠만의 만년과 철학을 다룬 대목이 있다.

4 '가용 에너지*available energy*'는 물리학의 형식적 정의 가운데 하나다. 이는 유용한 일을 수행하기에 적합한 질을 갖춘 에너지를 뜻한다. 브로다(Broda 1976)는 '사랑과 엔트로피' 강연이 이런 내용을 다뤘을 것이라고 시사했다. 브로다가 재구성한 내용에는 이런 요소들이 분명히 포함돼 있다. 플람(Flamm 1983)은 볼츠만이 다윈에 푹 빠져 있었다고 기술한다. 이 장에 제시한 해석 외에도 나는 다양한 문헌 자료를 바탕으로 이 내용을 각색해 BBC 라디오 4를 위한 방송 드라마를 썼다: *https://timjackson.org.uk/plays/tj_papas_clean_suit/.*

5 나는 이런 함의 가운데 일부를 《물질적 관심*Material Concerns*》(Jackson 1996)에서 처음 탐구했는데, 이 책에는 볼츠만 강연의 토대인 열역학에 관한 보다 상세한 통찰이 포함돼 있다.

6 '칼로리'라는 용어는 킬로칼로리(kcal)의 약칭으로 통용된다. 이는 음식물이 함유한 에너지 양을 재는 단위다. 즉, 1kcal는 대략 4.2킬로줄*kilojoules*과 같다. [줄*joule*은 에너지 혹은 일의 국제 단위다. 1줄은 1뉴턴의 힘으로 물체를 1미터 이동하였을 때 한 일이나 이에 필요한 에너지다.]

7 체중과 비전염병(생활 습관성 질환)의 관련성에 관해: *https://www.who.int/news-room/fact-sheets/detail/obesity-and-overweight.* 공인된 위험 요인: *https://www.thelancet.com/journals/landia/article/PIIS2213-8587(20)30274-6/fulltext.*

8 혈당지수*glycaemic index*, GI는 "혈당 수준에 얼마나 영향을 끼치는지에 따라 음식물 내 탄수화물 성분의 상대적 등급을 매긴 것이다. GI 값이 낮은(55 이하) 탄수화물은 상대적으로 천천히 소화되고 흡수되며 대사 작용을 거치고, 그래서 혈당을 그리 높지 않게 천천히 상승시킨다. 이에 따라 인슐린 요구량 역시 대체로 별로 높지 않게 완만히 상승시킨다." *https://www.gisymbol.com/about-glycemic-index/; https://www.hsph.harvard.edu/nutritionsource/carbohydrates/carbohydrates-and-blood-sugar/.*

9 어린이 5명 중 1명: *https://www.who.int/nutgrowthdb/jme-2019-key-findings.pdf.* 성인의 2/3와 비만 증가: *https://www.who.int/news-room/fact-sheets/detail/obesity-and-overweight.* 아동 비만: *https://www.medicalnewstoday.com/articles/319710#Childhood-obesity-10-times-higher; https://www.cdc.gov/nchs/data/hestat/obesity_child_11_12/obesity_child_11_12.htm.* 빠르게 늘어나는 생활 습관성 질환 그리고 이런 질환과 비만의 관련성: *https://www.telegraph.co.uk/global-health/climate-and-people/mapped-global-epidemic-lifestyle-disease-charts/.*

10 이 지도는 다음 주소에서 확인할 수 있다: *https://assets.publishing.service.gov.uk/government/uploads/system/uploads/attachment_data/file/296290/obesity-map-full-hi-res.pdf.*

11 불충분한 신체 활동 수준에 관해서는 예를 들어 다음 책을 볼 것. Guthold et al. 2018. 신체 활동에 관한 데이터는 세계보건기구*WHO*의 국제보건관측소*Global Health Observatory*를 통해서도 입수할 수 있다. 온라인 주소는: *https://www.who.int/gho/ncd/risk_factors/physical_activity/en/.* 패스트푸드 증가에 관해: *https://www.franchisehelp.com/industry-reports/fast-food-industry-analysis-2020-cost-trends/.*

12 청소년 활동 부족: *https://www.who.int/gho/ncd/risk_factors/physical_activity/en/.*

13 당분에 관해: Lustig 2014. '당, 불편한 진실Sugar, The Bitter Truth'도 참고할 것: *https://www.youtube.com/watch?v=dBnniua6-oM.*

14 코로나19 동반질병에 관해: Gold et al. 2020; *https://www.cdc.gov/mmwr/volumes/69/wr/mm6913e2.htm?s_cid=mm6913e2_w.* 비만은 코로나19 중증화를 초래하는 공인된 위험 요인이었다: *https://www.thelancet.com/journals/landia/article/PIIS2213-8587(20)30274-6/fulltext.*

15 당분이 등과 관절 통증에 끼치는 영향: *https://www.spinemd.com/vtfc/news/this-just-in-over-consumption-of-sugar-contributes-tomuscle-joint-pain; Eivazi and Abadi 2012.*

16 보상 학습에 관한 더 상세한 설명은: Sterling 2020; *https://greattransition.org/publication/why-we-consume.*

17 Eddington 1929, p. 74.

18 유명한 볼츠만의 엔트로피 법칙은 1877년에 처음 발표됐다(Boltzmann 1877; Flamm 1983). 엔트로피는 1865년에 루돌프 클라우시우스*Rudolph Clausius*가 처음 정의했다 (Flamm 1983).

19 개방된 소산계消散界dissipative system의 열역학은 제2법칙 공식이 처음 발표되고 거의 한 세기가 지난 뒤에 특히 노벨화학상 수상자 일리야 프리고진Ilya Prigogine에 의해 발전되었다. 이 이론의 굳건한 토대는 엔트로피 과정에 관해 볼츠만이 남긴 통찰이다. 이 비-평형 열역학에 관한 입문서로는 예컨대 프리고진과 스탕제[스텐저스]가 쓴《혼돈으로부터의 질서Order out of Chaos》(Prigogine and Stengers 1984)를 볼 것. 비가역성irreversibility 과 관련한 제2법칙의 함의를 탐구하려면 다음 책을 볼 것. 코브니P.Coveney와 하이필드R. Highfield의《시간의 화살The Arrow of Time》(Coveney and Highfield 1991).

20 이런 식으로 틀을 짜는 유사한 정식들이 많이 있다. 최초로 시도한 인물은 C. P. 스노우Snow라고 한다: *https://en.wikiquote.org/wiki/Thermodynamics.*

21 태양은 오래 전에 석탄, 석유, 가스 매장지에 갇힌 가용 에너지의 원천이기도 하다. 태양이 무상으로 선사한 선물: Georgescu-Roegen 1971, p. 21.

22 현미경으로밖에는 볼 수 없는 안개: Georgescu-Roegen 1975, p. 371.

23 물질적 재화의 상징적 역할: Belk 1988; Belk et al. 1989; Douglas and Isherwood 1996.

24 심리적 건강의 와해에 관해: Armstrong and Jackson 2015; Dittmar et al. 2014; Kasser 2002. 1964년 4월 4일에 '사랑을 살 수는 없어'가 빌보드 핫100 차트에서 1위에 올랐을 때 이 차트 1위부터 5위까지가 다 비틀즈 곡이었다: *https://www.beatlesbible. com/songs/cant-buy-me-love/.*

25 주석 1을 참고.

26 Broda 1983, p. 33.

6장 경제학은 스토리텔링이다

1 Margulis 1999, p. 9.

2 Sagan 1996, p. 304.

3 마굴리스 이야기를 더 자세히 보려면 예컨대 다음을 볼 것. Sagan 2012. See also Margulis 1999, p. 19.

4 Margulis, cited in Sapp 2012, p. 59.

5 내러티브 경제학: Shiller 2019. 드라기: *https://www. cusp.ac.uk/themes/aetw/blog-tj_ eubef19/.* 팬데믹 대응: *https://www.nytimes.com/2020/03/23/business/economy/federal-reserve-how-rescue.html.*

6 McCloskey 1990, p. 5. Rorty 1979, p. 12. McFague 1988, p. 34.

7 Darwin 1859. 그의 유명한 책《자연선택이라는 수단에 의한 종의 기원에 대하여On the Origin of Species by Means of Natural Selection》에 대해 대안으로 생각된 제목은 '삶을 위한 투쟁 속에서의 더 선호되는 종의 보전'이었다.

8 이 은유와 그것이 지속가능성과 어떤 관련이 있는지에 관한 더 소상한 논의를 보려면

다음을 볼 것. Jackson 2003. Case-Winters 1997; Gale 1972; Roszak 1992. 오늘날 외국인혐오증에 관해선 다음을 볼 것. Norris and Inglehart 2019.

9 Darwin 1887, 'My Several Publications'.

10 맬서스에 관해서는 예컨대 다음을 볼 것. Kallis 2019; Ridley 2015. 삶이 고통을 수반한다는 생각은 그가 뜬금없이 생각해 낸 건 분명 아니었다. 사실, 이 책의 후미에서 나는 이 이야기로 되돌아오려 한다. 이 주제는 번영이란 정말로 무엇인가에 관한 탐구에서 중대한 시사점이 있다.

11 빅토리아 시대의 결정적 시편들: *https://www.bl.uk/collections-items/in-memoriam-ahh-by-alfred-lord-tennyson*. Temple of Nature: Darwin 1803, Canto IV.

12 《리바이어던》: Hobbes 1651.

13 Kuhn 1970.

14 Roszak 1992, p. 153.

15 과잉 생산: Kenway 1980, p. 25.

16 See Dichter 1964; Jackson 2002; Ridley 1994.

17 See: *https://newint.org/features/2012/05/01/consumer-culture-idealism*.

18 See Douglas 1976; Douglas and Isherwood 1996; Jackson 2006.

19 Williams 1955, pp. 61-2. See also Jackson 2017, Chapter 6.

20 수치 없는 삶: Smith 1776, Book V, Chapter II, Part II. See also Sen 1984, p. 79.

21 See: h*ttps://newint.org/columns/essays/2016/04/01/psycho-spiritual-crisis*.

22 Lebow 1955, p. 7.

23 이 모든 것에 관해서는 리처드 도킨스의 《이기적 유전자》에서의 논의(1976) (완전히 문화적인 배경에서 가져온 또 다른 은유)가 확실히 이야기한다.

24 획기적인 논문: Sagan 1967. 걸어 다니는 공동체: *https://science.sciencemag.org/content/252/5004/378. See also Margulis 1999*.

25 Meagher 2020, p. 6.

26 탐욕과 필요: 예컨대, 열(기후변화), 탐욕, 필요 간 관계에 관한 흥미로운 분석을 보려면 다음을 보라 Gough 2017

27 가이아는 거친 암캐: *https://www.edge.org/conversation/lynn_margulis-chapter-7-gaia-is-a-tough-bitch*.

28 See Schwartz 1999; 2006.

29 예컨대 다음을 볼 것. *https://www.pbs.org/wnet/nature/the-good-the-bad-and-the-grizzly-what-to-do-if-you-encounter-a-bear/117/*.

30 교감신경계는 인지된 위험에 대응하는 우리 신체 내 자율신경계의 일부다: *https://www.livescience.com/65446-sympathetic-nervous-system.html*.

31 Sterling 2020, p. 152.

32 내면의 게임: Gallwey 1975.

33 몰입: Csikszentmihalyi 1990; 2000; 2003. 황홀경:칙센트미하이의 TED 강연에서 언급됨: *https://www.ted.com/talks/mihaly_csikszentmihalyi_flow_the_secret_to_happiness?language=en.*

34 몰입의 성격에 관해서는: Csikszentmihalyi 2000.

35 헬리 스키와 헬리 스키 스노보드(이것을 하는 이들은 지루한 스키 리프트 이용을 피하려고 헬리콥터를 타고 높은 산으로 이동한다)는 너무나 환경 파괴적이라서 일부 국가에서는 금지되고 있다. 다보스는 이 스포츠가 가능한 몇 안 되는 유럽 지역 중 하나다: *http://www.swissskiva cations.com/pages/en/Davos_Skiing___Snowboarding.html#heli-skiing.*

36 Csikszentmihalyi 2003, pp. 94-5. 이 구별은 한나 아렌트의 노동/작업 구별과 확연히 공명한다. 7장을 볼 것.

37 환경 저부담 몰입: Isham et al. 2018. 물질주의와 몰입: Isham et al. 2020.

38 「기원에 대하여」: Sagan 1967. 《세포진화 과정의 공생》: Margulis 1981. 조용한 혁명: see Sapp 2012, p. 63; see also: Margulis 1999; *https://vimeo.com/ondemand/symbioticearthhv/303309866.*

39 Margulis 1999, p. 19.

40 See: *https://www.washingtonpost.com/local/obituaries/lynn-margulis-leading-evolutionary-biologist-dies-at-73/2011/11/26/gIQAQ5dezN_story.html.*

41 어머니의 삶과 작업을 기억하는 책인 도리언 세이건의 책(2012, p. 3) 가운데 'Introdcution'을 볼 것.

42 Voyager: *https://voyager.jpl.nasa.gov/golden-record/.*

43 제멋대로의 지구 어머니/자본주의 비판: *https://science.sciencemag.org/ontent/252/5004/378.* 옳다고 생각한다: *https://www.discovermagazine.com/the-sciences/discover-interview-lynn-margulis-says-shes-not- controversial-shes-right.*

44 모든 진리를 말하라: Franklin 1999, #1263; Johnson 1955, #1129; see also: *https://www.poetryfoundation.org/poems/56824/tell-all-the-truth-but-tell-it-slant-1263.*

7장 노동에서 작업으로

1 Arendt 1958, p. 8.

2 모리스의 《어디에도 없는 곳에서 온 소식》 가운데 일에 대한 보상에 관한 질문에 올드 해먼드가 대답하는 부분: Morris 1890, Chapter 15.

3 *https://www.space.com/11772-president-kennedy-historic-speech-moon-space.html.* See also the wonderful Apollo 11 documentary (dir. Todd Douglas Miller, 2019).

4 Arendt 1958, pp. 1-2.

5 Arendt 1958, pp. 4-5. 강조는 추가됨.

6   돌봄 부문에서의 스트레스: 예컨대, Gallagher 2020; see also: *https://www.nytimes.
    com/2012/05/27/opinion/sunday/lets-be-less- productive.html.*

7   왕립 예술학회의 보고서 「Food, Farming and Countryside Commission, Our Future
    in the Land」를 보라: *https://www.thersa.org/reports/future-land.*

8   프레카리아트: Standing 2011.

9   Arendt 1958, p. 8.

10 Morris 1890. 유토피아적 작업관에 대한 보다 심도 있는 논의를 보려면 다음을 볼 것.
    Mair et al. 2020

11 1964년 귄터 가우스*Günter Gaus*와의 한 인터뷰 'What Remains? The Language
    Remains.' 다음에서 같은 내용을 볼 수 있다. Arendt 2013 p. 17.

12 이 여행에 관한 그녀의 이야기: Arendt 2013. See also Young-Bruehl 2004.

13 Arendt 2013, p. 20.

14 《사랑과 성 아우구스티누스》: Arendt 1929, p. 11. 노동이 주는 보상: Arendt 1958, p.
    106. 노동의 육감적 행복에 관한 아렌트의 관점은 당연히 위험성을 내장한 관점이다.
    어쩌면 나치 수용소의 '*Arbeit macht frei*(일이 너희를 자유롭게 하리라)'와 너무 가깝
    다. 그러나 자유롭게 수행된 작업[일]의 보상을 인정한다는 것이 곧 고된 노동을 남에
    게 부과하는 행위에 관대하다는 것은 아니다.

15 Douglas 1976, p. 207. 사실 더글러스의 이야기는 소비자의 목표에 관한 이야기이지
    만, 그녀의 이야기는 노동자의 목표에도 똑같이 적용된다.

16 Csikszentmihalyi 2003: 심리적 에너지: p. 95; 몰입과 작업: p. 99.

17 Csikszentmihalyi 2003, p. 98.

18 내분비학자 로버트 루스티그*Robert Lustig*(2018)는 이러한 차이가 신경화학적 차이라고
    주장한다. 쾌락(또는 그의 언어로는 보상)은 화학적 도파민과 관련되어 있고, 만족(충
    족)은 세로토닌과 관련되어 있다는 것이다. 스털링(개인적으로 나눈 편지)은 이 점을
    확신하기에는, 우리는 보상학습회로(도파민) 외에는 거의 아는 것이 없다고 주장한
    다. 확실히, 인간 두뇌가 작동하는 방식에 관한 우리의 지식에는 커다란 공백이 있다.
    이 분야에 관해서는 아직 멋진 탐구의 여지가 있는 것이다.

19 숨은 설득자들: Packard 1957

20 Arendt 1958, p. 133. Lebow 1955, p. 7.

21 Schumacher 1974. 1966년에 집필된 이 에세이 원문은 온라인에서도 볼 수 있다:
    https://centerforneweconomics.org/publications/buddhist-economics/. 슈마허의 에세이
    가 논한, 일에 관한 불교의 개념은 일의 역할을 세 가지로 본다: (우리에게 우리의) 능
    력을 활용하고 계발할 기회를 주는 것. 공동의 과업에 타인들과 함께함으로써 (우리가
    우리의) 자아중심성을 극복하도록 해주는 것. 되어가는*becoming* 존재에 필요한 재화와
    서비스를 가져다주는 것. 이 장에서 제시한 일에 대한 비전과 크게 공명하는 관점이다.

22 Graeber 2018. See also: *https://www.strike.coop/bullshit-jobs/.*

23 소비자 행동에 관한 문헌들이 특히 이 점에 관해 말해준다. 예컨대, 러스 벨크와 그의 동료들의 글을 보라: Belk 1988; Belk et al. 1989; Belk et al. 2003. 이 글 가운데 일부는 물질적 재화조차 신성함에 대한 우리의 필요를 현실적 형태로 구현함으로써 영적 활동에서 일정한 역할을 한다고 말한다. Belk (1988)는 이러한 역할을 논한다. 나 역시 여러 곳에서 이를 논했다. 예컨대 Jackson 2013을 보라.

24 상품은 그저 상품이 아니다: Lancaster 1966. 소비자 행동과 욕망: Belk et al. 2003.

25 Arendt 1958, p. 133.

26 Keynes 1930, p. 361. 흥미롭게도 많은 탈성장(degrowth and postgrowth) 분석들 또한 포스트 성장 경제에서의 일에 관해서는 근무 시간 단축을 생각하는 것이 최상이라고 가정한다. 예컨대, 다음을 볼 것. Coote and Franklin 2013; D'Alisa et al. 2014; Kallis et al. 2020.

27 Jackson 2017; 2019. 특히, 다음을 볼 것. Figure 3 in Jackson 2019.

28 예컨대 다음을 보라: Avent 2016; Ford 2015. 이러한 문화적 믿의 사례는 지난 50년 이상 SF와 다른 미디어에 숱하게 등장했다. 이에 관한 논의를 보려면 Shiller 2019.

29 자율주행차: *https://techcrunch.com/2020/07/30/self-driving-startup-argo-ai-hits-7-5-billion-valuation/*. 알파고: *https://deepmind.com/research/case-studies/alphago-the-story-so-far.*

30 경제학에는 이 현상을 지칭하는 정확한 용어가 있다. '보몰의 비용 질병'이라는 용어로, 그 현상을 발견한 경제학자 윌리엄 보몰의 이름을 딴 것이다. (Baumol 2012; Baumol and Bowen 1966). 이 두 분야를 그는 '진보 분야'와 '정체 분야'라고 지칭했다. 빠른 분야, 느린 분야라는 (약간) 덜 경멸적인 용어를 생각해낸 점에 대해 서리 대학에 재직 중인 동료 벤 갤런트에게 깊은 감사의 마음을 표한다. 우리는 둘 다 이 용어를 선호한다. 보몰 질병과 그 함의에 대해 더 깊이 알고자 한다면, 다음을 보라. Jackson 2017, Chapter 8.

31 신데렐라 경제: 이에 대한 논의를 보려면 다음을 볼 것. Jackson 2017, Chapter 8

32 Arendt 1958, pp. 167-8.

33 Young-Bruehl 2004, p. 416.

34 Unthinkable: Heller 2015, p. 109.

35 이 이야기는 다음에서 다시 등장한다. Mary McCarthy's 'Editor's Postface' in Arendt 1978, p. 241. 인용한 괴테의 《파우스트》 운문 부분(vol. II: Act V, 11404-7)은 독어본에서 내가 직접 옮긴 것이다. 독일어는 다음과 같다.

Könnt' ich Magie von meinem Pfad entfernen, Die Zaubersprüche ganz und gar verlernen, Stünd' ich, Natur, vor dir ein Mann allein, Da wär's der Mühe wert, ein Mensch zu sein.

8장 희망의 숲 지붕

1 Maathai 2006, p. 289.

2 《노자》 59장. 몇몇 번역본의 번역을 참고해 자유롭게 바꾼 것. 예컨대 다음을 보라. Le Guin 1997, p. 71 and also: *http://taoteching.org.uk/*.

3 왕가리의 인생 이야기의 세세한 부분은 주로 그녀의 자서전(Maathai 2006)을 참조했다. 그녀의 이름에 얽힌 이야기는 그 자체가 식민주의와 젠더 불평등에 관한 일종의 무용담이다. 태어났을 때의 이름은 왕가리 무타*Wangari Muta*였던 그녀는 어린 시절 기독교식 이름(미리엄*Miriam*)을 얻게 된다. 그녀는 자기 성으로 '왕가리'를 사용하리라 생각되었고, 아버지 이름인 '무타'는 이름에서 빠진다. 가톨릭 신자가 되자, 이번에는 '미리엄'이 이름에서 빠지고 그녀의 이름은 '매리 조 왕가리'가 된다. 결혼과 더불어, 그녀는 '왕가리'라는 이름으로 돌아가는 동시에 남편의 이름인 마타이*Mathai*를 성으로 쓴다. 이혼했을 때 남편은 그녀에게 자기 성을 쓰지 말 것을 요구했고, 그리하여 그녀는 'a'를 추가해 마타이*Maathai*가 된다. 동시에 아버지의 성인 '무타'를 자기 이름에 다시 집어넣는다. 여생에 걸쳐 그녀는 왕가리 무타 마타이*Wangari Muta Maathai*로 살아간다. 일관성을 위해서 또한 인생 대부분 시기에 쓴 이름을 존중하여, 나는 그녀를 대부분 왕가리로 지칭한다.

4 Maathai 2006, p. 45. See also Maathai 2010, Chapter 4.

5 Kennedy airlift: *https://www.jfklibrary.org/learn/about-jfk/jfk-in-history/john-f-kennedy-and-the-student-airlift*.

6 그녀가 돌아왔을 때는 JFK와 톰 음보야는 둘 다 이 세상 사람이 아니었는데, 두 사람다 흉탄의 희생양이었다. 케네디는 46세였고 음보야는 겨우 38세였다.

7 'Before the Europeans': Maathai 2006, p. 175.

8 팜유와 열대우림: *https://www.ran.org/mission-and-values/*. 미국삼나무숲의 파괴: *https://www.savetheredwoods.org/about-us/faqs/the-threats-to-the-redwoods/*. 아마존에서의 소 목축: *https://globalforestatlas.yale.edu/amazon/land-use/cattle-ranching*. 토착민에 대한 영향: *http://www.ipsnews.net/2017/12/indigenous-people-guardians-threatened-forests-brazil/*. 토양 침식: *https://www.worldwildlife.org/threats/soil-erosion-and-degradation*.

9 이에 관한 통찰력 있고 통렬한 개괄을 보려면 예컨대 다음을 보라: Hickel 2018; Klein 2019; Porritt 2020.

10 프로네시스: see Aristotle 2004, Book 6. 신중함에 관한 아우구스티누스의 논의는 다음 작품에서 인용한 것이다. St Thomas Aquinas, *Summa Theologica*, Online at: https://www.newadvent.org/summa/3047.htm. 종교적 맥락에서의 신중함에 관해선 다음을 볼 것. *https://catholicstraightanswers.com/what-is-virtue-and-what-are-the-four-cardinal-virtues/*. 경제적 의미의 신중함에 대해서는 다음을 볼 것. Charlier 1996; Vigano 2017. See also: *https://www.adamsmith.org/the-theory-of-moral-sentiments*.

11 예컨대 다음을 볼 것. *https://www.nationalgallery.org.uk/paintings/titian-an-allegory-of-prudence*.

12 파블로프의 개: *https://www.simplypsychology.org/pavlov.html.*

13 동물들의 죽음 인식: Douglas-Hamilton et al. 2006. '핵심에 있는 벌레': Solomon 2015. 불안이 영혼을 집어삼킨다: Jackson 2013.

14 행동으로서의 투자에 관해서는 다음을 볼 것. Jackson 2017, Chapter 9. See also: *https://www.cusp.ac.uk/themes/aetw/wp2/.* 유명한 속담: 통상적으로 고대 그리스 속담으로 생각된다. 하지만 다음을 보라: *https://www.roger-pearse.com/weblog/2017/08/26/ a-society-grows- great-when-old-men-plant-trees-in-whose-shade-they-know-they-shall-never-sit-an-ancient-greek-proverb/comment-page-1/.*

15 세이브 던 랜드: Maathai 2006, Chapter 5.

16 Maathai 2006, p. 146.

17 Maathai 2006, pp. 146-9.

18 판사들을 위한 기도: Maathai 2006, p. 150.

19 생각을 심기: Maathai, p. 173.

20 과거에 사람들이 심은 나무: Maathai, p. 289.

21 래리 핑크의 편지: *https://www.blackrock.com/corporate/investor-relations/larry-fink-ceo-letter.*

22 기후 금융과 금융 갭: *https://www.climatepolicyinitiative.org/publication/global-landscape-of-climat e-finance-2019/.* IPCC의 1.5도 시나리오는 산업화 이전 평균 온도에서 섭씨 1.5도 이상으로 지구가 고온화되지 않는 것을 목표로 한다. (IPCC 2018). 생물 다양성에 대한 투자: Sumaila et al. 2017.

23 화석연료 보조금: *https://www.imf.org/en/Publications/WP/Issues/2019/05/02/Global-Fossil-Fuel-Subsidies-Remain-Large-An-Update-Based-on-Country-Level-Estimates-46509.*

24 비투자-투자 운동: *https://www.divestinvest.org/.*

25 지속가능한 펀드의 예상을 뛰어넘는 성취: 예컨대 다음을 볼 것. *https://www. morningstar.com/content/dam/marketing/emea/shared/guides/ESG_Fund_ Performance_2020.pdf. See also: https://www.theguardian.com/money/2020/jun/13/ ethical-investments-are-outperforming-traditional-funds.*

26 Maathai 2010, p. 158.

27 1970-2002 아프리카 부채: Maathai 2006, p. 280.

28 자금의 흐름: Hickel 2018. 주빌리 2000에 관해서는 다음을 볼 것. Welby 2016, p. 154. See also: *https://jubileedebt.org.uk/blog/jubilee-2000-anniversary-call-photos-memories.* On Covid-19 impacts, see: *https://www.economist.com/middle-east-and-africa/2020/04/11/africas-debt-crisis-hampers-its-fight-against-covid-19*; see also: *https://www.theguardian.com/business/2020/aug/03/global-debt-crisis-relief-coronavirus-pandemic.*

29 비틀거림: Maathai 2006, p. 164.

30 그린벨트운동의 영향: *https://www.goldmanprize.org/blog/green-belt-movement-wangari-maathai/*

9장 권력의 기술

1 2018년 12월 15일 폴란드 카토비체에서 열린 UN 기후변화회의 연설. Thunberg 2019 에서 다시 볼 수 있다.

2 Thich Nhat Hanh 2007, p. 16.

3 틱낫한의 삶에 관한 이야기 중 세부적인 것은 다양한 자료에서 확인할 수 있는데, 그 가운데에는 그 자신의 회고담이 있다. 다음을 볼 것. At Home in the World (Thich Nhat Hanh 2016). See also: https://plumvillage.org/about/thich- nhat-hanh/ biography/. 2013년 그는 오프라 윈프리*Oprah Winfrey*와의 인터뷰에서 초년기에 어떤 영 감을 받았는지를 이야기한다: *https://www.youtube.com/watch?v=NJ9UtuWfs3U.*

4 베트남 전쟁: Hastings 2018.

5 전쟁의 근원지: Thich Nhat Hanh 2016, p. 184.

6 평화의 사도: *https://plumvillage.org/letter-from-dr-martin-luther-king-jr-nominating-thich-nhat-hanh-for-the-nobel-peace-prize-in-1967/.*

7 See: *https://www.mindfulnessbell.org/archive/2016/02/dharma-talk-the-eightfold-path-2.*

8 마법의 돈 나무: *https://www.youtube.com/watch?v=gUtJEfB9Hi4.* 같은 점 을 주장하는 어떤 신랄한 반응도 있다. 다음을 보라: *https://www.youtube.com/watch?v=9oqb6IrLhwA.*

9 《적자 신화》: Kelton 2020.

10 《지옥 속의 희망》: Porritt 2020, p. 8.

11 조정으로는 충분하지 않다: *https://www.lemonde.fr/idees/article/2020/05/06/please-let-s-not-go-back-to-normal_6038793_3232.html.*

12 Thunberg 2019 (주석 1을 보라).

13 니체가 처음으로 권력에 대한 의지에 관해 쓴 것은 《차라투스트라는 그렇게 말했다》 (1883)에서였다. 이 주제는 《선악을 넘어서》(1886)에 재등장한다. '권력에 대한 의지' 에 관한 일련의 노트가 사후 출간되었다. 다음을 볼 것. Nietzsche 1901.

14 유리 천장: Hausknost 2020; see also Hausknost and Hammond 2020.

15 《딸과 나눈 대화》: Varoufakis 2017.

16 폭탄이 사람들 머리로: *https://www.lionsroar.com/in-engaged-buddhism-peace-begins-with-you/.*

17 SYSS: *https://eccemarco.wordpress.com/2016/02/02/mindfulness-in- times-of-war-the-school-of-youth-for-social-service/.*

18 See: *https://saigoneer.com/vietnam-heritage/6505-hoi-an-s-great-flood-of-1964-1#.*

19 7척의 선박: *https://www.lionsroar.com/headline-july-2010/*. 참여 불교: *https://www.
    lionsroar.com/the-fourteen-pre-cepts-of-engaged-buddhism/*.

20 버밍엄 감옥에서 보낸 편지: *https://www.africa.upenn.edu/Articles_Gen/Letter_
    Birmingham.html*.

21 나의 얕은 견해: *https://www.crf-usa.org/black-history-month/gandhi-and-civil-
    disobedience*.

22 Thoreau 1849.

23 로크를 읽은 소로에 관해서는 다음을 볼 것. Sattelmeyer 1988. 로크의《두 번째 논문》:
    Locke 1689.

24 Hastings 2018. 리뷰를 보려면 다음을 보라: *https://www.nytimes.com/2018/11/20/
    books/review/max-hastings-vietnam.html*.

25 이에 관한 비판적 관점을 보려면 다음을 보라: Kavka 1983.

26 이 주장은 흔히 좀 더 대중적이지만 덜 정확한 '생명, 자유, 재산'으로 축소된다. 물론
    때로는 '생명, 자유, 행복 추구.' 둘 중 어느 것도 로크가 자연법의 측면에서 말하려 한
    바를 제대로 포착하지 못한다.

27 Locke 1689: 자연법 - Section 6; 임시적 권력 - Section 149.

28 Thoreau 1849, p. 27.

29 Becker 1973, p. 283.

30 로크가 말한 '자유'에 대한 자연적[천부적] 권리가, 국가의 역할 속에 구현되어 있긴 하지
    만, 매우 특별한 성격의 권리, 즉 주로 시장의 자유라는 면에서 생각되는 권리라는 점은,
    생각하면 흥미로운 사실이다. 그건 권력 없는 자들 그리고 자본의 약탈 행위에 구조적으
    로 취약한 자들에게는 대체로 허용되지 않는 자유다.

31 Thich Nhat Hanh 2007, p. 16.

32 이전의 삶을 되찾을 수 있으므로:*https://www.whitehouse.gov/briefings-statements/remarks-
    president-trump-vice-president-pence-members-coronavi-rus-task-force-press-briefing-14/*.
    봉쇄 속에서 쓴 에세이: Smith 2020, pp. 11-12.

33 술 마시고 마약하고 있다: Becker 1973, p. 284.

34 k.d. 랭의 노래 〈끝없는 갈망*Constant Craving*〉은 1993년 그래미 어워즈에서 최우수 여성
    팝 보컬 부문을 수상했다. 나중에 그녀는 불교 신자가 되는데, 2017년엔 이 곡이 불교
    개념인 '윤회'와 어떤 관련이 있는지 이야기하기도 했다: *https://www.theguardian.com/
    music/2017/sep/26/kd-lang-ben-mink-how-we-made-constant-craving*.

35 좋은 정부의 과제: Washington 1871, p. 165.

36 노자: see Addiss and Lombardo 2007; Le Guin 1997. 길이 있다면 권력이 있다: 주석
    2를 볼 것.

37 플럼 빌리지 그리고 그가 나중에 걸어간 삶의 길: *https://plumvillage.org/about/thich-
    nhat-hanh/biography/*.

38 되풀이되는 꿈: Thich Nhat Hanh 2016.

39 Thich Nhat Hanh 2016, pp. 178-9.

10장 베네치아의 돌고래들

1 에밀리 디킨슨: in Franklin 1999, #314; Johnson 1955, #254; see also: *https://www.poetryfoundation.org/poems/42889/hope-is-the-thing-with-feathers-314.*

2 노자: 다음과 같은 여러 번역본을 참고하여 내가 번역한 것: Addiss and Lombardo 2007, #46; Le Guin 1997, p. 56.

3 베네치아의 돌고래들: *https://twitter.com/LucaVII_/status/1239863383354224641?s=20.*

4 원난의 코끼리 무리: *https://twitter.com/Spilling_The_T/status/124038798868257 1776?ref_src=twsrc%5Etfw.* 자연이 리셋 버튼을 눌렀다: *https://www.telegraph.co.uk/travel/news/corona-virus-nature-environment-swans-venice-clear-skies-china/*; see also: *https://twitter.com/MotherJones/status/1264677705913643011.*

5 그들의 노래를 들을 수 있다: *https://dailycollegian.com/2008/04/detecting-bull-detecting-dna/.* See also: *https://vimeo.com/ondemand/symbioticearthhv/303309866.*

6 〈내셔널지오그래픽〉의 가짜 뉴스: *https://www.nationalgeographic.co.uk/animals/2020/03/fake-animal-news-abounds-social-media-coronavirus-upends-life.*

7 산타는 진짜가 아니다: *https://www.nationalgeographic.com/animals/2020/03/why-do-people-want-so-badly-to-believe-this-fake-story-is-true/.* 뉴욕의 흰 코뿔소: *https://www.theonion.com/thousands-of-formerly-endangered-white-rhinos-flood-cit-1842410309.* 'Earth is healing' meme: *https://twitter.com/meesterleesir/status/1249373249265455104.*

8 흘란두의 야생 염소: *https://www.facebook.com/JasonManford/photos/pcb.10157146434479352/10157146433029352/.* 애리조나의 북미산 멧돼지들: *https://www.facebook.com/photo.php?fbid=10223569160165902&set=p.10223569160165902&type=3.* 베이징의 푸른 하늘: *https://www.scmp.com/news/china/society/article/3079477/covid-19-lockdowns-brought-blue-skies-back-china-dont-expect.* 편자브 지방: *https://edition.cnn.com/travel/article/himalayas-visible-lockdown-india-scli-intl/index.html.*

9 딥 페이크: *https://www.dailysabah.com/life/ai-and-deepfake-covid-19-poses-new-challenges-for-detecting-deceptive-tech/news*; see also: *https://apnews.com/86f61f3ffb6173c29bc7db201c10f141?utm_source=pocket-newtab-global-en-GB.*

10 벨기에 총리: *https://www.brusselstimes.com/all-news/belgium-all-news/politics/106320/xr-belgium-posts-deepfake-of-belgian-premier-linking-covid-19-with-climate-crisis/.* Confusion in high places: *https://edition.cnn.com/2020/08/05/tech/twitter-trump-restrict/index.html.*

11 트윗 원문: *https://twitter.com/duppli/status/1239491423243821058*. 깃털이 있는 것: 주석 1을 볼 것.

12 디킨슨의 삶: Sewall 1980; Smith 2002; Wolff 1986.

13 발길이 빚은 길: see Smith 1992.

14 속임수 확인: *https://www.nytimes.com/1998/11/29/magazine/beethoven-s-hair-tells-all.html*. Little short of a disgrace: cited in Smith 2002, p. 65.

15 See Wolff 1986, p. 537.

16 디킨슨 시 전편: Johnson 1955. 수에게 보낸 편지들: Hart and Smith 1998. 〈뉴욕타임스〉 리뷰: *https://www.nytimes.com/1998/12/13/books/two-belles-of-amherst.html*. 두 여성의 사랑에 관한 이야기는 1914년 수잔의 딸 마사가 출간한, 에밀리가 수잔에게 보낸 시를 묶은 책에 처음 등장했다. 디킨슨과 그녀의 시누이가 연인이었을 가능성은 몇몇 디킨슨 평전에서 암시되어 있지만, 가장 설득력 있게 그걸 주장한 이는 메릴랜드 대학 영어 교수인 Martha Nell Smith(Smith 2002)였다.

17 그녀는 사랑을 알고 있었다: Hart and Smith 1998, p. xvii.

18 Hart and Smith 1998, pp. 266-8.

19 낯선 세상이 도래하면: Smith 2020, back cover. 그림자 팬데믹: *https://www.bbc.co.uk/news/av/world-53014211/coronavirus-domestic-violence-increases-globally-during-lockdown*. 정신 건강: *https://edition.cnn.com/2020/08/06/health/us-coronavirus-mental-health-problems-wellness/index.html; see also Pfefferbaum and North 2020*.

20 모시페그: *https://www.theguardian.com/commentisfree/2020/apr/30/lockdown-novel-self-isolation-coronavirus-pandemic-ottessa-moshfegh*.

21 Smith 2020, p. 22.

22 이러한 것의 일부가 계속되었으면 좋겠다:*https://www.thersa.org/about-us/media/2019/brits-see-cleaner-air-stronger-social-bonds-and-changing-food-habits-amid-lockdown*. 노멀로 돌아가는 것을 원치 않음: *https://www.theguardian.com/world/2020/jun/28/just-6-of-uk-public-want-a-return-to-pre-pandemic-economy?CMP=Share_iOSApp_Other*.

23 《므두셀라로 돌아가라》: Shaw 1921, Part I, Act I.

24 인디애나폴리스에 간 케네디: see Kennedy 2018.

25 완벽하게 안전하다: *https://www.theguardian.com/us-news/2020/jul/26/john-lewis-robert-kennedy-civil-rights*.

26 마틴 루터 킹의 죽음에 관한 RFK의 언급: h*ttps://www.jfklibrary.org/learn/about-jfk/the-kennedy-family/robert-f-kennedy/robert-f-kennedy-speeches/statement-on-assassination-of-martin-luther-king-jr-indianapolis-indiana-april-4-1968*.

27 나나 시몬은 이렇게 이야기한다: 슬프게도 나는 그날 내가 했던 말을, 그게 완전히 애드립이었음에도, 실제로 다시 말할 수는 없다. 왜냐하면 훗날 그 애드립이, 내 모든 작품에 대한 저작권을 확보하려고 25년간 싸웠고, 내 남편(이자 에이전트) 앤드르 스트라우드가 2012년에 사망하자 마침내 그것을 얻었던 어느 음악 회사가 제작한 앨범에 수록되었

기 때문이다. *https://www.factmag.com/2015/05/07/sony-battling-nina-simones-estate-over-secret-copyright-deal/.* 그러니까 이제는 그녀의 발언조차 자본주의에 귀속되어 있는 셈이다. 그러나 좋은 소식도 있다. 여러분이 다음 사이트에서 그 음악을 무료로 감상할 수 있다는 것이다: *https://www.npr.org/2008/04/06/89418339/why-remembering-nina-simones-tribute-to-the-rev-martin-luther-king-jr?t=1596923892211.*

28 테니슨, 〈율리시즈〉, online at: *https://www.poetryfoundation.org/poems/45392/ulysses.*

29 의회의 양심: *https://www.nytimes.com/2020/07/17/us/john-lewis-dead.html?action=clic k&module=RelatedLinks&pgtype=Article.*

30 잊히지 않은 이름들: *https://www.nytimes.com/2020/07/30/opinion/john-lewis-civil-rights-america.html.*

31 에밋 틸 이야기: Tyson 2017.

32 기나긴 여로: *https://youtu.be/cxJGuHKZc0g.*

33 마지막 말들: *https://www.nytimes.com/2020/07/30/opinion/john-lewis-civil-rights-america.html.*

34 땅에 있는 광산: Habegger 2001, p. 607.

35 참여 불교: *https://www.lionsroar.com/the-fourteen-precepts-of-engaged-buddhism/.*

36 *Isham et al. 2020.*

37 주석 1을 볼 것.

38 내가 멈출 수는 없었기에: Franklin 1999, #479; Johnson 1955, #712; see also: *https://www.poetryfoundation.org/poems/47652/because-i-could-not-stop-for-death-479.*

39 불멸을 선고하는 자: Derrick 1983, p. 58; see also Hagenbüchle 1974.

40 그 죽음들은 내게는 너무 거대한 것: Habegger 2001, p. 623.

41 마지막 날: Habegger 2001, p. 627.

42 사랑이 없다면 (모시페그): 주석 20을 볼 것. 사랑이 없다면 (스미스): Smith 2020, p. 24.

43 페스트: Camus 1947, p. 245.

44 시: Arendt 1958, p. 170.

45 하이데거의 초월적 철학: Young-Bruehl 2004, p. 474.

참고문헌

Addiss, S. and S. Lombardo (trans.) 2007. *Tao Te Ching – Lao Tzu*. Boston and London: Shambhala.

Angelou, M. 1993. *On the Pulse of Morning*. New York: Random House.

Arendt, H. 1929. *Love and Saint Augustine* (ed. J.V. Stock and J.C. Stark). Chicago: University of Chicago Press (reprinted 1966).

Arendt, H. 1958. *The Human Condition*. 2nd edition. Chicago: University of Chicago Press (reprinted 1998).

Arendt, H 1978. *The Life of the Mind*. New York: Harcourt Brace Jovanovich.

Arendt, H. 2013. *The Last Interview – and Other Conversations*. London: Melville House.

Aristotle 2004. *The Nicomachean Ethics* (trans. H. Tredennick and J.A.K. Thompson). London: Penguin.

Armstrong, A. and T. Jackson 2015. The Mindful Consumer: Mindfulness Training and the Escape from Consumerism. Big Ideas Series. London: Friends of the Earth. Online at: *https://timjackson.org.uk/news_mindful-consumer/*.

Avent, R. 2016. *The Wealth of Humans: Work and Its Absence in the 21st Century*. London: Penguin.

Ayres, R. and B. Warr 2009. *The Economic Growth Engine: How Energy and Work Drive Material Prosperity*. Cheltenham: Edward Elgar.

Baumol, W. 2012. *The Cost Disease: Why Computers Get Cheaper and Health Care Doesn't*. New Haven and London: Yale University Press.

Baumol, W. and W. Bowen 1966. *Performing Arts: The Economic Dilemma*. New York: Twentieth Century Fund.

Baumol, W., R. Litan and C. Schramm 2007. *Good Capitalism, Bad Capitalism, and the Economics of Growth and Prosperity*. New Haven and London: Yale University Press.

Becker, E. 1973. *The Denial of Death*. New York: Free Press.

Belk, R. 1988. Possessions and the Extended Self. *Journal of Consumer Research* 15: 139–68.

Belk, R., M. Wallendorf and J. Sherry 1989. The Sacred and the Profane in Consumer Behavior: Theodicy on the Odyssey. *Journal of Consumer Research* 16: 1–38.

Belk, R., G. Ger and S. Askegaard 2003. The Fire of Desire: A Multi-Sited Inquiry into Consumer Passion. *Journal of Consumer Research* 30: 325–51.

Berger, P. 1967. *The Sacred Canopy: Elements of a Sociological Theory of Religion*. New York: Anchor Books.

Blackmore, J. 1995. *Ludwig Boltzmann: His Later Life and Philosophy, 1900–1906: Book 1: A Documentary History*. Dordrecht: Springer.

Boltzmann, L. 1877. On the Relationship between the Second Fundamental Theorem of the Mechanical Theory of Heat and Probability Calculations regarding the

Conditions for Thermal Equilibrium (trans. K. Sharp and F. Matschinsky). Translated into English: *Entropy* 17(4) (2015): 1971–2009. Online at: *https://doi.org/10.3390/e17041971.*

Broda, E. 1976. Erklärung des Entropiesatzes und der Liebe aus den Prinzipien der Wahrscheinlichkeitsrechnung [An Explanation of the Entropy Law and of Love by Means of Probabilistic Reasoning]. *Physikalische Blätter* 32(8): 337–41. Online at: *https://onlinelibrary.wiley.com/doi/pdf/10.1002/phbl.19760320801.*

Broda, E. 1983. *Ludwig Boltzmann: Man, Physicist, Philosopher* (trans. L. Gray and the author). Woodbridge, CT: Ox Bow Press.

Camus, A. 1947. *The Plague* (trans. R. Buss). London: Penguin Modern Classics (reprinted 1987).

Carroll, L. 1871. *Through the Looking-Glass.* Online at: https://www.gutenberg.org/files/12/12-h/12-h.htm.

Case-Winters, A. 1997. The Question of God in an Age of Science: Constructions of Reality and Ultimate Reality in Theology and Science. *Zygon* 32(3): 351–75.

Charlier, C. 1996. The Notion of Prudence in Smith's Theory of Moral Sentiments. *History of Economic Ideas* 4(1/2): 271–97.

Churchill, C. 1990. *Serious Money.* London: Methuen.

Collier, P. 2019. *The Future of Capitalism: Facing the New Anxieties.* London: Penguin.

Common, M. and S. Stagl 2005. *Ecological Economics: An Introduction.* Cambridge: Cambridge University Press.

Coote, A. and J. Franklin (eds) 2013. *Time on Our Side: Why We All Need a Shorter Working Week.* London: New Economics Foundation.

Corlet Walker, C. and T. Jackson 2019. Measuring Progress – Navigating the Options. CUSP Working Paper no. 20. Guildford: Centre for the Understanding of Sustainable Prosperity. Online at: *https://www.cusp.ac.uk/themes/aetw/measuring-prosperity/.*

Costanza, R. 1991. *Ecological Economics: The Science and Management of Sustainability.* Washington, DC: Island Press.

Coveney, P. and R. Highfield 1991. *The Arrow of Time: A Voyage through Science to Solve Time's Greatest Mystery.* London: HarperCollins.

Coyle, D. 2014. *GDP: A Brief but Affectionate History.* Princeton: Princeton University Press.

Csikszentmihalyi, M. 1990. *Flow: The Psychology of Optimal Experience.* New York: Harper & Row.

Csikszentmihalyi, M. 2000. The Costs and Benefits of Consuming. *Journal of Consumer Research* 27(2): 262–72.

Csikszentmihalyi, M. 2003. Materialism and the Evolution of Consciousness. In T. Kasser and A. Kanner (eds), *Psychology and Consumer Culture: The Struggle for a Good Life in a Material World.* Washington, DC: American Psychological Association.

D'Alisa, G., F. Damaria and G. Kallis (eds) 2014. *Degrowth: A Vocabulary for a New Era.* London: Routledge.

Daly, H. 1968. Economics as a Life Science. *Journal of Political Economy* 76(3): 392–406.

Daly, H. 1974. The Economics of the Steady State. *The American Economic Review* 64(2): 15–21.

Daly, H. 1977. *Steady State Economics.* Washington, DC: Island Press.

Daly, H. 2014. *From Uneconomic Growth to Steady State Economics.* Cheltenham: Edward Elgar.

Daly, H. and J. Cobb 1989. *For the Common Good: Redirecting the Economy Toward Community, the Environment, and a Sustainable Future.* Boston: Beacon Press.

Daly, H. and J. Farley 2011. *Ecological Economics: Principles and Applications.* Washington, DC: Island Press.

Darwin, C. 1859. *On the Origin of Species by Means of Natural Selection.* Online at: *https://www.gutenberg.org/files/1228/1228-h/1228-h.htm.*

Darwin, C. 1887. *The Autobiography of Charles Darwin.* Online at: *https://www.gutenberg.org/files/2010/2010-h/2010-h.htm.*

Darwin, E. 1803. *The Temple of Nature.* Online at: *https://www.guten-berg.org/files/26861/26861-h/26861-h.htm.*

Davies, W. 2019. *Nervous States: How Feeling Took Over the World.* New York: Vintage Press.

Dawkins, R. 1976. *The Selfish Gene.* Oxford: Oxford University Press.

Derrick, P. 1983. Emily Dickinson, Martin Heidegger and the Poetry of Dread. *Atlantis* 5(1/2): 55–64.

Dichter, E. 1964. *The Handbook of Consumer Motivations: The Psychology of Consumption.* New York: McGraw-Hill.

Dittmar, H., R. Bond, M. Hurst and T. Kasser 2014. The Relationship between Materialism and Personal Wellbeing – A Meta-Analysis. *Journal of Personal and Social Psychology* 107: 879–924.

Douglas, M. 1976. Relative Poverty, Relative Communication. In A. Halsey (ed.), *Traditions of Social Policy.* Oxford: Basil Blackwell.

Douglas, M. and B. Isherwood 1996. *The World of Goods.* 2nd edition. London: Routledge.

Douglas-Hamilton, I., S. Bhalla, G. Wittemyer and F. Vollrath 2006. Behavioural Reactions of Elephants towards a Dying and Deceased Matriarch. *Applied Animal Behaviour Science* 100(1-2): 87–102. Online at: *https://www.sciencedirect.com/science/article/abs/pii/S0168159106001018.*

Easterlin, R. 1974. Does Economic Growth Improve the Human Lot? Some Empirical Evidence. In P.A. David and M.W. Reder (eds), *Nations and Households in Economic Growth: Essays in Honor of Moses Abramovitz.* New York: Academic Press, Inc..

Easterlin, R. 2013. Happiness and Economic Growth: The Evidence. Discussion Paper No 7187. Bonn: Institute for the Study of Labour (IZA).

Eddington, A. 1929. *The Nature of the Physical World: The Gifford Lectures 1927.* New York: The Macmillan Company.

Eivazi, M. and L. Abadi 2012. Low Back Pain in Diabetes Mellitus and Importance of

Preventive Approach. *Health Promotion Perspectives* 2(1): 80–8. Online at: *https://www.ncbi.nlm.nih.gov/pmc/articles/PMC3963658/*.

Felkerson, J. 2011. $29,000,000,000,000: A Detailed Look at the Fed's Bailout by Funding Facility and Recipient. Levy Economics Institute Working Paper no. 658. New York: Levy Economics Institute. Online at: *http://www.levyinstitute.org/pubs/wp_698.pdf*.

Fioramonti, L. 2015. *The World after GDP: Politics, Business and Society in the Post-Growth era.* Cambridge: Polity.

Flamm, D. 1983. Ludwig Boltzmann and His Influence on Science. *Studies in History and Philosophy of Science* A 14(4): 255–78.

Ford, M. 2015. *The Rise of the Robots.* London: Penguin.

Franklin, R. 1999. *The Poems of Emily Dickinson.* Cambridge, MA: Harvard University Press.

Frase, P. 2016. *Four Futures: Life after Capitalism.* New York: Verso Books.

Friedman, M. 1962. *Capitalism and Freedom.* Chicago: University of Chicago Press.

Fukuyama, F. 1989. The End of History. *The National Interest* 16, 3–18.

Fukuyama, F. 1992. *The End of History and the Last Man.* London: Penguin.

Galbraith, J. K. 1958. *The Affluent Society.* 40th anniversary edition. London: Penguin (reprinted 1998).

Galbraith, J. K. 2014. *The End of Normal: The Great Crisis and the Future of Growth.* New York: Simon & Schuster.

Gale, B. 1972. Darwin and the Concept of a Struggle: A Study of the Extra-Scientific Origins of Scientific Ideas. *Isis* 63: 321–44.

Gallagher, A. 2020. *Slow Ethics and the Art of Care.* Bingley, UK: Emerald Publishing Limited.

Gallwey, T. 1975. *The Inner Game of Tennis: The Ultimate Guide to the Mental Side of Peak Performance.* London: Pan Macmillan (reprinted 2015).

Georgescu-Roegen, N. 1971. *The Entropy Law and the Economic Process.* Cambridge, MA: Harvard University Press.

Georgescu-Roegen, N. 1975. Energy and Economic Myths. *Southern Economic Journal* 41(3): 347–81.

Gibran, K. 1923. *The Prophet.* London: Wordsworth Editions (reprinted 1996).

Gold, M.S., D. Sehayek, S. Gabrielli, X. Zhang, C. McCusker and B. Shoshan 2020. COVID-19 and Comorbidities: A Systematic Review and Meta-Analysis. *Postgraduate Medicine*, 14 July (online first). Online at: *https://www.tandfonline.com/doi/full/10.1080/00325481.2020.1786964*.

Goodwin, R. 1967. A Growth Cycle. In C. Feinstein (ed.), *Socialism, Capitalism and Economic Growth.* Cambridge: Cambridge University Press.

Gordon, R 2016. *The Rise and Fall of American Growth: The US Standard of Living since the Civil War.* Princeton: Princeton University Press.

Gough, I. 2017. *Heat, Greed and Human Need: Climate Change, Capitalism and Sustainable Wellbeing.* Cheltenham: Edward Elgar.

Graeber, D. 2018. *Bullshit Jobs: A Theory.* New York: Simon & Schuster.

Guthold, R., G. Stevens, L. Riley and F. Bull 2018. Worldwide Trends in Insufficient Physical Activity from 2001 to 2016: A Pooled Analysis of 358 Population-Based Surveys with 1.9 Million Participants. *The Lancet Global Health* 6(10): E1077–86. Online at: *https:// doi.org/10.1016/S2214-109X(18)30357-7.*

Habegger, A. 2001. *My Wars Are Laid Away in Books: The Life of Emily Dickinson.* New York: Random House.

Hagenbüchle, R. 1974. Precision and Indeterminacy in the Poetry of Emily Dickinson, *Emerson Society Quarterly* 20(1): 33–56. Online at: *https://web.archive.org/web/ 20160303221225/http://www.hagen-buechle.ch/pdf/precision.pdf.*

Halberstam, D. 1968. *The Unfinished Odyssey of Robert Kennedy.* New York: Open Road Media (reprinted 2013).

Hansen, A. 1939. Economic Progress and Declining Population Growth. *The American Economic Review* 29(1): 1–15.

Hari, J. 2014. *Chasing the Scream: The Search for the Truth about Addiction.* London: Bloomsbury.

Hart, E. and M. Smith (eds) 1998. *Open Me Carefully: Emily Dickinson's Intimate Letters to Susan Huntingdon Dickinson.* Middleton, CT: Wesleyan University Press.

Hastings, M. 2018. *Vietnam: An Epic History of a Divisive War, 1945–1975.* London: William Collins.

Hausknost, D. 2020. The Environmental State and the 'Glass Ceiling' of Transformation. *Environmental Politics* 29(1): 17–37. Online at: https://doi.org/10.1080/09644016.2019.1 680062.

Hausknost, D. and M. Hammond 2020. Beyond the Environmental State? The Political Prospects of a Sustainability Transformation. Introduction to a special issue of *Environmental Politics* 29(1): 1–16.

Hayek, F. 1951. *John Stuart Mill and Harriet Taylor: Their Friendship and Subsequent Marriage.* London: Routledge & Kegan Paul.

Heilbronner, R. 1985. *The Nature and Logic of Capitalism.* New York: W.W. Norton and Company.

Heller, A. 2015. *Hannah Arendt: A Life in Dark Times.* New York: New Harvest.

Hickel, J. 2018. *The Divide: A Brief Guide to Global Inequality and Its Solutions.* London: William Heinemann.

Hobbes, T. 1651. *Leviathan.* Online at: *https://www.gutenberg.org/files/3207/3207-h/3207-h. htm.*

Inglehart, R., R. Foa, C. Peterson and C. Welzel 2008. Development, Freedom and Rising Happiness: A Global Perspective 1981–2006. *Perspectives on Psychological Science* 3(4): 264–85.

IPBES 2019. Global Assessment: Policy Makers Summary. Intergovernmental Science-Policy Platform on Biodiversity and Ecosystem Services. Online at: *https://ipbes.net/news/ Media-Release-Global-Assessment.*

IPCC 2018. *Special Report Global Warming of 1.5 Degrees*. Geneva: Intergovernmental Panel on Climate Change. Online at: https://www.ipcc.ch/site/assets/uploads/sites/2/2019/06/SR15_Full_Report_High_Res.pdf.

Isham, A., B. Gatersleben and T. Jackson 2018. Flow Activities as a Route to Living Well with Less. *Environment and Behavior* 51(4): 431–61.

Isham, A., B. Gatersleben and T. Jackson 2020. Materialism and the Experience of Flow. *Journal of Happiness Studies*, 17 July (online first). Online at: h*ttps://doi.org/10.1007/s10902-020-00294-w.*

Jackson, T. 1996. *Material Concerns: Pollution, Profit and Quality of Life.* London: Routledge.

Jackson, T. 2002. Evolutionary Psychology in Ecological Economics: Consilience, Consumption and Contentment. *Ecological Economics* 41(2): 289–303.

Jackson, T. 2003. Sustainability and the Struggle for Existence: The Critical Role of Metaphor in Society's Metabolism. *Environmental Values* 12: 289–316.

Jackson, T. 2006. Consuming Paradise? Towards a Social and Cultural Psychology of Sustainable Consumption. In T. Jackson (ed.), *The Earthscan Reader in Sustainable Consumption.* Abingdon, UK: Earthscan.

Jackson, T. 2013. Escaping the 'Iron Cage' of Consumerism. *Wuppertal Spezial* 48: 53–68. Wuppertal: Wuppertal Institute for Climate, Environment and Energy. Online at: *http://www.sustainablelifestyles.ac.uk/sites/default/files/newsdocs/ws48_0.pdf.*

Jackson, T. 2017. *Prosperity without Growth: Foundations for the Economy of Tomorrow.* London: Routledge.

Jackson, T. 2019. The Post-Growth Challenge: Secular Stagnation, Inequality and the Limits to Growth. *Ecological Economics* 156: 236–46. Online at: *https://doi.org/10.1016/j.ecolecon.2018.10.010.*

Jackson, T. and P.A. Victor 2015. Does Credit Create a Growth Imperative? A Quasi-Steady State Economy with Interest-Bearing Debt. *Ecological Economics* 120: 32–48.

Jackson, T. and P.A. Victor 2019. Unravelling the Case for (and against) 'Green Growth'. *Science* 366(6468): 950–1.

Johnson, T. (ed.) 1955. *The Complete Poems of Emily Dickinson.* London: Faber & Faber (reprinted 1976).

Kaldor, N. 1966. *Causes of the Slow Rate of Economic Growth of the United Kingdom: An Inaugural Lecture.* Cambridge: Cambridge University Press.

Kallis, G. 2019. *Limits: Why Malthus Was Wrong and Why Environmentalists Should Care.* Stanford: Stanford University Press.

Kallis, G., S. Paulson, G. D'Alisa and F. Demaria 2020. *The Case for Degrowth.* Cambridge: Polity.

Kasser, T. 2002. *The High Price of Materialism.* Cambridge, MA: MIT Press.

Kavka, G. 1983. Hobbes's War of All against All. *Ethics* 93(2): 291–310.

Kelton, S. 2020. *The Deficit Myth: Modern Monetary Theory and How to Build a Better*

Economy. London: John Murray.

Kennedy, K. 2018. *Robert F Kennedy: Ripples of Hope.* New York: Center Street.

Kenway, P. 1980. Marx, Keynes and the Possibility of Crises. *Cambridge Journal of Economics* 4: 23–36.

Keynes, J. M. 1930. Economic Possibilities for Our Grandchildren. In *Essays in Persuasion.* New York: W.W. Norton & Co.

Klein, N. 2019. *On Fire: The (Burning) Case for a Green New Deal.* New York: Simon & Schuster.

Kubiszewski, I., R. Costanza, C. Franco, P. Lawn, J. Talberth, T. Jackson and C. Aylmer 2013. Beyond GDP: Measuring and Achieving Globa Genuine Progress. *Ecological Economics* 93: 57–68.

Kuhn, T. 1970. *The Structure of Scientific Revolutions.* 2nd edition. Chicago: University of Chicago Press.

Lancaster, K. 1966. A New Approach to Consumer Theory. *Journal of Political Economy* 174, 132–57.

Layard, R. 2005. *Happiness.* London: Penguin.

Layard, R. 2020. *Can We Be happier? Evidence and Ethics.* London: Pelican.

Le Guin, U. (trans.) 1997. *Lao Tzu: Tao Te Ching – A Book about the Way and the Power of the Way.* Boulder, CO: Shambhala (reprinted 2019).

Lebow, V. 1955. Price Competition in 1955. *Journal of Retailing 31(1): 5–10.*

Locke, J. 1689. *Second Treatise of Government .* Online at: *https://www.gutenberg.org/files/7370/7370-h/7370-h.htm.*

Lustig, R. 2014. *Fat Chance: The Hidden Truth about Sugar, Obesity and Disease.* London: HarperCollins.

Lustig, R. 2018. *The Hacking of the American Mind: The Science behind the Corporate Takeover of Our Bodies and Brains.* London: Penguin Random House.

Luxemburg, R. 1913. *The Accumulation of Capital.* London: Routledge & Kegan Paul (reprinted 1951). Online at: *https://www.marxists.org/archive/luxemburg/1913/accumulation-capital/.*

Maathai, W. 2006. *Unbowed: One Woman's Story.* London: Penguin.

Maathai, W. 2010. *Replenishing the Earth: Spiritual Values for Healing Ourselves and the World.* New York: Doubleday Religion.

Mair, S., A. Druckman and T. Jackson 2020. A Tale of Two Utopias: Work in a Post-Growth World. *Ecological Economics* 173. Online at: *https://doi.org/10.1016/j.ecolecon.2020.106653.*

Margulis, L. 1981. *Symbiosis in Cell Evolution.* New Haven: Yale University Press.

Margulis, L. 1999. *The Symbiotic Planet: A New Look at Evolution.* New York: Basic Books.

Marmot, M., J. Allen, T. Boyce, P. Goldblatt and J. Morrison 2020. Health Equity in England: The Marmot Review 10 Years On. London: Institute of Health Equity. Online at: *http://www.instituteofhealthequity.org/resources-reports/marmot-review-10-years-on.*

Martinez-Alier, J. 1991. *Ecological Economics: Energy, Environment and Society.* Oxford: Wiley-Blackwell.

Marx, K. 1867. *Das Kapital, Volume One.* Chapter 24: Conversion of Surplus-Value into Capital. Online at: *https://www.marxists.org/archive/marx/works/1867-c1/ch24.htm.*

Maslow, A. 1943. A Theory of Human Motivation. *Psychological Review* 50(4): 370–96.

Maslow, A. 1954. *Motivation and Personality.* New York: Harper.

McAfee, A. 2019. *More from Less: The Surprising Story of How We Learned to Prosper Using Fewer Resources – and What Happens Next.* New York: Simon & Schuster.

McCloskey, D.N. 1990. Storytelling in Economics. In C. Nash (ed.), *Narrative in Culture: The Uses of Storytelling in the Sciences, Philosophy and Literature.* London: Routledge.

McFague, S. 1988. *Models of God: Theology for an Ecological, Nuclear Age.* Philadelphia: Fortress Press.

Meadows, D.H., D.L. Meadows, J. Randers and W. Behrens III 1972. *The Limits to Growth: A Report for the Club of Rome's Project on the Predicament of Mankind.* New York: Universe Books.

Meagher, M 2020. *Competition Is Killing Us: How Big Business Is Harming Our Society and Planet – and What to Do about It.* London: Penguin.

Mill, J.S. 1848. *Principles of Political Economy.* Online at: *https://www.gutenberg.org/files/30107/30107-pdf.pdf.*

Mill, J.S. 1861. *Utilitarianism.* Online at: *http://www.gutenberg.org/files/11224/11224-h/11224-h.htm.*

Mill, J.S. 1873. *Autobiography.* Online at: *http://www.gutenberg.org/files/10378/10378-h/10378-h.htm#link2HCH0005.*

Morris, W. 1890. *News from Nowhere or an Epoch of Rest: Being Some Chapters from a Utopian Romance.* Online at: *https://www.marxists.org/archive/morris/works/1890/nowhere/index.htm.*

Newfield, J. 1969. *RFK: A Memoir.* New York: Nation Books (reprinted 2003).

Nietzsche, F. 1882. *The Joyful Science.* Online at: *https://www.guten-berg.org/files/52881/52881-h/52881-h.htm.*

Nietzsche, F. 1883. *Thus Spake Zarathustra.* Online at: *https://www.gutenberg.org/files/1998/1998-h/1998-h.htm.*

Nietzsche, F. 1886. *Beyond Good and Evil.* Online at: *https://www.gutenberg.org/files/4363/4363-h/4363-h.htm.*

Nietzsche, F. 1901. *The Will to Power.* Online at: *https://www.gutenberg.org/files/52915/52915-h/52915-h.htm.*

Norris, P. and R. Inglehart 2019. *Cultural Backlash: Trump, Brexit and Authoritarian Populism.* Cambridge: Cambridge University Press.

Nussbaum, M. 2004. Mill between Aristotle and Bentham. *Daedalus* 133(2): 60–8.

Nussbaum, M. 2006. *Frontiers of Justice: Disability, Nationality and Policy Design.* Cambridge: Cambridge University Press.

Packard, V. 1957. *The Hidden Persuaders.* New York: I.G. Publishing (reprinted 2007).

Peston, R. 2017. *WTF: What Have We Done? Why Did It Happen? How Do We Take Back Control? London: Hodder & Stoughton.*

Pfefferbaum, B. and C.S. North 2020. Mental Health and the Covid-19 Pandemic. *The New England Journal of Medicine* 383: 510–12, *https://www.nejm.org/doi/full/10.1056/NEJMp2008017.*

Philipsen, D. 2015. *The Little Big Number: How GDP Came to Rule the World and What to Do about It.* Princeton: Princeton University Press.

Piketty, T. 2014. *Capital in the 21st Century (trans.* A. Goldhammer). Cambridge, MA: Harvard University Press.

Piketty, T., E. Saez and G. Zucman 2016. Distributional National Accounts: Methods and Estimates for the United States. NBER Working Paper no. 22945, National Bureau of Economic Research. Online at: *http://www.nber.org/papers/w22945.*

Porritt, J. 2020. *Hope in Hell.* New York: Simon & Schuster.

Prigogine, I. and I. Stengers 1984. *Order Out of Chaos.* New York: Random House.

Raworth, K. 2017. *Doughnut Economics: Seven Ways to Think Like a 21st-Century Economist.* London: Penguin/Random House.

Ridley, M. 1994. *The Red Queen: Sex and the Evolution of Human Nature.* London: Penguin Books.

Ridley, M. 2015. *The Evolution of Everything.* London: Harper Collins.

Robeyns, I. and R. van der Veen 2007. Sustainable Quality of Life: Conceptual Analysis for Policy-Relevant Empirical Specification. Report to the Netherlands Environmental Assessment Agency. Online at: *https://www.pbl.nl/en/publications/Sustainablequalityoflife.*

Rorty, R. 1979. *Philosophy and the Mirror of Nature.* Princeton: Princeton University Press.

Rossi, A. 1970. Sentiment and Intellect: The Story of John Stuart Mill and Harriet Taylor Mill. In A. Rossi (ed.), *Essays on Sex Equality.* Chicago: University of Chicago Press.

Roszak, T. 1992. *The Voice of the Earth: An Exploration of Ecopsychology.* New York: Touchstone.

Rousseau, J.-J. 1762. *Émile.* Online at: *http://www.gutenberg.org/files/5427/5427-h/5427-h.htm#link2H_4_0003.*

Sagan, C. 1996. *The Demon-Haunted World: Science as a Candle in the Dark.* New York: Random House.

Sagan, D. (ed.) 2012. *Lynn Margulis: The Life and Legacy of a Scientific Rebel.* New York: Chelsea Green Publishing.

Sagan, L. 1967. On the Origin of Mitosing Cells. *Journal of Theoretical Biology* 14: 225–74.

Sapp, J. 2012. Too Fantastic for Polite Society: A Brief History of Symbiosis Theory. In D. Sagan (ed.), *Lynn Margulis: The Life and Legacy of a Scientific Rebel.* New York: Chelsea Green Publishing.

Sattelmeyer, R. 1988. *Thoreau's Reading: A Study in Intellectual History with Bibliographical Catalogue.* Princeton: Princeton University Press.

Schlesinger, A. 1956. The Future of Liberalism: The Challenge of Abundance. *The Reporter*, 3 May: 8–11.

Schumacher, E.F. 1974. Buddhist Economics. In *Small Is Beautiful: Economics as If People Mattered*. New York: Harper & Row.

Schwartz, S. 1999. A Theory of Cultural Values and Some Implications for Work. *Applied Psychology* 48(1): 23–47.

Schwartz, S. 2006. Value Orientations: Measurement, Antecedents and Consequences across Nations. In R. Jowell, C. Roberts, R. Fitzgerald and G. Eva (eds), *Measuring Attitudes Cross-Nationally: Lessons from the European Social Survey*. London: Sage.

Sen, A. 1984. The Living Standard. *Oxford Economic Papers* 36: 74–90.

Sen, A. 1990. *Development as Freedom*. Oxford: Oxford University Press.

Sewall, R. 1980. *The Life of Emily Dickinson*. Cambridge, MA: Harvard University Press.

Shaw, G. 1921. *Back to Methuselah: A Metabiological Pentateuch*. Online at: *http://www. gutenberg.org/files/13084/13084-h/13084-h.htm*.

Shiller, R. 2019. *Narrative Economics: How Stories Go Viral and Drive Major Economic Events*. Princeton: Princeton University Press.

Smith, A. 1776. *An Inquiry into the Nature and Causes of the Wealth of Nations*. Online at: *http://www.gutenberg.org/files/3300/3300-h/3300-h.htm*.

Smith, M. 1992. *Rowing in Eden: Re-Reading Emily Dickinson*. Austin: University of Texas Press.

Smith, M. 2002. Susan and Emily Dickinson: Their Lives, in Letters. In W. Martin (ed.), *Cambridge Companion to Emily Dickinson*. Cambridge: Cambridge University Press.

Smith, Z. 2020. *Intimations: Six Essays*. London: Penguin.

Solomon, S. 2015. *The Worm at the Core: On the Role of Death in Life*. New York: Allen Lane.

Standing, G. 2011. *The Precariat: The New Dangerous Class*. London/New York: Bloomsbury.

Sterling, P. 2020. *What Is Health? Allostasis and the Evolution of Human Design*. Cambridge, MA: MIT Press.

Stillinger, J. 1961. *The Early Draft of John Stuart Mill's Autobiography*. Urbana: University of Illinois Press.

Storm, S. 2017. The New Normal: Demand, Secular Stagnation and the Vanishing Middle-Class. INET Working Paper no. 55, May. Online at: *https://www.ineteconomics.org/ uploads/papers/WP_55-Storm-The-New-Normal.pdf*.

Streeck, W. 2016. *How Will Capitalism End? Essays on a Failing System*. London and New York: Verso.

Stuckler, D. and S. Basu 2014. *The Body Economic: Eight Experiments in Economic Recovery from Iceland to Greece*. London: Penguin.

Sumaila, U.R. et al. 2017. Investment to Reverse Biodiversity Loss Is Economically Beneficial. *Current Opinion in Environmental Sustainability* 29: 82–8. Online at: *https:// www.sciencedirect.com/science/article/abs/pii/S0168159106001018*.

Summers, L. 2014. US Economic Prospects: Secular Stagnation, Hysteresis, and the Zero

Lower Bound. *Business Economics* 49(2): 66–73.

Teilhard de Chardin, P. 1968. *Science and Christ.* New York: Harper & Row.

Teulings, C. and R. Baldwin (eds) 2014. *Secular Stagnation: Facts, Causes and Cures.* London: Centre for Economic Policy Research. Online at: *https://voxeu.org/content/secular-stagnation-facts-causes-and-cures.*

Thich Nhat Hanh 2007. *The Art of Power.* New York: HarperCollins.

Thich Nhat Hanh 2016. *At Home in the World.* London: Penguin.

Thoreau, H. 1849. *On the Duty of Civil Disobedience.* Online at: *https://www.ibiblio.org/ebooks/Thoreau/Civil%20Disobedience.pdf.*

Thunberg, G. 2019. *No One Is Too Small to Make a Difference.* London: Penguin.

Trebeck, K. and J. Williams 2019. *The Economics of Arrival: Ideas for a Grown-Up Economy.* Bristol: Policy Press.

Turner, A. 2015. *Between Debt and the Devil: Money, Credit and Fixing Global Finance.* Princeton: Princeton University Press.

Tyson, T. 2017. *The Blood of Emmett Till.* New York: Simon & Schuster.

Varoufakis, Y. 2017. *Talking to My Daughter: A Brief History of Capitalism.* London: Penguin.

Victor, P. A. 2019. *Managing without Growth: Slower by Design, Not Disaster.* 2nd edition. Cheltenham: Edward Elgar.

Victor, P. A. 2021. *Herman Daly's Economics for a Full World: His Life and Ideas (forthcoming).* London: Routledge.

Vigano, E. 2017. Not Just an Inferior Virtue, Nor Self-Interest: Adam Smith on Prudence. *Journal of Scottish Philosophy* 15(1): 125–43.

Washington, H. (ed.) 1871. *The Writings of Thomas Jefferson, Vol.* 8. Charleston, SC: Nabu Press (reprinted 2010).

Waters, M.-A. (ed.) 1970. *Rosa Luxemburg Speaks.* London: Pathfinder Books.

Webster, K. 2016. *The Circular Economy: A Wealth of Flows.* Cowes: Ellen McArthur Foundation Publishing.

Welby, J. 2016. *Dethroning Mammon: Making Money Serve Grace.* London: Bloomsbury.

Wilber, K. 1996. *A Brief History of Everything.* Revised edition. Boston: Shambala (2000).

Wilhelm, R. (trans.) 1923. *I Ching or Book of Changes.* London: Arkana (reprinted 1989).

Wilkinson, R. and K. Pickett 2009. *The Spirit Level: Why Equality Is Better for Everyone.* New York: Bloomsbury Press.

Wilkinson, R. and K. Pickett 2018. *The Inner Level: How More Equal Societies Reduce Stress, Restore Sanity and Improve Everyone's Wellbeing.* New York: Allen Lane.

Williams, T. 1955. *Cat on a Hot Tin Roof.* In Cat on a Hot Tin Roof and Other Plays. London: Penguin (reprinted 1998).

Wolf, M. 2015. *The Shifts and the Shocks: What We've Learned – and Have Still to Learn – from the Financial Crisis.* London: Penguin.

Wolff, C. 1986. *Emily Dickinson.* New York: Alfred A Knopf.

Young-Bruehl, E. 2004. *Hannah Arendt: For Love of the World.* New Haven: Yale University Press.